ntégrer

2023

SCIENCES PO

LA PEUR L'ALIMENTATION

Épreuve de questions contemporaines

CONCOURS COMMUN DES IEP

Jérôme Calauzènes

Agrégé d'histoire, professeur en CPGE au lycée Ampère de Lyon, à l'IEP de Saint-Germain-en-Laye et en classes préparatoires Sciences Po

Ghislain Tranié

Docteur en histoire, chargé de cours à l'université Jean-Moulin-Lyon-3, professeur en lycée

Vuibert

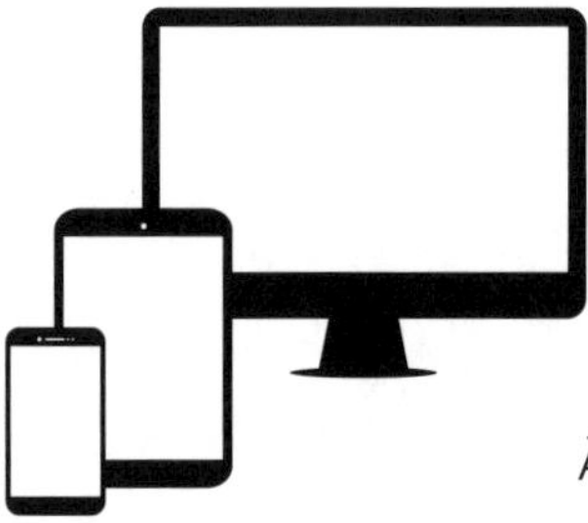

OFFERT EN LIGNE

- Une copie d'excellence 2022
- 5 sujets corrigés
- Un fil d'actu 2022-2023 mois par mois

À télécharger sur www.vuibert.fr/site/213768

ISBN : 978-2-311-21376-8

Création de la couverture : les PAOistes
Adaptation de la couverture : Séverine Tanguy
Composition : Nord Compo

Site Internet : http://www.vuibert.fr

Achevé d'imprimer en septrmbre 2022 en France par Présence Graphique

Dépôt légal : septembre 2022 – N° éditeur : MAGSI20210391

PEFC 10-31-2677

Sommaire

PARTIE 1. INFORMATIONS SUR VOTRE CONCOURS

PARTIE 2. QUESTIONS CONTEMPORAINES AUTOUR DE LA PEUR

PARTIE 4. MÉTHODOLOGIE

PARTIE 5. SUJETS CORRIGÉS

PARTIE 1

Informations sur votre concours

1 Présentation du concours commun des IEP

Le concours est organisé conjointement par les instituts d'études politiques (IEP) d'Aix-en-Provence, Lille, Lyon, Rennes, Saint-Germain-en-Laye, Strasbourg et Toulouse.

La sélection est drastique (8,34 % de réussite en 2021 environ contre 14,5 % en 2019). Le concours étant de plus en plus sélectif, il faut s'y préparer !

Deux axes de préparation s'imposent :

– acquérir des **connaissances de fond**. Le fond consiste en une culture assimilée jour après jour et dont cet ouvrage constitue un atout important ;

– cultiver des **qualités de forme**. La forme consiste en une maîtrise de la dissertation, exercice scolaire très ancien, précisément réglé et parfaitement accessible à condition de s'entraîner tout au long de la scolarité. Il est nécessaire de travailler régulièrement également afin de maîtriser la langue (orthographe, grammaire et conjugaisons notamment) pour pouvoir adopter un style convenable, un registre de langue correct voire soutenu.

A. Statistiques du concours

		CANDIDATS	ADMIS
SEXE	FÉMININ	59 %	60 %
	MASCULIN	41 %	40 %
BOURSIER	OUI	15 %	17 %
	NON	84 %	82 %
ANNÉE DU DIPLÔME	BAC + 0	74 %	48 %
	BAC + 1	26 %	52 %

www.reseau-scpo.fr, 2019

Les statistiques diffusées par le site dédié au concours commun (www.reseau-scpo.fr) révèlent qu'une année de préparation après le baccalauréat donne plus de chances de réussir.

En **2021**, 13 796 candidats ont passé les épreuves du concours commun d'entrée en première année pour 1 151 places proposées. Voici quelques statistiques du concours 2019 :

- Moyenne du 1er admis : 17,17/20.
- Moyenne du dernier admis de la liste principale : 12,02/20.
- Moyenne du dernier admis sur la liste complémentaire : 11,67/20.

B. Épreuves du concours

Le concours s'articule autour de **trois épreuves** :

• Questions contemporaines

Durée : 3 heures.

Coefficient : 3.

Forme : dissertation, un sujet à choisir parmi deux thèmes (« la peur » et « l'alimentation » en 2023).

• **Histoire**

Durée : 2 heures.

Coefficient : 3.

Forme : analyse de documents guidée par une consigne, un seul sujet sur le programme « Les relations entre les puissances et les modèles politiques des années 1930 à nos jours. Histoire politique, sociale et culturelle de la France depuis les années 1930 ». Une bibliographie indicative est fournie.

• **Langue vivante**

Durée : 1 heure.

Coefficient : 1,5.

Choix : anglais, allemand, espagnol ou italien.

Forme : deux exercices (questions de compréhension et essai, absence de QCM).

→ L'admission est prononcée à partir des notes obtenues à ces trois épreuves en tenant compte de leur coefficient ainsi que de notes du lycée, disponibles sur Parcoursup :

- La moyenne des notes de bulletins de Terminale des langues vivantes A et B (coefficient 0,5).
- La moyenne des résultats obtenus au contrôle continu des enseignements de spécialités 1 et 2 en Terminale (coefficient 1).

C. Actualité du concours

L'édition 2023 du concours commun se déroulera **en avril 2023**.

Le concours est accessible aussi bien aux élèves passant le bac en 2023 qu'à ceux qui l'ont obtenu en 2022. Les inscriptions se feront via Parcoursup à partir de la date d'ouverture de la plate-forme. Les candidats devront s'acquitter de frais d'inscription s'élevant à 180 euros (50 euros pour les candidats boursiers). En raison des conditions sanitaires, le concours a subi des inflexions ces deux dernières années. En 2020, il a été annulé. L'édition 2021 a été remplacée par une étude du dossier scolaire et une épreuve à distance pour « Questions contemporaines », axée sur la réflexion et des lectures personnelles. Un retour à des conditions normales de passation du concours a été opéré en 2022. Cela devrait se poursuivre en 2023 et les années suivantes.

2 L'épreuve de questions contemporaines

Il s'agit d'une épreuve de culture générale. Elle revêt la forme d'une dissertation à réaliser en trois heures, pour un coefficient 3 sur un total de 9. Le candidat choisit, parmi les deux énoncés proposés, le sujet qu'il désire traiter. Chaque sujet correspond généralement à un thème mais, parfois, l'un des deux peut être transversal. Par exemple, en 2022, les deux sujets étaient : « Faut-il avoir peur des révolutions ? » et « La peur, une arme politique ? ». Les deux portaient donc sur le thème de la peur et le premier croisait les deux thématiques, à savoir la peur et les révolutions. Il n'y a donc pas eu de sujet uniquement sur les révolutions. Il n'est d'ailleurs pas impossible, si l'on en croit le règlement du concours, que les deux sujets portent sur le même thème. Pour la session 2023, les thèmes sont : « La peur » et/ou « L'alimentation ».

On n'attend pas du candidat qu'il fasse preuve d'une culture érudite ni qu'il soit un spécialiste du sujet traité, seulement qu'il se révèle être un bon élève de terminale qui sache établir des liens entre l'histoire, la géographie, la philosophie, la littérature, l'économie, le droit, la sociologie, les sciences… Le candidat doit également suivre régulièrement l'actualité, notamment au prisme des deux thèmes proposés.

Le style doit être simple, clair, objectif, non dépourvu d'élégance mais non pompeux pour autant, en évitant autant que possible les fautes d'orthographe et de syntaxe (au-delà de dix fautes, le correcteur peut retirer des points). Il faut aussi savoir construire un plan progressif, clair et rigoureux, sans longueurs ni répétitions ni digressions. Enfin, les propos tenus doivent être denses, démonstratifs et convaincants.

Sur quels points les correcteurs évaluent-ils les candidats ? Il s'agit de déterminer si le candidat s'intéresse aux débats qui traversent la société et s'il sait les présenter de manière rigoureuse et problématisée. Les exemples (faits, controverses) issus de l'actualité viendront étayer les débats soulevés. Ils devront être utilisés à bon escient et reliés à l'argumentation principale par des liens logiques et des transitions bien rédigées.

ANNALES DU CONCOURS

Thèmes 2022 : La peur et Révolutions

Sujet n° 1 : Faut-il avoir peur des révolutions ?

ou

Sujet n° 2 : La peur, une arme politique ?

Thèmes 2020 et 2021 : Le secret et Révolutions

2021, sujet n° 1 : À la lumière de vos références historiques, culturelles ou artistiques, pensez-vous que les révolutions font table rase du passé ?

ou

2021, sujet n° 2 : À la lumière de vos expériences et de vos lectures, pensez-vous encore possible de préserver le secret aujourd'hui ?

Pas de concours en 2020

Thèmes 2019 : Le secret et Le numérique

Sujet n° 1 : Faut-il tout dématérialiser ?

ou

Sujet n° 2 : Les institutions démocratiques peuvent-elle reposer sur le secret ?

Thèmes 2018 : La ville et Les radicalités
Sujet n° 1: Les villes sont-elles en crise ?
ou
Sujet n° 2 : Peut-on à la fois être radical et démocrate ?

Thèmes 2017 : La sécurité et La mémoire
Sujet n° 1 : Le risque zéro est-il possible ?
ou
Sujet n° 2 : Comment comprendre aujourd'hui la notion de mémoire nationale ?

Thèmes 2016 : L'école et La démocratie
Sujet n° 1 : Le système d'enseignement en France vous paraît-il assurer l'égalité des chances ?
ou
Sujet n° 2 : La démocratie donne-t-elle le pouvoir au peuple ?

Thèmes 2015 : La famille et La mondialisation
Sujet n° 1 : La famille a-t-elle un avenir ?
ou
Sujet n° 2 : Mondialisation et contestations

Thèmes 2014 : Le travail et La culture
Sujet n° 1 : Le travail est-il toujours un facteur d'intégration sociale ?
ou
Sujet n° 2 : La mondialisation de la culture conduit-elle à l'uniformisation ?

Thèmes 2013 : La science et La justice
Sujet n° 1 : Doit-on faire confiance à la justice ?
ou
Sujet n° 2 : La science est-elle l'affaire de tous ?

Thèmes 2012 : Le sport et La religion
Sujet n° 1 : Le sport, une affaire d'État(s) ?
ou
Sujet n° 2 : La laïcité, garantie des libertés religieuses ?

Thèmes 2011 : Les frontières et L'argent
Sujet n° 1 : Argent et démocratie.
ou
Sujet n° 2 : Les pouvoirs ont-ils besoin de frontières ?

Thèmes 2010 : La vieillesse et Les médias
Sujet n° 1 : Une société qui vieillit est-elle condamnée au déclin ?
ou
Sujet n° 2 : Dans quelle mesure les médias sont-ils le reflet de la société ?

3 Bien se préparer tout au long de l'année

Au-delà des connaissances acquises tout au long de la scolarité, notamment au cours de l'année de Terminale, et des ouvrages incontournables (cf. « Références et pistes d'approfondissement » p. 101 et p. 224), une bonne préparation au concours passe par la lecture quotidienne ou quasi quotidienne de supports d'information généralistes et de qualité. Il vous est fortement conseillé de lire :

- au moins un hebdomadaire par semaine (*L'Express*, *Le Point*, *L'Obs*) ;
- un quotidien (au moins deux ou trois fois par semaine). Consultez les pages « *Débats* » (*Le Monde* en particulier) qui présentent des avis argumentés de spécialistes sur certaines questions et qui peuvent être repris ;
- un journal lié à l'international : *Courrier International*, *Le Monde diplomatique* (ce dernier ayant l'intérêt d'avoir un argumentaire original et souvent contestataire) ;
- des sites d'information en ligne comme *Mediapart* ou *Le Huffington Post*.

L'écoute régulière de certaines émissions de radio peut aussi être bénéfique. Les **podcasts de Radio France** sont très utiles pour ce genre d'épreuve : revues de presse nationale et internationale, éditos politiques et économiques, émissions sur l'international (notamment *Géopolitique* sur France Inter ou *Les Enjeux internationaux* sur France Culture), émissions sur l'histoire (*Le Cours de l'histoire* et *Concordance des temps* sur France Culture), sur la philosophie (*Les Chemins de la philosophie* sur France Culture), etc.

Suivez également, notamment dans les pages des quotidiens nationaux, les parutions de **livres** ou d'articles sur les questions à l'étude. Une fiche qui résume les principales idées de chacune de ces publications (sur le modèle des fiches de lecture présentées dans cet ouvrage) permet de constituer des arguments précis et appréciés des correcteurs.

Ces sources pourront être utilement complétées par des newsletters, sites et blogs spécialisés.

Il faut prendre en compte la complémentarité entre votre préparation au baccalauréat et les concours des IEP. Les cours de philosophie, d'histoire-géographie et d'éducation civique, juridique et sociale et d'économie sont utiles à cette épreuve.

Il est conseillé de faire des **fiches d'actualité** sur des thèmes qui sont liés aux questions au programme, sur le modèle des encadrés « *Repères* » présentés dans cet ouvrage. Elles peuvent être complétées en fonction de l'évolution de l'actualité.

Il est enfin intéressant d'imaginer **des sujets à traiter**, sur le modèle de ceux présentés à la fin de cet ouvrage. Un bon étudiant est celui qui sait inventer des sujets, car cela signifie qu'il est capable de déceler les pièges des intitulés.

Une préparation efficace implique également de s'entraîner à traiter des sujets types en rédigeant systématiquement en une heure vingt-cinq une introduction, un plan détaillé et une conclusion (voir, à titre d'exemple, les sujets corrigés présentés dans la quatrième partie de l'ouvrage).

Travailler en groupe et mutualiser le travail accompli sont également nécessaires.

EXTRAITS DE RAPPORTS DU JURY

Le rapport du jury 2014 donne quelques conseils : « La répétition de rédaction d'introductions, de paragraphes, de conclusions, en groupe ou seul, est indispensable. S'entraîner à la confection de plans, à l'identification de problématiques est tout aussi nécessaire. [...] Un effort de lecture est particulièrement recommandé. La réalisation de fiches est indispensable. Là encore, le travail en groupe est conseillé. Il convient de ne pas oublier que les fiches ne remplacent pas la réflexion. »

Il est aussi intéressant de se rendre régulièrement sur le site du concours commun des IEP et de lire les rapports des jurys, dont certains extraits sont reproduits ici. Ils pointent du doigt les erreurs le plus souvent commises et donc à éviter à tout prix.

Quoi qu'il en soit, cette préparation relève plus d'un **marathon** que de la course de vitesse. C'est une épreuve d'endurance qui s'anticipe et s'organise depuis, au moins, le début de l'année de Terminale. Elle est d'autant plus difficile qu'il s'agit de concilier préparation au baccalauréat (avec les échéances afférentes comme les examens blancs) et réussite au concours. Cette préparation demande aux candidats une régularité sans faille et le respect d'un planning de préparation strict (mémorisation, fiches d'actualité et de lecture, plans de dissertation...). À ce titre la mémorisation des connaissances doit se faire le plus tôt possible afin que lesdites connaissances soient intégrées et puissent être restituées au mieux le jour J.

PARTIE 2

Questions contemporaines autour de la peur

2

Introduction

« C'est bien toujours – en dernière analyse – le réel qui fait peur ; mais pas lorsqu'il est directement perçu, plutôt lorsqu'il baigne encore dans le flou de l'imagination qui en anticipe la perception. »

Clément Rosset, *Le Réel et son double : essai sur l'illusion* (1976).

« [...] les partis rétrogrades dominent et exploitent par la peur. Car la peur, messieurs, c'est la maladie chronique de la France : la peur en politique... Oui, c'est la peur qui est le mal de ce pays, et c'est de la peur qu'ils ont tiré leurs ressources, les réacteurs de 1800, de 1815, de 1831 et de 1849 ! C'est de la peur qu'il a tiré sa principale force, le coupe-jarret de 1851 ! »

Léon Gambetta, discours prononcé à Grenoble (1872).

Qu'est-ce que la peur ?

La peur paraît aujourd'hui caractériser l'état le plus général de la société en ce qu'elle se nourrit des objets dont nous nous représentons de façon immédiate la gravité (le terrorisme, la pandémie, la crise économique, politique, sociale et culturelle). Néanmoins, au-delà de ces points de fixation, la peur actuelle questionne notre capacité et notre volonté à faire société, c'est-à-dire à œuvrer dans le sens du bien commun. **La peur et la politique apparaissent ainsi liées**, maintenant comme hier, car les deux ont en commun la **mobilisation de puissants imaginaires**, propres à nous rassembler ou, au contraire, à nous diviser. C'est là sans doute la marque de ce qu'est la peur : une émotion – ce qui nous fait nous mouvoir.

Plus précisément, la peur est l'une des émotions qui suivent la prise de conscience d'un danger extérieur et qui se fixe toujours sur un objet précis. Présente chez les humains comme chez les animaux, elle a une **dimension éthologique** : elle est liée à l'instinct de conservation puisqu'elle est censée engendrer de la prudence. Si elle nous est nécessaire, elle n'en est pas moins ambiguë, comme en témoigne l'histoire du mot. Celui-ci est en effet apparu au Moyen Âge central à partir du terme latin *pavor*, signifiant « frayeur », « effroi ». Mais avec le temps la peur s'est diluée en un spectre d'émotions à la dimension psychologique étendue de la crainte à la panique. Il faut à ce point remarquer que les effets en sont totalement distincts : si la crainte peut engendrer la prudence, la panique ne peut guère déboucher sur une attitude rationnelle. **La raison et la peur entretiennent donc des rapports complexes**, dans lesquels l'aspect irrationnel de la peur (incarné par la phobie) ne doit jamais être occulté.

Cette complexité s'explique par le **caractère ambivalent de la peur** : celle-ci peut aussi bien être négative que positive. Avoir peur permet de se construire par opposition à un monde extérieur agressif, de se prémunir d'un danger et de sauver sa vie, d'envisager des futurs autres que celui que semblent nous dicter nos angoisses. Car la peur est d'abord un sentiment profondément humain.

TEXTE CLÉ

La peur, ce sentiment si humain pour Georges Simenon

« Tout le monde a peur. On s'ingénie à dissiper la peur des tout-petits avec des contes de fées et presque aussitôt, dès l'école, l'enfant craint de montrer à ses parents un livret scolaire qui comporte de mauvaises notes. La peur de l'eau. La peur du feu. La peur des animaux. La peur de l'obscurité...

Peur, à quinze ans ou à seize ans, de mal choisir son destin, de rater sa vie... Dans sa demi-conscience, toutes ces peurs deviennent comme les notes d'une symphonie sourde et tragique : les peurs latentes qu'on traîne jusqu'au bout derrière soi ; les peurs aiguës qui font crier, les peurs dont on se moque après coup, la peur de l'accident, de la maladie, de l'agent de police, la peur des gens, de ce qu'ils disent, de ce qu'ils pensent, des regards qu'ils posent sur vous au passage. »

Georges Simenon, *La Patience de Maigret* (1965).

De quoi parle-t-on ?

Peur, crainte, angoisse, phobie, effroi, panique désignent toute une gamme d'états émotionnels qui doivent être considérés comme autant de manifestations de la peur. La différenciation entre les mots relève soit de l'intensité de la peur (la crainte est une émotion moins intense que la panique), soit de la distance prise avec la rationalité (la peur se fixe sur un objet, réel ou fantasmé ; la phobie radicalise cette approche ; l'angoisse et la panique ont un rapport bien plus important avec l'irrationnel et ne se fixent pas sur un objet précis).

Il faut distinguer **plusieurs catégories de peurs** pour déconstruire l'aspect irrationnel de ces émotions et, par conséquent, demeurer dans une approche rationnelle.

Les **peurs individuelles** groupent des peurs tranquilles qui secouent l'individu et peuvent être partagées par d'autres, mais dont le ressenti est d'abord individuel : la peur des reptiles, une crise d'angoisse face à un événement imprévu, une phobie des araignées. Ces peurs ne renvoient pas à des risques encourus par la société : vécues au quotidien, elles ne participent pas à des craintes de haut niveau (telles que le changement climatique, le risque nucléaire...). Toutefois, il faut souligner que ces peurs individuelles peuvent trouver des résonances chez beaucoup d'entre nous, laissant alors se diffuser une forme d'**insécurité partagée** capable de susciter une crainte voire une angoisse diffuse au sein de la société.

La peur des autres exprime, selon les individus, les difficultés de la socialisation, surtout lorsqu'il s'agit d'un rapport face à face. Cette peur des autres découle de la méfiance qui apparaît dès lors que nous nous trouvons dans un rapport d'incertitude, d'inconnu. Or toute incertitude accroît la dynamique de la peur, qui représente dès lors un moyen paradoxal d'éliminer l'incertitude. Ainsi, s'il apparaît à un sujet impossible de savoir quelle règle encadre la prise de parole dans un groupe et si cette prise de parole recevra l'écoute des autres sujets, la peur peut s'emparer du sujet qui ne se représente dès lors qu'une seule réaction possible : le repli sur soi.

Les peurs en groupe restreint traduisent la difficulté à entrer dans un groupe inconnu que, dans un mouvement inconscient, notre cerveau perçoit comme une menace. La peur procède ici de la crainte d'être jugé, de voir son for intérieur dévoilé, et de donner une première image qui soit mauvaise et définitive. Surtout, cette peur renvoie à la **position du sujet par rapport au groupe** : celui-ci peut être protecteur ou menaçant, ce qui entraîne de toute façon la peur pour le sujet d'y perdre toute sa liberté et sa singularité. C'est alors la crainte d'être noyé dans la masse ou même d'être dévoré par la mécanique du groupe – il suffit de penser aux phénomènes des violences de groupe, auxquels les participants consentent pour ne pas eux-mêmes en être les victimes.

Les peurs collectives se caractérisent par la présence d'objets à la fois inédits, imprévus et en même temps immémoriaux. Telle pandémie déclenche une peur globalisée totalement imprévisible juste auparavant, et pourtant les épidémies constituent l'une des peurs les plus récurrentes dans la longue histoire de l'humanité (il semble que les premiers accidents bactériologiques et épidémiques soient apparus avec la sédentarisation des groupes humains au Néolithique). Les peurs collectives se concentrent aussi sur des lieux précis : par destination (l'enfer : la peur y est permanente), par occasion (une rue sombre : la peur n'y est réelle que la nuit) ou par inspiration (les lieux du crime dans les polars).

Les peurs collectives sont donc *a priori* repérables de façon rationnelle. Une société donnée peut faire l'objet d'une analyse sur les risques d'y voir se développer des peurs collectives. Néanmoins les **émotions collectives** viennent nuancer cette possibilité, avec des peurs qui se cristallisent de façon inopinée dans la société (les Gilets jaunes), transformant une angoisse diffuse en une dynamique émotionnelle bien plus concrète, surtout chez les groupes (se percevant comme) minoritaires.

Une question à la fois contemporaine et intemporelle ?

La peur désigne le sentiment d'être face à un danger, que celui-ci soit réel ou imaginaire, et une attitude corporelle qui en est la conséquence, et qui a longtemps conduit les philosophes à en faire une des passions du corps, à l'opposé de la raison guidant l'âme chez Platon. Si cette approche conserve du sens dans le traitement des pathologies psychiatriques ou du mal-être social, il faut cependant observer que la peur contemporaine est quelque chose d'autre. En effet, la question de la peur s'est aujourd'hui déplacée comme une **réponse aux crises de ce début de XXIe siècle**, dont les objets sont assez clairement définis : la peur environnementale, la peur épidémique et sanitaire, la peur du terrorisme, la peur du déclin et du déclassement politique, social et culturel. Ces peurs peuvent dans un premier temps entraîner un mouvement de fuite ou de panique. Pourtant, elles permettent aussi de développer des attitudes salutaires : la vigilance, la résilience, la créativité et la cohésion de groupe. Car la peur, dans toutes les sociétés et à tous les âges, nous bouscule dans nos certitudes, dans nos croyances, dans notre rapport à l'autre comme à soi-même.

Ces peurs n'en renvoient pas moins à un imaginaire irrationnel, dans lequel, à l'ère d'Internet et de la technologie, la méconnaissance de l'Autre et la persistance d'une quantité indéfinie d'inconnu posent question. **Or cette situation est instrumentalisée par les pouvoirs politiques et devient un moyen de contrôle, de gouvernement, de réduction à l'obéissance.** Ce processus n'est certes pas nouveau, puisque Machiavel en décrit déjà les schémas pratiques au XVIe siècle, mais il semble aujourd'hui devenir la norme à l'heure de la pandémie. Il est donc d'autant plus utile de se pencher sur la peur, sur *les* peurs, et de ne pas oublier que la peur n'est pas une fatalité, qu'il est possible de sortir d'un régime de la peur en exerçant sa raison pratique. Ou comme l'écrit Descartes dans *Les Passions de l'âme* (art. 45 ; 1649) : « *Il faut s'appliquer à considérer les raisons, les objets ou les exemples qui persuadent que le péril n'est pas grand ; qu'il y a toujours plus de sûreté en la défense qu'en la fuite.* »

CHAPITRE 1

La peur, une émotion utile pour analyser la société contemporaine

> « *La France a peur.* »
> Roger Gicquel, phrase d'ouverture du journal télévisé de TF1, 18 février 1976.

> « *Quand on adhère à une théorie du complot, on finit par adhérer à toutes.* »
> Gérald Bronner, sociologue, interview pour le magazine *Zadig*, mai 2021.

Débat

L'insécurité constitue un marqueur récurrent des thématiques abordées au moment de l'élection présidentielle. Elle renvoie à une peur qu'il est difficile de quantifier, tant les statistiques produites par les pouvoirs publics ne peuvent rendre compte d'une émotion qui reflète au moins autant une peur diffuse parmi la société qu'une réalité tangible. Néanmoins, l'évolution des discours sur l'insécurité témoigne des mutations de la peur dans la société française. Pour être agissante, celle-ci ne peut plus être agitée de façon désincarnée, comme l'a montré l'effet désastreux pour la candidate de l'extrême droite en 2017 de ses paroles sur les « *envahisseurs* ». Ainsi, les différents candidats à l'élection de 2022 se sont positionnés sur cette question en opposant, par des biais plus concrets et par conséquent polémiques, leur vision de l'insécurité en la reliant à la peur de l'immigration et du pouvoir d'achat (Marine Le Pen), au déclin de l'identité et à la submersion démographique (Éric Zemmour). D'autres candidats, à l'instar de Jean-Luc Mélenchon, ont au contraire cherché à déplacer le champ de la peur à partir de cette même insécurité, en l'associant d'abord à la question sociale.

Introduction

Observer les différentes formes de la peur revient à se poser quelques questions simples sur les peurs (lorsque les objets, réels ou imaginaires, sont aisément repérables) ou les angoisses (lorsque les mêmes objets restent flous et incertains ou caractérisent un état psychique). Ces interrogations constituent autant de points de départ pour l'observation raisonnée – à distance, par conséquent – des peurs et des angoisses, dessinant ainsi à grands traits une esquisse des peurs contemporaines, précises ou diffuses, mais toujours situées au cœur de l'individu ou du groupe social. Le tableau qui en est le résultat ne doit pas tromper : il s'agit d'un instantané dont la validité est plus ou moins durable, selon les catégories de peurs. La France de 1976 n'est pas la France de 2021. Lorsqu'en 1976 Roger Gicquel évoque, sur un ton dramatique, l'enlèvement et le meurtre d'un jeune enfant, il évoque une peur à la fois précise dans le temps (le temps du crime, celui de l'enquête, du procès) et une angoisse intemporelle (le temps sans limites et toujours recommencé de l'angoisse de la perte de l'enfant). En 2021, la France a toujours peur ; mais ses peurs sont désormais multiples et, contrairement à 1976, ne soudent pas la société dans la désignation d'une victime émissaire, mais la fragmentent et renvoient l'individu à sa solitude face à la société, aux institutions, aux réseaux sociaux.

C'est pourquoi les quelques questions envisagées tentent d'éclaircir les différentes strates de la peur et des angoisses, en particulier collectives. Il s'agit tout d'abord de comprendre « qui a peur » à travers une approche essentiellement géographique et sociologique, afin de dégager quelques lignes directrices relatives aux liens entre la diffusion de la peur et la réalité du vivre-ensemble aujourd'hui. L'accès à la peur constitue le second axe dans la mesure où la révolution technologique permet désormais une diffusion inédite des peurs et des angoisses ; dans cette perspective, les mécanismes de la rumeur sont corrélés avec le rôle des médias, d'Internet et des réseaux sociaux dans l'essor d'une culture de la peur au sein de la société. Enfin, une dernière question opère un retour critique sur les descriptions précédemment effectuées en se demandant ce que les peurs « disent de nous », à travers des approches anthropologiques et psychanalytiques. Enfin, le retour de la guerre en Europe et de l'inflation (ainsi que les modalités de la dernière élection présidentielle en France) développe la sensation d'une spirale angoissante de la peur qui dépasse largement le cadre national et donne l'impression vertigineuse d'un monde près d'une bascule vers un futur dramatique.

1 Qui a peur ?

A. Les visages de la peur contemporaine

Tout au long du XXe siècle, la France de la peur a été relativement circonscrite à des classes d'âge et à des régions spécifiques. Le désir de revanche de la guerre perdue en 1870 contre les Prussiens, la montée à la guerre à partir de 1910, puis de nouveau en 1938, ont placé les populations de l'est du territoire dans une position d'attente souvent angoissée de la guerre. De même, au moment des décolonisations, une peur diffuse s'est répandue dans les colonies où le processus a achoppé pour déboucher sur des guerres (Indochine, Algérie). **Pour chacun de ces conflits, une classe d'âge s'est retrouvée face au danger de la guerre**, les jeunes hommes. Néanmoins, le départ à la guerre n'est pas nécessairement un moment de peur extrême pour ceux qui y partent, à l'exemple des premiers mois de la Première Guerre mondiale, durant lesquels le consentement à la guerre est massif. La peur se situe plutôt au niveau des familles, qui n'ont du front que les représentations véhiculées par la propagande et par les lettres qui ont passé la censure militaire. Le front reste ainsi imaginaire. Mais pour les anciens combattants de la Première Guerre mondiale, l'horreur bien réelle du front ancre dans leur imaginaire une horreur de la guerre qui les porte à un pacifisme radical – que partage la société, confrontée au quotidien aux « gueules cassées ». Dans un autre registre, plusieurs régions et classes d'âge se retrouvent à nouveau confrontées à la peur dans le dernier quart du xxe siècle, avec les processus de délocalisation et de désindustrialisation, qui touchent d'abord l'est et le nord de la France, puis les bassins de l'ouest et des villes moyennes, qui voient le chômage de la population en âge de travailler s'envoler. La peur dans ce cas est également transmise à la génération suivante, dans la mesure où l'emploi industriel apportait jusque-là une certaine sécurité de l'emploi, qui pouvait se transmettre de mère en fille, de père en fils.

À partir des années 1980, **l'irruption du terrorisme rebat les cartes de la peur sur le territoire.** Désormais, les lieux emblématiques des grandes villes, les réseaux de transport en commun, sont pris pour cible. Les attentats du 11 septembre 2001, suivis par d'autres attentats à Londres et à Madrid, donnent l'impression d'un terrorisme capable d'agir n'importe où, y compris dans des zones éloignées des territoires d'implantation originelle des groupes terroristes concernés (l'Afghanistan pour Al-Qaïda, l'Irak et la Syrie pour l'État islamique). **La peur n'a désormais plus de visage en particulier : elle est le lot potentiel de tous.** Avec l'attentat contre *Charlie Hebdo* en janvier 2015, ce sont des figures connues qui sont les victimes des terroristes et une valeur essentielle qui est attaquée, projetant la quasi-totalité de la nation dans un état de sidération qui ne semble toutefois trouver son paroxysme qu'avec les attentats du 13 novembre 2015, qui paraît donner raison à qui prétend que nul n'est désormais à l'abri.

Avec la pandémie de la Covid-19, la peur se situe dans le même registre puisque tous les individus sont susceptibles d'être touchés. De plus, la très forte mortalité dans les premiers mois parmi les personnes âgées met en lumière une angoisse sociétale autour de la solidarité intergénérationnelle. Néanmoins, à l'inverses des peurs précédentes, **la pandémie n'inspire pas la même peur chez tous les individus** : si certains ont peur de l'épidémie *stricto sensu*, d'autres ont peur de ce qu'ils imaginent être derrière la pandémie. Ils portent donc une attention particulière aux théories du complot et leur peur, si elle découle de l'épidémie, est une peur différente, qui se porte sur des objets fantasmés issus d'un imaginaire irrationnel présent bien avant l'apparition de la Covid-19. Ainsi, en mars 2020, 17 % des Français pensaient que le virus avait été élaboré délibérément dans un laboratoire. Puis, en février 2021, un sondage d'OpinionWay pour *Le Monde* et le Cevipof estime à 36 % les Français persuadés d'un complot entre le ministère de la Santé et l'industrie pharmaceutique pour dissimuler la dangerosité des vaccins, et à 42 % ceux qui y voient un prétexte pour supprimer des libertés individuelles. Qui sont celles et ceux qui croient à ces théories, qui d'ailleurs ne se limitent pas à la seule pandémie, mais ont quantité d'autres expressions (l'accident de Lady Diana serait en réalité un assassinat maquillé, l'immigration est volontairement organisée par les élites pour submerger les Européens, le gouvernement américain est impliqué dans les attentats du 11 septembre, les traînées blanches laissées par le passage des avions sont composées de produits chimiques répandus de façon délibérée, l'alunissage des Américains est une supercherie mise en scène par Hollywood...) ? Une étude de l'Ifop pour le magazine *Zadig* (mai 2021) en dévoile les profils : ce sont plutôt les

18-49 ans, sans diplômes, issus des classes populaires et moyennes paupérisées, qui ont des sympathies pour les radicalités politiques de la gauche (20 %) et surtout de la droite (47 %), un faible attachement à la démocratie et qui estiment (36 %) au-delà de la moyenne (26 %) ne pas avoir réussi leur vie. **L'adhésion au complotisme procède donc de multiples angoisses liées à l'incapacité de se projeter dans la vie politique, la vie sociale, la vie économique et la vie culturelle telle qu'elle est aujourd'hui.** En ce sens, croire à des théories du complot est une forme d'extériorisation de la peur ressentie par des individus qui n'ont plus vraiment de classe d'âge spécifique, de lieu spécifique, d'engagement partisan spécifique.

L'évacuation de la pandémie de l'espace public au printemps 2022 démontre enfin que la peur se nourrit de tous les éléments susceptibles de l'entretenir. Le retour de la guerre en Europe en est le moteur principal. Il remet en effet à l'honneur des biais jusque-là associés à un passé mis à distance : la présence d'une menace nucléaire proche, la militarisation du continent européen et le fantasme de la guerre mondiale, d'une part ; la réalité de l'arrivée des réfugiés ukrainiens, de l'inflation générale des prix (décorrélée de l'évolution des salaires) et de la pénurie de quelques produits à la portée symbolique, d'autre part. Le sentiment de peur se nourrit toutefois d'un contexte spécifique, dans la mesure où la diffusion médiatique de la peur rencontre une crise démocratique dont l'élection présidentielle de 2022 est l'une des dernières occurrences.

B. Une géographie de la peur

Les territoires de la peur sont ceux qui sont liés à l'insécurité et à la criminalité dans l'imaginaire aussi bien que dans les faits. Ces territoires sont en général associés à la ville, et en particulier aux banlieues populaires d'habitat collectif où se concentrent les difficultés économiques et sociales, même si n'importe quelle rue qui ne serait pas éclairée la nuit ou n'importe quel transport en commun où un groupe se ressentirait en situation minoritaire face à un autre groupe perçu comme dangereux peuvent produire de la peur. S'agissant des « quartiers » ou des « cités » (ces termes portent déjà des connotations dépréciatives propres à susciter l'imaginaire, par le biais du fantasme ou de l'angoisse), il faut cependant rappeler que la peur qui peut y régner est à la fois réelle et fantasmée. L'Observatoire des inégalités pointe ainsi le fait que 5 des 10 communes ayant le taux de pauvreté le plus élevé de France se trouvent à la Réunion, suivies par 5 communes de banlieue parisienne. Or, dans l'imaginaire, la Réunion n'est pas vraiment le territoire le plus associé à la peur… à l'inverse de la Seine-Saint-Denis. De plus, l'inscription de ce dernier département dans le Grand Paris, ses réseaux de transport et son bassin d'emploi, suppose de plus grandes potentialités que pour une région ultrapériphérique comme la Réunion. Les chiffres de la criminalité peuvent certes expliquer le sentiment de peur, mais il faut convenir de ce qu'une partie notable de la peur procède d'une **projection fantasmée de ses propres angoisses sur l'autre** – représenté dans ce cas par un territoire ne possédant pas les caractéristiques « attendues », par exemple sur l'aspect multiculturel ou sur la surreprésentation des classes d'âge jeunes.

Actualité **LE TÉMOIGNAGE D'UN EXPATRIÉ FRANÇAIS FACE À LA POLITIQUE DU ZÉRO COVID EN CHINE**

« J'ai été le premier cas positif de ma résidence. [...] Les nuits suivantes, je n'ai pas fermé l'œil. J'avais peur qu'ils passent me chercher au milieu de la nuit pour m'emmener en quarantaine. Je suis le seul étranger de ma résidence et ça se passe bien avec mes voisins. [...] Parfois, ils font brûler de l'encens dans les escaliers, pensant que ça fera fuir le virus. Quand je suis passé au QR code rouge [positif au test], la moitié des habitants du bâtiment a réclamé mon transfert immédiat. Je les comprenais mais j'étais très stressé à l'idée qu'on m'emmène de force dans ces centres [de quarantaine]. »

Bahar Makooi, « Confinement des Français de Shanghai : "Quand mon QR code est passé au rouge, ça a été la panique" », France24.com, 16 avril 2022.

Le sentiment de l'injustice spatiale est aujourd'hui un levier essentiel de la peur dans les territoires, en France comme dans les autres pays confrontés à des reconfigurations spatiales majeures. L'insertion dans la mondialisation, la relocalisation de la dynamique urbaine, sociale, culturelle et économique vers les métropoles, les pôles de l'innovation, les zones transfrontalières et certains littoraux ont accentué la précarité des populations situées dans d'autres territoires :

- les espaces ruraux : avec la peur de l'éloignement, de la disparition des services publics, des emplois publics et industriels, et le changement culturel symbolisé par la disparition des anciennes solidarités sociales décrites par Jean-Pierre Le Goff dans *La Fin du village. Une histoire française* (2012) ;
- les villes petites et moyennes mal connectées aux métropoles, dans lesquelles la peur procède de la perte d'attractivité économique, sociale et culturelle, corrélée à une immobilisation des classes moyennes fragilisées en raison d'un accès à la propriété immobilière qui se révèle aujourd'hui vecteur de paupérisation (avec la chute des prix et l'obligation de rembourser les prêts) ;
- les friches industrielles : avec la peur comme résultat d'un deuil de la classe ouvrière vis-à-vis de l'identité industrielle (et des relations sociales qui l'accompagnent) difficile à surmonter, même si des politiques de redéveloppement territorial arrivent à susciter un peu de dynamisme (mais dans des secteurs comme le tourisme ou le commerce, très différents) ;
- les territoires insulaires et ultramarins : du fait de l'éloignement vis-à-vis de la métropole, du sentiment (historiquement fondé) de discrimination et d'absence de prise en compte de l'identité insulaire ; cette situation favorise les mouvements autonomistes et indépendantistes, avec l'accès des autonomistes au pouvoir en Corse depuis les élections territoriales de 2017.

Ces peurs expliquent en bonne partie l'évolution du vote (l'abstention ou le choix de partis radicaux de gauche et surtout de droite) et la naissance de mouvements sociaux et politiques originaux dans ces territoires, dont le mouvement des Gilets jaunes de 2018-2019 est à ce jour l'incarnation la plus importante. Le gouvernement a d'ailleurs répondu à cette mobilisation par un « Grand Débat » dans tous les territoires, conçu pour libérer la parole (plutôt que pour prendre des mesures réelles) afin d'abaisser le niveau de la peur et des angoisses collectives.

À une autre échelle, il ne faut pas oublier que **la peur s'exprime aussi envers des États qui symbolisent l'agressivité à l'échelle mondiale**. Leur dangerosité est une représentation construite par les actes d'un pouvoir autoritaire ou dictatorial (à l'image de la Russie annexant la Crimée et entretenant des velléités d'emprise sur la Géorgie, l'Ukraine et la Moldavie) et par l'imaginaire de noirceur de certains régimes, que ces derniers peuvent entretenir à des fins de puissance géopolitique.

C. Une sociologie de la peur

L'étude d'une société ne peut faire l'économie d'une approche scientifique des émotions qui nourrissent l'imaginaire de cette société. C'est pourquoi, dès les origines de l'école de sociologie française, l'approche quantitative est corrélée à une approche qualitative, au sein de laquelle l'étude de la peur tient une place notable. Ainsi, **Émile Durkheim** (1858-1917), son fondateur, analyse les conséquences sociales de la peur sous la forme du désespoir dans *Le Suicide* (1897). Il veut démontrer que ce phénomène qui paraît intime obéit en réalité à des causes sociales. En utilisant une méthode quantitative (par l'étude de six pays européens sur une trentaine d'années), il établit une typologie qui élimine les facteurs extra-sociaux (la folie, l'alcoolisme, etc.) et suit deux axes :

1) Un lien social d'intégration : le suicide est égoïste lorsque le lien social du sujet est faible ; il est altruiste lorsque le lien social est fort.
2) Un lien social de régulation : le suicide anomique intervient dans une société sans règle normative ; le suicide fataliste intervient dans une société où la loi refuse au sujet toute émotion, toute passion.

La démonstration de Durkheim importe non seulement pour comprendre le suicide, qui interroge la collectivité en ce qu'elle peut être incapable de résoudre certains traumatismes individuels, mais aussi pour ce qu'elle dit de la place des émotions en tant que moteurs des relations sociales. **En ce qui concerne la peur, celle-ci est aujourd'hui opératoire dans deux grandes catégories d'angoisse : celle du déclassement social d'une part, et celle de la dissolution de l'identité d'autre part.**

Le déclassement social se définit comme une mobilité sociale descendante, en dérivant vers un rang social inférieur au milieu dont on est issu. C'est un objet d'étude sociologique depuis l'ouvrage *Social Mobility* (1927) de Pitirim Sorokin. La peur de ce phénomène apparaît dans les années 1980, après la fin des Trente Glorieuses (une période associée à une progression continue de l'ascenseur social pour les classes moyennes et supérieures). Deux phénomènes économiques se succèdent depuis, concourant à diffuser ce sentiment : la tertiarisation et son lot d'emplois peu qualifiés et peu rémunérateurs dans un premier temps, puis l'absence de progression salariale même pour les diplômés dans un contexte de hausse des prix (de l'immobilier surtout). Cette évolution entraîne une double crainte de déclassement pour les jeunes générations : par rapport à leurs parents et par rapport à leur niveau d'études. Cette peur se focalise sur des objets significatifs de la baisse de statut, tels que l'embauche à un niveau de qualification inférieur au diplôme le plus élevé obtenu, la reconversion professionnelle dans une branche d'activité différente de celle espérée, et un temps de chômage subi. Dans *La Spirale du déclassement. Essai sur la société des illusions* (2016), le sociologue Louis Chauvel analyse le déclassement social comme la fin du rêve des classes moyennes, qui sont celles qui ont le plus à perdre avec cette peur. Il identifie sept piliers sociaux qui se sont fracturés : a) un salariat stable ; b) une société d'abondance ; c) l'État-providence ; d) la démocratisation de l'école ; e) la croyance dans le progrès ; f) la centralité politique de la classe moyenne ; g) la démocratie représentative. Mais dans *La Peur du déclassement. Une sociologie des récessions* (2009), Éric Maurin présente un autre point de vue : pour lui, le déclassement social est une peur plutôt qu'une réalité, qui est cependant grave car, à l'inverse d'une crise réelle qui oblige à réagir, la peur a tendance à bloquer toute réaction positive. Toutefois, plusieurs faits actuels tendent à faire de cette peur une réalité : la croissance des inégalités de revenus, l'incertitude de la croissance, la compétition économique internationale, laissant de côté tout profil qui ne soit pas immédiatement rentable pour l'entreprise, et le décrochage scolaire, synonyme d'absence de diplôme et d'insertion dans la vie économique et sociale.

Focus **LA PEUR DU DÉCLASSEMENT SOCIAL AUX ÉTATS-UNIS**

Mesurer la peur du déclassement social aux États-Unis permet d'établir un diagnostic social et politique de l'état de la société américaine, aussi bien dans ses aspects pratiques (la dégradation de la santé des Blancs d'âge moyen), que dans ses aspects politiques (l'élection de Donald Trump en 2016) et même ontologiques (la difficulté croissante d'y faire société illustrée par le slogan « *I can't breathe* » porté par le mouvement Black Lives Matter, par exemple). Pour le médecin et essayiste Jean-David Zeitoun, la baisse de l'espérance de vie des Blancs non hispaniques et peu diplômés depuis 2010 provient du contexte matériel (l'incertitude sur le maintien de l'emploi) et relationnel (l'accès à la classe moyenne des Hispaniques, des Afro-Américains, des Asiatiques ; les changements sociétaux tels que #MeToo). Ce même contexte explique au contraire pourquoi les Afro-Américains ne connaissent pas de dégradation de leur santé malgré les discriminations, en raison d'une plus grande résilience et d'une moindre peur du déclassement. Ils ne perçoivent pas les changements d'une manière négative et produisent des figures originales et tournées vers l'avenir, à l'exemple du rappeur Lil Nas X.

La peur de la dissolution des identités constitue une autre peur multidimensionnelle, car cette question concerne autant la culture que la cohésion d'un groupe humain. L'essor de la mondialisation a révélé ce problème lorsque ses détracteurs ont vu dans ce processus le début d'une uniformisation culturelle destructrice des cultures et des identités particulières. Cette critique prend aujourd'hui la forme de la **théorie du « grand remplacement »**. En France, ses partisans sont réunis autour de l'écrivain d'extrême droite Renaud Camus, auteur, notamment, de *La Grande Déculturation* (2008), *Le Grand Remplacement* (2011), *France : suicide d'une nation* (2014). Sa thèse consiste à décrire un peuple français submergé par les immigrés et leurs descendants, faisant face à un risque de disparition bien réel, mais qui peut encore être arrêté par un sursaut identitaire et ultranationaliste. Ces idées, qui pourraient être associées à l'explosion des mobilités dans le cadre de la mondialisation et de l'instabilité politique, sociale, économique et climatique de nombreuses régions, reprennent en réalité des thèses déjà présentes dans la fiction et les écrits politiques de la fin du XIXe siècle, à l'instar de *L'Invasion noire* (1894) puis de *L'Invasion jaune* (1904) d'Émile Driant. Elles sont aujourd'hui portées par les militants identitaires qui mettent en scène cette peur en organisant des actions « coup de poing » médiatiques aux frontières ou en dénonçant un « racisme anti-blanc » lors de la manifestation contre le racisme et les violences policières à Paris, en juin 2020.

Actualité **UNE PEUR FANTASMÉE AU CŒUR DE L'ÉLECTION PRÉSIDENTIELLE DE 2022**

« Avant que Valérie Pécresse n'évoque cette idée avec ambiguïté, c'est l'ancien polémiste Éric Zemmour, condamné à plusieurs reprises, notamment pour *"provocation à la haine raciale"* et *"provocation à la haine religieuse"*, qui a fait sienne cette expression depuis près de dix ans. *"Dans tous les endroits où j'ai grandi, à Drancy, à Montreuil, à Stains, dans le 18e arrondissement de Paris, le grand remplacement a opéré. [...] C'est la réalité qui gagne. [...] Dans tous les endroits où j'ai grandi, ils nous ont remplacés"*, avançait-il sur iTélé en avril 2014. Un argumentaire auquel il n'a pas renoncé depuis qu'il est candidat à la présidentielle. »

Alice Galopin et Thibaud Le Meneec, « L'article à lire pour comprendre pourquoi le "grand remplacement" est une idée raciste et complotiste », Francetvlnfo.fr, 13 mars 2022.

2 Quels mécanismes engendrent la peur ?

A. Le poids de la rumeur

Selon la formule de l'écrivain et journaliste Jean-François Revel (1924-2006), *« la rumeur est le plus vieux média du monde »*. Nombre d'occurrences tendent à confirmer cette affirmation : dès les débuts du christianisme, la pratique de cette nouvelle religion dans les catacombes romaines a fait naître parmi la population des peurs sur les supposées pratiques anthropophages des chrétiens (ils mangent leur Dieu, selon une vue déformée de l'eucharistie). Au Moyen Âge, sous le règne de Charles VI, naît aussi une rumeur selon laquelle un barbier égorge ses clients avant de les transformer en pâtés à croûte appréciés du tout-Paris (la légende est passée dans le folklore anglais sous le nom de « Sweeney Todd »). À l'été 1789, une « Grande Peur » traverse le pays : des rumeurs indiquent que des bandes, encouragées par les nobles, traverseraient le royaume pour s'en prendre au peuple, qui réagit par une série de troubles sociaux (pillages, émeutes, incendies de châteaux...). Or ces rumeurs ne sont fondées sur rien. Elles traduisent en réalité l'effondrement de l'autorité absolutiste après la création de l'Assemblée nationale (17 juin) et la prise de la Bastille (14 juillet). **Souvent, les rumeurs se focalisent sur des objets identiques à travers les âges**, comme le montre l'exemple des enlèvements d'enfants. Déjà au XVIIIe siècle, la rumeur d'enfants enlevés parcourt à plusieurs reprises Paris : crimes abominables ? expériences de magie noire ? peuplement de la Louisiane ? bain de sang destiné au roi ?

En réalité, ces rumeurs traduisent **l'angoisse devant l'arbitraire policier** qui, par des arrestations hors de toute procédure pénale, purge la ville des mendiants ou des marginaux. Pourquoi des enfants ? Il semble que ces arrestations réveillent dans l'imaginaire l'idée d'un pouvoir qui ne protège plus mais qui dévore ses enfants (le peuple). En 2019 encore, une rumeur équivalente parcourt les réseaux sociaux : des individus dans une camionnette blanche chercheraient à kidnapper des enfants. La même rumeur parcourt dans les années 2010 des lieux très divers : le Jura, la région parisienne, Bordeaux, la Drôme. Mais en 2019, la rumeur ne reste pas sans conséquences : deux Roms circulant dans une camionnette blanche près de Paris sont lynchés et la police doit venir à leur secours et disperser les attroupements. Certes, cette rumeur intervient après des affaires criminelles particulièrement angoissantes (l'affaire Dutroux, le tueur en série Michel Fourniret). Mais cette rumeur, dont il existe des variantes dans de nombreux pays, témoigne de la **recherche de victimes émissaires en réponse à une crise morale et sociale qui parcourt la société**, dans un contexte où l'enfant est au centre de la famille et symbolise des valeurs d'innocence et de pureté.

La rumeur crée d'autant plus l'angoisse que, à l'inverse des théories du complot ou des infox, elle peut se diffuser dans l'instantanéité, sans idéologie ni intention précise en arrière-plan. De plus, sa focalisation sur un objet concret produit immédiatement un **horizon d'attente proche de l'angoisse** (qu'il s'agisse d'un espoir ou d'une crainte). Cela signifie que la rumeur touche des individus ou des groupes qui sont, au préalable, sensibilisés à la question dont la rumeur est en quelque centre le symbole, sans pour autant pouvoir en maîtriser les tenants et les aboutissants. Encore une fois, la situation d'incertitude crée les conditions favorables au déploiement de la rumeur.

Actualité **L'ÉLOIGNEMENT DE LA RÉALITÉ, UN FACTEUR DÉCLENCHEUR DE RUMEURS SUR LES VACCINS**

« Quand il consulte ses tableaux qui lui donnent au jour le jour les taux de vaccination du personnel, unité par unité, service par service, le docteur Bougault est dépité. [...] Mi-juillet, malgré tous ses efforts, près d'un soignant sur deux de ce gros établissement de 2 500 salariés n'est toujours pas vacciné. Avec deux constats : moins le pôle est confronté au Covid, plus la résistance est forte. Plus le personnel est qualifié, plus le taux de vaccination est élevé. »

Natacha Tatu, « "Ça me fait peur" : ces soignants qui refusent d'être "en première ligne" de la vaccination », NouvelObs.com, 10 juillet 2021.

B. Les médias, vecteurs d'une culture de la peur

Les médias traditionnels – et en particulier les chaînes d'informations en continu – reposent sur des logiques qui stimulent la diffusion d'angoisses collectives au sein de la société. En théorie, les médias d'information (presse, radio, télévision) reposent sur la recherche de faits auprès de sources officielles, sur leur vérification et sur leur présentation neutre. Il s'agit d'informer, c'est-à-dire de faire connaître des faits à ceux qui ne peuvent y avoir accès autrement, et qui ont confiance en la véracité de ces faits et dans les méthodes de collecte et de traitement utilisées. La peur ne devrait pas, en apparence, pouvoir être rapportée à l'information journalistique.

L'information médiatique, verticale (du journaliste vers le consommateur de médias), est en théorie opposée à la rumeur, qui est, elle, horizontale (d'une personne à une autre). Pourtant, la frontière entre l'information et la rumeur demeure floue. En effet, des médias peuvent relayer des rumeurs en faisant primer la séduction sur la vérification de l'information (ce qui est accentué par la course à l'audience et au scoop). Faire sensation, repérer la « petite phrase » qui sera retenue par tous deviennent des impératifs dans de nombreuses rédactions de journalistes. De plus, lorsqu'une information est susceptible de capter l'attention, elle est immédiatement reprise par l'ensemble des médias. Cet effet mimétique est tout à fait similaire au principe de diffusion de la rumeur. **La répétition inlassable du même entraîne une cristallisation de l'émotion** – la plupart du temps une forme de peur en raison de la prévalence de sujets tels que le terrorisme, l'insécurité ou la pandémie – suscitée par l'information concernée.

C'est pourquoi les médias d'information tendent à disséminer une culture de la peur, comme sous l'action d'un miroir déformant de la réalité. La connaissance peut produire de la peur car elle ne produit pas de la certitude. Telle catastrophe aérienne est traitée sous l'angle du drame par les médias et produit chez le sujet qui, à un moment distant, est amené à prendre l'avion une forme de stress, irrationnel dans la mesure où il est démontré que l'avion est un mode de transport bien plus sûr que l'automobile, par exemple. En privilégiant les titres chocs, les images spectaculaires, les commentaires usant d'un vocabulaire subjectif, les médias participent à un climat anxiogène et à une vision catastrophiste du monde. Les neurosciences ont démontré que la répétition de discours ou d'images chargés d'un contenu alarmant produit des décharges d'adrénaline et de noradrénaline qui accroissent l'intensité de l'attention : cela expliquerait pourquoi les catastrophes provoquent une surconsommation des médias. L'exemple le plus frappant est l'audience de la première intervention du président de la République le 16 mars 2020. La première prise de parole présidentielle depuis le début du confinement a été mesurée à 86,6 % de l'audience, ou près de 35 millions d'auditeurs et de téléspectateurs. Ce niveau inédit est sans doute à relier à la montée de la peur dans les semaines et les jours qui ont précédé et qui ont généré de l'angoisse et un effet d'attente absolu. De la même manière, l'irruption de l'événement traumatique dans le champ médiatique suscite une peur qui oscille entre la fascination et la répulsion et qui, surtout, se nourrit de ce que le spectateur ne peut que constater son incapacité à être acteur – c'est-à-dire à participer au désamorçage de la peur. La guerre en Ukraine incarne aujourd'hui ce problème en produisant deux peurs distinctes : une peur née de la répétition des images de la guerre sans qu'il soit véritablement possible pour le spectateur de mesurer la part de propagande et la part de réalité dans la situation militaire ; et une peur née de l'inhumanité de la guerre (avec les images du massacre de Boutcha, par exemple) qui fait rejaillir un passé sans doute trop vite occulté.

De manière générale, le problème de cette culture médiatique de la peur est le **décalage entre le ressenti du public et la réalité du monde**. C'est ce que démontre le psychologue Jacques Lecomte dans *Le monde va beaucoup mieux que vous ne le croyez* (2017), à partir de la théorie du syndrome du « Grand Méchant Monde » issu des recherches du sociologue George Gerbner (1919-2005). Or ce décalage produit de la part du public une **attente envers le gouvernement de mesures fortes qui seraient à même de répondre à ce ressenti** : le risque d'un tournant sécuritaire est donc bien réel. Il est vrai que l'exacerbation d'un choc politique peut servir des intérêts autoritaires : l'exemple du président turc Erdoğan qui utilise la tentative de coup d'État à son encontre pour renforcer ses pouvoirs, faire taire toute opposition et accélérer sa politique panturquiste l'illustre assez. L'autre problème issu de ce décalage est l'impossibilité à le résoudre dans l'immédiat, car écouter des mauvaises nouvelles toute la journée suscite une certitude de l'impuissance à agir et parfois même du désespoir : **la peur nourrit la peur et bloque la résilience**.

Des réactions à cette culture médiatique de la peur existent cependant, mais elles ne vont pas toujours dans le sens d'un recul critique. En effet, la défiance envers les médias due à leur manière de traiter les informations peut provoquer un repli vers un média jugé moins vertical et plus horizontal, Internet. Or, comme il a été vu précédemment, l'horizontalité n'est pas du tout un gage de « désangoissement ».

C. L'utilisation biaisée d'Internet

L'écosystème de la peur n'épargne pas les nouvelles technologies, Internet, et en particulier les réseaux sociaux. Si, de prime abord, leur usage peut paraître rassurant dans la mesure où le sujet est en théorie maître des contenus qu'il consulte et peut donc y exercer sa raison, les motifs de peur au sujet d'Internet n'en restent pas moins nombreux et majeurs.

Quel rapport entre Internet, les réseaux sociaux et la peur ? D'emblée, les images qui viennent à l'esprit renvoient au harcèlement en ligne, à la pornographie, aux prédateurs sexuels, aux vols de données et au chantage, aux attaques relatives à la cyberguerre économique ou politique. Les motifs d'avoir peur sont donc nombreux. Les réseaux sociaux sont en particulier devenus un espace d'expression quasi illimitée, ce qui permet toutes les dérives possibles : aucun utilisateur n'est à l'abri de se retrouver victime de propos malveillants. Ce qui était censé être un espace de liberté prend désormais l'apparence d'une machine à fabriquer de l'angoisse, obligeant les fournisseurs de réseaux sociaux à mettre en place des protocoles de détection des infox ou des pratiques de harcèlement.

Actualité **LES CRAINTES NÉES DU RACHAT DE TWITTER PAR ELON MUSK**

« Quel sera le futur visage de Twitter, en passe d'être racheté par l'homme le plus riche du monde, Elon Musk ? Le milliardaire, suivi par 85 millions de personnes sur ce réseau social, vient de s'offrir le célèbre oiseau bleu, son symbole, avec une offre de 41 milliards d'euros. Mais l'annonce de ce rachat a aussitôt suscité de nombreuses craintes. Car le fondateur de SpaceX et de Tesla est un libertarien qui n'a jamais caché sa conception extensive de la liberté d'expression, vue d'abord comme le rejet de toute censure et modération. »

Gabriel Thierry, « Faut-il avoir peur du futur Twitter d'Elon Musk ? », LeTelegramme.fr, 26 avril 2022.

Le sentiment anxiogène délivré par l'usage immodéré d'Internet et des réseaux sociaux n'est pas seulement le résultat d'attaques délibérées pour susciter de la peur ou de la honte. Le problème réside plutôt dans la **surcharge cognitive et émotionnelle générée par l'afflux illimité de données à travers Internet.** Le trop-plein d'informations brouille la capacité du sujet à en produire une analyse rationnelle. Dès lors, n'importe quel message ou image qui revient de façon répétitive agit comme une image subliminale pour le cerveau. Surcharge, brouillage, impression de connaître déjà ce qui s'affiche à l'écran : autant de schémas cognitifs qui empêchent l'analyse critique et suscitent des émotions immédiates et susceptibles de s'inscrire durablement dans l'imaginaire. Du reste, comme dans la publicité et la communication, un réseau social (ou un site) gagne en efficacité lorsqu'il propose des éléments qui ne nécessitent pas d'intervention complexe de la part du cerveau. D'où par exemple le choix de limiter les tweets à 140 signes. Or, plus le message est court et simple, plus l'émotion produite est forte. Et parmi les émotions qui attirent le plus la curiosité figure la peur.

Actualité **LES RÉSEAUX SOCIAUX, DES LIEUX DE CRÉATION DE LA PEUR EN LIGNE**

« La rumeur circule suffisamment sur les réseaux sociaux pour contraindre les assureurs à la démentir noir sur blanc. Cette fake news affirme que les personnes vaccinées contre le Covid-19 risquent de voir leur contrat de prêt immobilier devenir caduc.

Tout est parti d'une vidéo publiée sur TikTok, révèle l'AFP. On y voit une femme affirmer qu'une personne ayant souscrit à un crédit immobilier pourrait se faire confisquer son logement par la banque, en cas de vaccination contre le virus. Elle explique qu'une clause interdirait de participer à des "expérimentations médicales".

Informée de cette rumeur – nourrie par d'autres internautes sur différents réseaux sociaux à la Fédération française de l'assurance (FFA) l'a démentie dans un communiqué en fin de semaine dernière. »

Rachel Cotte, « Crédit immobilier : les assureurs montent au créneau contre une "fake news" sur les vaccins », LesEchos.fr, 26 juillet 2021.

Mais la peur en ligne n'est pas seulement la peur subie ; elle se présente aussi comme la peur créée et entretenue pour se rassurer dans l'idée que la peur est légitime et qu'elle doit être connue de toutes et de tous. Car les réseaux sociaux en particulier constituent des refuges pour quiconque a peur des médias traditionnels (presse, radio, télévision) en étant persuadé que plus aucun ne dit la vérité. Cette défiance envers les modes d'information organisés de façon verticale s'explique certes par les problèmes de conflits d'intérêts entre les propriétaires de ces médias et les possibles lignes éditoriales de ces mêmes médias. Mais, en réalité, cette critique a ses limites : en 2017, le départ massif de journalistes de la rédaction de la chaîne iTélé (rebaptisée CNews), lors de sa reprise en main managériale et éditoriale par le groupe Bolloré, témoigne de la volonté des journalistes de maintenir une autonomie rédactionnelle. Le problème se situe donc ailleurs : pour les personnes qui critiquent des médias qui proféreraient tous des mensonges, seule *leur* vérité importe. **Le régime de vérité journalistique est donc aboli au profit d'un régime autocentré et dépourvu de tout code rationnel.**

Cette peur des médias entraîne alors le sentiment de trouver sur les réseaux sociaux des espaces où les institutions ne pourraient plus exercer leur pouvoir coercitif contre le « moi » érigé en régime de vérité. Or les réseaux sociaux sont établis sur une base horizontale où le partage des peurs (de la privation des libertés, du vaccin, etc.) entretient le climat de peur et plonge celles et ceux qui s'y enferment dans un déni de réalité.

3 Que disent de nous nos peurs ?

A. Des peurs identitaires

Les angoisses collectives portent en elles des discours sur la manière dont une communauté pense son identité collective. Lorsque nous avons peur des autres, réels ou imaginés, étrangers ou voisins, nous sentons une menace qui nous porte à distinguer entre ceux qui pourraient apporter le mal et ceux qui pourraient apporter le bien. En d'autres termes, **ces peurs de l'altérité (ethnique, sexuelle, sociale, politique) nous permettent de mesurer la qualité relationnelle au sein d'un groupe social**. La peur du « grand remplacement » évoquée précédemment est une peur identitaire qui plonge ses racines moins dans la peur de l'étranger (qui n'a rien d'original ni de spécifique à telle société ou à telle époque) que dans la peur de la déliquescence de sa propre société. Les tenants du déclinisme l'ont bien compris : s'ils désignent l'étranger comme le symptôme de l'angoisse collective, ils n'oublient pas de rappeler que c'est au sein même de la société qui se croit submergée que naissent les causes du déclin supposé. Le même mécanisme a pu être observé dans les sociétés qui ont été confrontées à la colonisation, et dont une partie des membres a été occidentalisée, provoquant l'angoisse de l'autre partie de la population, pour laquelle l'occidentalisation suppose une perte de l'identité. L'anthropologue Luke Freeman a notamment étudié dans les années 2010 le cas de Madagascar, ancienne colonie française jusqu'en 1960. Il a ainsi recueilli plusieurs rumeurs récurrentes (et qui existeraient depuis plus d'un siècle au nord de l'île) décrivant des Européens avides qui volent le cœur, le sang et le foie d'enfants malgaches enlevés afin de les manger ou de les vendre au plus offrant. Mais ces rumeurs ne désignent pas les seuls Occidentaux comme coupables. Les Malgaches occidentalisés à l'école sont également considérés comme des voleurs d'organes. Comment interpréter cette angoisse collective, entretenue par la rumeur qui fait d'ailleurs office, du fait de son ancienneté, de ciment de l'imaginaire ? En fait, ces rumeurs traduisent la crainte des Malgaches de perdre leur identité s'ils sont contraints à recevoir une éducation scolaire à l'occidentale. Leur imaginaire voit dans cette éducation – non sans raison cependant – le creuset de la colonisation des esprits et la fin de la transmission de la culture héritée des ancêtres. Les Malgaches occidentalisés sont ainsi tenus en suspicion car ils sont devenus des étrangers de l'intérieur, incarnant cette altérité source d'angoisse collective.

L'angoisse collective saisit la question de l'identité lorsque la société ressent de l'intérieur sa propre fragmentation, et n'arrive plus à produire du « vivre-ensemble ». Cette configuration peut entraîner des situations dramatiques, voire tragiques, dans les domaines du social comme du politique. Pour le volet social, il est possible de se référer à une sordide affaire criminelle : l'affaire du petit Grégory, du nom de cet enfant mort après avoir été jeté pieds et poings liés dans la Vologne, une rivière des Vosges, en 1984. Pendant plusieurs années, et même jusqu'à nos jours, cette affaire a suscité peurs et angoisses à l'échelle locale (le ou la coupable semble faire partie de l'entourage proche du petit garçon) et nationale (l'histoire de cette affaire montre comment une famille peut se déchirer jusqu'à s'entretuer, sur fond de haines sourdes issues de différences dans l'évolution sociale des différents protagonistes). Un « corbeau » vient surtout alimenter la peur avec des lettres anonymes qui s'en prennent au « chef », désignant ainsi le père de la jeune victime par son altérité sociale par rapport aux autres membres de son entourage. Est-ce à dire que le garçonnet a été tué en réaction à l'incapacité d'un protagoniste à supporter l'angoisse née en lui face à l'ascension sociale d'un proche qu'il n'aurait pas acceptée ? Quoi qu'il en soit, il faut bien reconnaître que la peur qui s'est alors emparée de la société française a pu identifier des formes d'altérité insupportable en son sein. Pour le volet politique, il faut aborder une notion en relation avec la peur de l'autre, ou plutôt la terreur de l'autre, qui débouche sur une réponse radicale et extrême : le nettoyage ethnique. À l'inverse du génocide, **le nettoyage ethnique vise le territoire qui doit être purifié des individus et des groupes dits « indésirables »**. L'objectif est d'homogénéiser le territoire concerné en éliminant les peuples qui, selon une vision raciale, n'auraient pas le droit d'habiter le territoire. La peur de l'autre a ici pour résultat son éviction du territoire, par la destruction des lieux de rencontre intercommunautaires, les expulsions, l'annihilation sexuelle (les viols) et même l'extermination. Le paradigme du nettoyage ethnique est la série des guerres de l'ex-Yougoslavie, entre 1991 et 1999 (Croatie, Bosnie, Kosovo), qui font prendre conscience à cette mosaïque de peuples qui coexistaient paisiblement jusqu'en 1989 que le voisin est l'étranger, que sa proximité est insupportable et que sa dangerosité est extrême car, ayant eu des relations de bon voisinage jusque-là, il dévoile en quelque sorte qu'il avance masqué pour mieux s'imposer. Cette paranoïa entretenue par le président serbe qui exhume le fantasme de la « Grande Serbie » est à l'origine de l'épuration ethnique. D'autres territoires sont également concernés depuis le début du xxe siècle : la Palestine, les territoires où vivent des Kurdes, l'Arménie, le Myanmar. Mais quel que soit le territoire, la logique demeure la même : l'étranger de l'intérieur est le réceptacle des peurs et des fantasmes idéologiques qui guident la société à réagir de façon émotionnelle et impulsive. La mise en lumière des pratiques de filtration des populations passées sous contrôle russe dans le cadre de la guerre d'invasion de l'Ukraine semble également relever de cette logique.

B. Bonnes et mauvaises peurs

Les peurs disent également de nous notre capacité à faire la différence entre la vie et la mort, c'est-à-dire à survivre. La peur a ceci de positif pour l'être vivant qu'elle le maintient dans une forme d'alerte permanente ou, du moins, susceptible d'être activée à n'importe quel moment crucial. C'est d'ailleurs le principe de l'adrénaline d'être secrétée par l'organisme à un moment où celui-ci court un risque majeur, selon un instinct de survie. Mais si la peur peut être positive, il faut cependant que son intensité ne soit pas trop haute car sinon un risque de paralysie apparaît, empêchant toute réponse positive (l'attaque ou la fuite en l'occurrence). En d'autres termes, il faut bien réfléchir au caractère ambivalent de la peur. Jean Delumeau a analysé en historien cette coexistence entre bonnes et mauvaises peurs, en particulier dans trois ouvrages : *La Peur en Occident (XIVe-XVIIIe siècles). Une cité assiégée* (1978), *Le Péché et la peur. La culpabilisation en Occident (XIIIe-XVIIIe siècles)* (1983) et *Rassurer et protéger. Le sentiment de sécurité dans l'Occident d'autrefois* (1989).

TEXTE CLÉ

L'OMNIPRÉSENCE DE LA PEUR À LA RENAISSANCE

« Quant au sentiment d'insécurité, lui-même proche parent d'une crainte de l'abandon, n'est-il pas explicité par les innombrables Jugements derniers et évocations de l'enfer qui ont hanté l'imagination des peintres [...] ? N'est-ce pas parce qu'il redoutait le rejet dans les flammes éternelles que Luther s'est réfugié dans la doctrine de la justification de la foi ? Mais les thèmes de l'agression, de l'insécurité et de l'abandon ont pour inévitable corollaire celui de la mort. Or, l'obsession de celle-ci a été omniprésente [...] au début des Temps modernes : dans les danses macabres comme dans le triomphe de la mort de Brueghel, dans les essais de Montaigne comme dans le théâtre de Shakespeare, dans les poèmes de Ronsard comme dans les procès de sorcellerie : autant d'éclairages sur une angoisse collective et sur une civilisation [la Renaissance] qui s'est sentie fragile [...]. »

Jean Delumeau, *La Peur en Occident (XIVe-XVIIIe siècles). Une cité assiégée* (1978).

Focus — LE RÔLE DE LA PEUR DANS LE SURVIVALISME

Le survivalisme se définit par un rapport spécifique à la peur de l'imminence d'une crise extrême (pandémie, chaos économique, crise écologique, guerre civile) qui aboutit à la faillite de l'État. Pour les adeptes du survivalisme, une telle crise transforme l'homme en monstre. Il faut donc s'en prémunir en se formant à des techniques de survie, non pour exercer la violence, mais pour s'en protéger, car celle-ci sera inévitable.

L'originalité du survivalisme est qu'il se nourrit de discours qui peuvent être portés par n'importe quel acteur politique et qui ne dépendent pas des théories du complot. C'est en effet la submersion du débat public par la question sécuritaire – commune à des partis politiques aux tendances différentes – qui nourrit les angoisses des survivalistes. Le sentiment de peur créé par le discours politique et le sentiment d'échec annoncé de l'État ou de toute autre institution protectrice engendrent alors une angoisse qui ne paraît devoir être apaisée que par la prise en charge par soi-même de sa propre sécurité. Or, apprendre la violence pour se protéger ne fait que l'alimenter. Le survivalisme ne peut ainsi sauver de la peur ; au contraire, il l'entretient et la développe.

Les angoisses collectives sont à la fois tenaces et ambiguës pour Jean Delumeau : à la fin du Moyen Âge et à la Renaissance, la peur oppresse autant qu'elle appelle à la vigilance ; elle renvoie à l'humanité l'image de son imperfection mais la pousse aussi vers de nouvelles créations artistiques, techniques et scientifiques, de nouvelles idées religieuses, sociales ou politiques. La peur semble là pour éviter que l'humanité ne s'adonne à la paresse. Mais de cette anthropologie pessimiste découle un moteur qui incite à se dépasser, à prendre des risques. Pour Jean Delumeau comme pour Luke Freeman, **le problème n'est donc pas que la peur soit bonne ou mauvaise : il faut faire avec et ne pas en devenir les sujets passifs**. En d'autres termes, il faudrait remplacer la peur par la méfiance. C'est d'ailleurs le principe des films d'horreur et des romans à suspense, notamment ceux de Stephen King : il est évident que quelque chose d'angoissant ou de terrifiant va se produire, et la question est de savoir où, quand, et comment. La peur et l'épouvante deviennent ainsi des jeux assumés par l'esprit humain. Pour autant, la méfiance ne doit pas à son tour susciter l'obsession, faute de quoi la peur reprend le dessus et enferme à nouveau le sujet.

Focus **LE SUCCÈS DES JEUX VIDÉO MISANT SUR LA PEUR**

Bernard Perron, enseignant à l'université de Montréal, est un spécialiste des jeux vidéo qui a démontré le rôle essentiel des émotions dans ces jeux. La peur y est particulièrement présente, avec des jeux qui ont marqué le domaine (*Resident Evil*, *The Medium*, *Little Nightmares*, etc.) Mais cette peur n'est pas forcément négative, car elle est ce qui permet à la joueuse ou au joueur de développer des réponses pour surmonter la pression émotionnelle née dans la réalité virtuelle. Pour B. Perron, il existe quatre tactiques de peur pour les concepteurs des jeux : 1) un champ de vision confus intégrant des angles morts ; 2) des événements terrorisants (attaque d'ennemis, pièges découverts au dernier moment, etc.) ; 3) une imagerie monstrueuse au moment des événements terrorisants qui vient souligner la difficulté à vaincre certains ennemis plus atroces que les autres ; 4) la récurrence des moments où le protagoniste du jeu se retrouve en situation de potentielle faiblesse.

Ces tactiques de la peur n'expliquent toutefois pas à elles seules le succès des jeux reposant sur l'effroi et la peur. Il faut sans doute, pour B. Perron, chercher la réponse dans le surcroît d'émotion qui rend la jouabilité plus stimulante et plus grisante pour la personne qui joue. En un sens, la peur, en favorisant l'acte de jouer (cf. Johan Huizinga), permet à l'humain de ressentir davantage son humanité.

C. Des peurs révélatrices des failles psychiques

L'observation des peurs individuelles et collectives interroge en définitive l'intériorité du sujet, la manière dont il se situe au sein d'un groupe humain et par rapport à son environnement. Il n'est donc guère étonnant que, dès le milieu du XIXe siècle, la médecine mentale et la psychiatrie en particulier se soient intéressées aux causes et aux effets psychiques des peurs, de l'angoisse, en partant des états d'anxiété, de mélancolie, de névrose ou de paranoïa constatés. Au début, le débat porte sur les causes de ces états émotifs : trouble corporel ? représentations mentales ? Très vite, l'angoisse vue par la médecine est nommée « anxiété » et définie comme un **état émotionnel fait d'idées impulsives et d'autant plus agressives que le patient n'arrive pas à se défaire de ses angoisses**. Celles-ci ont des effets visibles : elles paniquent, sidèrent, figent de façon obsessionnelle. La crise d'angoisse se manifeste ainsi par une panique recommencée à chaque instant, sans début ni fin apparents, à la manière d'un présent continué.

L'état anxio-dépressif provient d'une incapacité du sujet à se projeter dans le monde social et moral contemporain. Or celui-ci inflige à l'individu une injonction à l'autonomie – autonomie que le sujet angoissé ne peut se représenter à lui-même et qui par conséquent le renvoie à la honte de ne pas arriver à mettre en œuvre l'idéal narcissique assigné à chacun. Cette situation contraint le sujet à craindre les idées qui lui viennent de l'intérieur dans sa relation avec l'extérieur. En ce sens, l'angoisse (ou l'anxiété) est une **phobie sociale**. Certes, les manifestations cliniques peuvent être fort distinctes avec, par exemple, le paranoïaque qui a peur du mal que les autres pourraient lui faire, le mélancolique qui considère son existence comme nocive pour les autres, ou le névrosé qui passe par le « roman familial » freudien pour recomposer la famille qui l'angoisse.

Pour Freud, l'angoisse comprend un noyau dans lequel se rejoue une situation vécue à laquelle est affectée une signification en général relative aux besoins primaires du sujet. Il peut s'agir d'un rêve incessant dans lequel le sujet est jeté dans le vide, sans que personne ne le retienne ; ou encore d'un état à l'exemple de la mélancolie, dans laquelle le sujet est affecté par une perte de l'imaginaire qui le fige dans une sorte de tristesse ou de rêverie sans autre objet que l'infini, et qui lui fait perdre tout intérêt pour le monde extérieur. De plus, l'angoisse doit aussi être rapportée à une anthropologie de la perte. L'exemple de la relation de la mère et de l'enfant peut ici servir de fil conducteur. Durant la grossesse, la femme expérimente l'angoisse de la naissance, c'est-à-dire du passage de l'enfant imaginé à l'enfant né. Par la suite, l'enfant grandit : il est amené à devenir en se séparant de sa mère. De là l'apparition de plusieurs angoisses : la perte du lien maternel pour l'enfant, la perte du lien filial pour la mère. Enfin, l'enfant quitte le foyer familial, suscitant à nouveau des angoisses liées à la perte, mais qui peuvent certes être compensées par la projection dans l'après.

Focus **LA PEUR AU CARREFOUR ENTRE L'ART ET LA PSYCHANALYSE**

Le Cri (1893) a consacré le peintre Edward Munch, précurseur de l'expressionnisme, en maître de l'angoisse et de la mort. La particularité de ce tableau est d'être pour le psychanalyste Jacques Lacan un pur signifiant, le cri représentant soit l'artiste, soit le silence, et de présenter une scène où le spectateur est regardé par un œil regardant, propre à susciter l'angoisse.

Lors de la séance du 17 mars 1965 de son séminaire, Lacan cite pour étayer son interprétation le *Journal* de Munch daté du 22 janvier 1892, alors que l'artiste se trouve à Nice :

« Je me promenais avec deux amis / le soleil se couchait / J'éprouvais comme une bouffée de mélancolie / Soudain le ciel s'enflamma d'un rouge sang / Je m'arrêtai, appuyé à la balustrade las à en mourir / regardai les nuées qui flamboyaient comme du sang et des épées / au-dessus du fjord d'un bleu sombre et de la ville / Mes amis s'éloignèrent / je restai tremblant d'angoisse / et je perçus comme un long cri sans fin traversant la nature / Il arriva qu'un homme, me demande ce que je pensais de cet air / cela ressemble à une couverture sanglante / C'était pour rendre un état d'esprit déchiré / éprouvé par un être humain à un certain instant / Dans cet état d'esprit l'air lui paraissait à l'heure du soleil couchant / comme une masse sanglante oppressante / qui pesait sur son nerf optique altéré par la nervosité et l'angoisse / En peignant l'air et le paysage tels qu'il les voyait lui et à ce moment-là / j'exprimai son état d'esprit / Sans la peur et sans la maladie, ma vie serait comme un bateau sans rame. »

Fiche de lecture

Gérald Bronner, *Déchéance de rationalité. Les tribulations d'un homme de progrès dans un monde devenu fou*

Grasset, 2019.

Gérald Bronner est un sociologue, universitaire, membre de l'Académie nationale de médecine, qui a aussi travaillé pour le Centre de prévention, d'insertion et de citoyenneté de Pontourny, dit le « Centre de déradicalisation ». Ce dispositif est un échec : le gouvernement le ferme en 2017.

L'auteur commence donc son propos par sa brève expérience dans la tentative d'insuffler de la raison à des jeunes radicalisés, dans le contexte des mois qui suivent les attentats de 2015. Certes, le constat est amer, mais Gérald Bronner ne se laisse pas gagner par la peur. Au contraire, il en appelle à une « *militance citoyenne* » face à la démission des autorités dans cette tentative de déconstruire le processus de radicalisation, et de contribuer au « désangoissement » de la société.

Pourtant, l'époque contemporaine n'incite pas à l'optimisme. Les idées irrationnelles, les infox et les théories du complot inondent l'espace public et trouvent une audience inédite, car notre cerveau se trouve dans une disposition propre à nous illusionner par des biais cognitifs pour que nous puissions penser que nous faisons face à ce monde dont les mutations nous semblent vertigineuses. Ce n'est pas la première fois dans l'humanité que l'irrationnel se retrouve au cœur de la vie sociale, politique et culturelle. Mais aujourd'hui la situation est aggravée par le glissement hors de la raison de celles et de ceux qui incarnent en théorie l'exercice de la raison. L'auteur pense en particulier à certains intellectuels qui ont interprété la radicalisation dans un sens trop exclusivement social, ainsi qu'aux internautes prompts à se diriger vers l'explication la plus absurde possible, pourvu qu'elle les confirme dans leur certitude. L'inquiétant réside ainsi dans l'observation du large spectre de la « *déchéance de rationalité* ». Il semble par conséquent urgent pour l'auteur de retrouver la voie de la raison, et de refuser de s'enfermer dans le pessimisme. Après tout, lui-même rapporte qu'il a pu convaincre certains radicalisés qu'un livre sacré pouvait être lu de façon symbolique et non plus littérale.

Citations

« Nous vivons une époque fascinante et inquiétante tout à la fois. Il faudra parmi ceux qui ont la vocation du politique espérer en trouver qui auront assez de courage pour défendre la rationalité dans le débat public. »

« […] La dénonciation rationaliste du conspirationnisme ou de la "post-vérité" n'est pas d'oppresser quelques-uns ou même le "peuple", et d'empêcher la réflexion, mais au contraire de diffuser largement les outils de la pensée méthodique qui libèrent des intuitions démagogiques que nous pouvons avoir sur le réel, en particulier politique. »

« La logique conspirationniste est précisément celle qui ne parvient pas à se confronter à la complexité d'un monde beaucoup plus désordonné qu'on ne l'imagine. »

« Vérifier une information est souvent coûteux et mettre en péril son propre cadre mental plus encore. Le cerveau est sur bien des points un épicier qui évalue l'investissement que représente une tâche et il n'aime guère faire des efforts. »

« C'est l'un des pièges les plus connus qui peut s'exercer sur notre esprit que de laisser sa vision des faits […] être contaminée par notre désir. C'est même si courant qu'un proverbe nous avertit : "Il ne faut pas prendre ses désirs pour des réalités." »

« De la même façon que nous prenons le risque de devenir obèses parce que la fluidification des rapports entre l'offre et la demande fait émerger des produits gras et sucrés et qu'il est difficile de résister à un hamburger, des frites ou des sucreries, de même il est difficile de résister aux plaisirs cognitifs immédiats que procure une histoire d'infidélité de tel homme politique, aux ricanements que suscite tel lapsus, ou au désir de commenter telle déclaration outrancière. Cela n'emporte pas notre conviction mais permet à celui qui sait en user de gagner la première bataille fondamentale en politique : celle de l'attention. »

CHAPITRE 2

La peur, une émotion constitutive de l'existence humaine

> *« C'est peut-être de la peur qu'on a le plus souvent besoin pour se tirer d'affaire dans la vie. »*
>
> Louis-Ferdinand Céline, *Voyage au bout de la nuit* (1932).

> *« La peur est là, vérité de toutes choses, en tout égale au monde observable. Il n'y a plus de monde réel, de monde senti, de monde humain, je suis sorti du temps, je n'ai plus de passé ni d'avenir, je n'ai plus de tristesse ni de projet, de nostalgie, d'abandon ni d'espérance ; il n'y a plus que la peur. »*
>
> Michel Houellebecq, *La Possibilité d'une île* (2005).

Débat

L'invasion de l'Ukraine déclenchée par la Russie le 24 février 2022 a réintroduit la menace et la peur de l'utilisation de l'arme nucléaire en Europe en raison de l'occupation du site nucléaire de Tchernobyl (Tchnornobyl en ukrainien), des combats autour de la plus grande centrale nucléaire d'Europe, Zaporijjia, et surtout de la menace (de plus en plus réitérée au fur et à mesure de l'évolution de la situation en défaveur de la Russie) de l'utilisation de l'arme nucléaire. Cette peur se traduit par la multiplication d'articles dans la presse. *Le Monde* relate ainsi, le 12 mars, l'inquiétude en France concernant les stocks d'iode et la capacité à en faire bénéficier la population en cas d'attaque. *Midi libre* relate aussi le 16 avril l'explosion de la demande de devis d'abris antiatomiques en France, très rares dans le pays alors que le taux de couverture de la population suisse est de 100 %. Pourtant, l'idée que la Russie puisse utiliser, d'une manière ou d'une autre, l'arme nucléaire demeure largement hypothétique, d'autant plus que l'implication croissante des États-Unis dans le conflit susciterait une riposte à la hauteur des enjeux. Ce scénario semble tout à fait déraisonnable à la fin du printemps 2022 ; toutefois, l'angoisse qu'il suscite ne semble guère faiblir. Mais cette peur semble moins paralyser les Européens qu'elle ne les incite à aider et, en particulier, à armer davantage l'Ukraine. En la matière, la peur pourrait par conséquent être bonne conseillère…

Introduction

Avant de se positionner sur des objets précis qui rendent la peur concrète et lui donnent, selon la société considérée et le type de crise qu'elle rencontre, une coloration politique, culturelle, sociale, économique ou environnementale, il faut se demander pourquoi la peur, individuelle ou collective, se trouve au cœur de nos vies, hier, aujourd'hui et tout aussi sûrement demain. Penser la peur semble donc indispensable à la bonne compréhension d'une question qui est à la fois intemporelle et totalement contemporaine. D'ailleurs, à cet endroit, il convient sans doute de parler d'angoisse plutôt que de peur, tant la cause (non objective puisque contenue dans le sujet) est ontologique à l'être humain.

C'est pourquoi ce chapitre s'organise autour de trois grandes questions existentielles, qui sont autant de peurs susceptibles d'être chargées d'une contextualisation spécifique à chaque société et à chaque époque : d'où venons-nous ? qui sommes-nous ? où allons-nous ? La première question se rapporte à la peur des origines, celle qui interroge nos croyances, notre imaginaire en relation avec les origines de la vie, de l'humanité, ainsi que ses limites éventuelles. La deuxième question tente de dresser un état des lieux du sujet qui, à tout moment, peut se trouver effrayé par sa propre image, car la peur est aussi affaire d'inconscient, d'inconnu et d'incertitude qui le renvoie à sa propre finitude. Enfin, la troisième question envisage la peur de l'avenir à partir des peurs contemporaines, dans lesquelles les idéologies insufflent une bonne part d'irrationnel au cœur de la raison.

1 D'où venons-nous ? Une question pour se libérer de la peur des origines

A. La peur dans les mythes

Les mythes sont de puissants récits dans lesquels des faits imaginaires et des êtres symboliques expriment des idées abstraites, de différentes natures (anthropologique, sociale, culturelle, politique) au moyen d'évocations légendaires d'abord transmises à l'oral et, pour cette raison, utilisant les quatre émotions fondamentales : la peur, la tristesse, la colère et la joie. Si les mythes sont en général rattachés à un passé immémorial, ils peuvent naître à tout moment, dès lors qu'une société cherche une explication en forme d'exutoire à un problème qui l'affecte dans son identité, son organisation.

Actualité **LE MYTHE DES BALLES EN CAOUTCHOUC À JÉRUSALEM VU PAR L'HISTORIEN JEAN-PIERRE FILIU**

« Le mythe des "balles en caoutchouc" est intimement lié au mythe de la Jérusalem "réunifiée", puisque la police israélienne y contrôlerait les manifestations avec des munitions non létales, à la différence de l'armée qui quadrille la Cisjordanie. Mais ce mythe-ci ne tient pas plus que celui-là face à la réalité de l'occupation, telle que la vivent au quotidien les Palestiniens de Jérusalem-Est. Alors que les règles d'engagement supposent de ne tirer ces "balles en caoutchouc" qu'en dessous de la ceinture, pour neutraliser un manifestant menaçant, elles sont de manière routinière tirées en pleine tête, sans épargner des victimes collatérales.

Jean-Pierre Filiu, « Le mythe des "balles en caoutchouc" israéliennes », Un si Proche-Orient (blog), 16 mai 2021.

La peur tient une place essentielle dans la plupart des mythes, en particulier dans les récits de fondation. Le philosophe, critique littéraire et anthropologue **René Girard** (1923-2015) en a fait une hypothèse de travail. Pour lui, **la peur est un sentiment qui se rapporte à l'ontologie de la relation des humains au sacré**. Il développe ainsi l'idée d'une chasse à l'homme par d'autres hommes originelle, qui serait la conséquence d'une guerre de tous contre tous qui aurait dégénéré en la désignation d'une victime émissaire, réceptacle des angoisses de tous. Après le sacrifice de cette victime, la société retrouverait une cohésion qui éloignerait d'elle les peurs et les angoisses. Mais les crises reviennent de façon périodique et il faut dès lors trouver un moyen d'y parer : c'est le point de départ des rites sacrificiels (l'homme chassé étant remplacé par un **bouc émissaire** comme dans le cas du rite expiatoire judaïque de la fête de Yom Kippour). L'expression de la peur de la foule se retrouve dans bon nombre des mythes archaïques : les statues-idoles de déesses-mères des civilisations de l'est de la Méditerranée d'avant l'âge classique grec traduisent l'effroi ressenti devant ces divinités qui apportent la vie comme la mort. Elle se vérifie également dans le théâtre de l'âge classique grec (v^e^- ive siècles av. J.-C.). La version du **mythe d'Œdipe** mise en scène par Sophocle repose sur la peur qui règne dans la ville de Thèbes, parcourue par la peste. Les habitants pressent alors leur roi de trouver le responsable, de le châtier et de l'exclure de la cité. Face au chœur qui exprime l'angoisse collective, le roi, Œdipe, enquête ; mais, au fur et à mesure que la vérité commence à être découverte, la terreur s'empare de lui, qui devient la victime émissaire. **La tragédie repose ainsi sur la dissémination de la peur dans tous les esprits lors d'une crise qui est destructrice pour la communauté.**

Les mythes n'ont toutefois pas comme unique ambition d'extérioriser la peur et de rappeler à la communauté quels rites sacrificiels elle doit mettre en œuvre pour s'en prémunir. Certains, comme les mythes du héros, ont plutôt pour vocation de « *désapprendre la peur* », selon l'expression du philosophe **Gaston Bachelard** (1884-1962). À l'image des héros, les humains cherchent à dépasser leur condition mortelle (les héros grecs sont des demi-dieux). Mais ce fantasme ne peut devenir réalité dans la mythologie que par la démonstration du courage, qui allie la force dans la guerre et les épreuves pour la culture antique (tel Héraclès et ses douze travaux), ou par celle de la force morale prouvée par la douceur (tel Gandhi avec sa pratique de la non-violence face au colonisateur). **La peur n'a aucune place dans les mythes où le héros doit faire preuve d'un courage fondé sur sa force, sa colère et sa fureur.** C'est le même processus qui se retrouve dans les rituels d'initiation, au sein des sociétés tribales : les jeunes guerriers doivent dépasser leur humanité en résistant aux souffrances physiques, en étant pris d'accès de furie agressive, en se transmuant même en animaux car le guerrier (ou le chasseur) ne doit pas éprouver la peur devant l'ennemi (ou l'animal), comme le rappelle l'historien des religions et mythologue Mircea Eliade (1907-1986) dans *Initiation, rites, sociétés secrètes, naissances mystiques. Essai sur quelques types d'initiation* (1956). Cette capacité à associer le courage et la fureur pour sortir d'un régime de la peur n'est pas un vain mot : dépasser ses frustrations et ses angoisses et atteindre un statut héroïque fait partie des motivations qui ont conduit des milliers de jeunes étrangers au Moyen-Orient à rejoindre l'État islamique dans les années 2010.

De façon plus générale, **désapprendre la peur impose de prendre des risques**. Cet état d'esprit ne va pas de soi dans des sociétés où le salariat est la norme économique et sociale, et où la recherche de la sécurité est érigée en dogme politique et culturel. Il en est donc d'autant plus nécessaire pour exercer sa liberté et, plus largement sa citoyenneté. Mais prendre des risques n'est plus aujourd'hui synonyme d'acte téméraire : il s'agit simplement d'écouter sa peur et de ne pas se laisser envahir par elle mais de se présenter aux autres tel que l'on est.

TEXTE CLÉ

LE COURAGE SELON HANNAH ARENDT

« L'idée de courage, qualité qu'aujourd'hui nous jugeons indispensable au héros, se trouve déjà en fait dans le consentement à agir et à parler, à s'insérer dans le monde et à commencer une histoire à soi. Et ce courage n'est ni nécessairement ni même principalement lié à l'acceptation des conséquences ; il y a du courage, de la hardiesse, à quitter son abri privé et à faire voir qui l'on est, à se dévoiler, à s'exposer. »

Hannah Arendt, *Condition de l'Homme moderne* (1961).

B. La peur et les religions

Sentiment humain lié à l'irrationnel, la peur est étroitement liée au sentiment religieux et au sacré. Les religions intègrent par conséquent la peur, soit pour la transcender, soit pour l'apaiser, voire la résoudre. **Les religions du salut se concentrent ainsi sur la délivrance de la peur** voulue par Dieu et accessible aux élus, à celles et à ceux qui se mettent dans la voie de Dieu durant leur vie terrestre. Ces religions sont les religions monothéistes, auxquelles il faut aussi ajouter l'hindouisme et le bouddhisme.

Plusieurs peurs sont envisagées par les religions : il peut s'agir de la peur de la condition humaine marquée par le péché, de la peur de la damnation, de la peur du diable et des démons, ou encore de la peur de la fin des temps (peur eschatologique). Mais ces peurs ne concernent pas les seuls croyants : la crainte du bug de l'an 2000 n'est qu'une traduction séculière de la crainte du millénium (rattaché à la possible venue de l'Antéchrist). Elles ont également des traductions dans le domaine politique, notamment lorsque des groupes fondamentalistes diffusent une idéologie de terreur politique assimilée à une juste terreur sacrée, à l'image des prêches de haine de certains moines bouddhistes à l'origine de violences islamophobes contre la minorité rohingya en Birmanie à partir de 2013, et surtout en 2016-2017. Toutefois, dans le strict cadre de l'observance de la pratique religieuse, la peur est d'abord celle de ne pas satisfaire aux rites et de déplaire à la divinité.

Le rite détient en effet une fonction curative de la peur dans un contexte religieux. Pour prendre l'exemple du christianisme, la communion est le rite central. Celle-ci fait revivre symboliquement le dernier repas de Christ, lequel assume ensuite le rôle de rédempteur du monde par son propre sacrifice sur la croix. La communion est ainsi l'acte par lequel la mécanique sacrée qui aboutit au salut de l'humanité débute. Elle vise donc à rejeter l'angoisse de la damnation. Dans un autre registre, chaque religion édicte des interdits précis (interdits moraux, alimentaires, sexuels, calendaires...). **Ces interdits ont deux vocations : rendre**

possible la vie sociale (sans avoir peur des autres) et donner une cohésion à la communauté (pour éviter les angoisses collectives). Pour René Girard, interdits et rites fondent la culture humaine parce qu'ils concourent à éloigner l'effroi devant le sacré, la peur du vivre-ensemble, et l'angoisse de l'identité du sujet dans la collectivité. C'est, selon le philosophe, ce qui fait l'originalité du christianisme : la Bible prend toujours parti pour le bouc émissaire, là où les mythes archaïques s'acharnent à le sacrifier.

Le rapport entre la peur et les religions a aujourd'hui évolué vers une forme de radicalité en raison de la fragmentation de la société entre les individus qui se situent en dehors de toute religion et ceux qui intègrent la religion dans leur identité (que la pratique religieuse soit effective ou non). Cette polarisation est le résultat d'une incompréhension croissante entre les tenants d'une libre-pensée qui s'exonère de la religion, et ceux qui s'inscrivent dans des valeurs morales et une identité religieuse réactivées dans le dernier quart du xxe siècle. Du côté de la libre-pensée, le réveil religieux suscite une peur fondée sur l'assimilation de la religion au fanatisme et au terrorisme. De l'autre côté, la société contemporaine représente un danger car elle serait une société mortifère qui bafouerait jusqu'au premier des commandements (« Tu ne tueras point ») en autorisant l'IVG et l'euthanasie (passive ou active). Entre 2013 et 2019, l'affaire Vincent Lambert illustre cette incapacité à trouver une voie médiane dans la société. Un autre exemple de peur suscitée par des prises de position liées à la religion se trouve dans l'affaire Mila, qui commence début 2020, lorsqu'une adolescente critique de façon virulente l'islam sur les réseaux sociaux. Or, pour son avocat Richard Malka, avoir peur de la religion est un devoir citoyen. En effet, le droit à la liberté d'expression ne saurait selon lui être limité par la religion, non seulement en raison de l'inscription de la laïcité au cœur de la vie républicaine, mais aussi en raison du malaise provoqué par les caricatures de *Charlie Hebdo* en 2006, puis de l'horreur suscitée par les attentats de janvier et de novembre 2015. Mais ce dernier exemple montre qu'il existe un risque pour la laïcité : devenir l'incarnation de la peur des religions, alors qu'elle a été pensée pour être située au-dessus des religions afin de mieux désamorcer les conflits potentiels – autrement dit, pour apaiser des angoisses collectives liées à la place de la religion dans la société, comme le rappelle Élie Barnavi, coauteur avec Aviad Kleinberg de *Dieu(x), modes d'emploi. L'Expérience religieuse aujourd'hui* (2012).

C. La peur dans notre rapport au vivant

La bioéthique est l'étude des problèmes moraux posés par les avancées de la recherche dans les domaines de la médecine, de la biologie et de la génétique. Elle se développe depuis le milieu du xxe siècle autour de nombreuses questions : l'expérimentation sur des sujets humains, l'arrêt ou l'abandon de traitements pour des patients en phase terminale, l'euthanasie active ou passive, l'IVG, le diagnostic prénatal, l'insémination artificielle, la fécondation *in vitro*, la PMA, la GPA, la transplantation d'organes, les technologies de modification de l'ADN et la thérapie génique.

Le philosophe Dominique Bourg et le politologue et historien des idées Pierre-André Taguieff ont récemment contribué à repenser les liens entre la peur, le rapport au vivant et la bioéthique. Pour eux, la bioéthique est née de la conscience d'un hiatus possible entre l'accélération des mutations dans les techniques de biomédecine et la morale attachée à l'humain, dans un contexte où la notion de progrès est ébranlée après 1945 et où le champ de la morale oppose les tenants d'une modernisation franche à ceux qui souhaitent réaffirmer les valeurs héritées de la culture judéo-chrétienne. **L'heure n'est plus à l'optimisme mais plutôt à la crainte voire à l'angoisse face à une technologie désormais capable d'annihiler l'humanité.** Celle-ci comprend qu'elle doit exercer sa responsabilité face à la technique : c'est cette peur qui est à l'origine de la bioéthique. Deux peurs entrent plus précisément en jeu :

1) **La peur du début de la vie concerne la possibilité de sélectionner, de modifier, de cloner, de supprimer l'embryon**, ce qui a donné lieu à une vive polémique lors de la naissance par clonage de la brebis Dolly en 1996 et lors de la diffusion de rumeurs sur un clonage humain en Chine (2018). De plus, la présence de défenseurs du clonage parmi la secte Raël a accentué les craintes en la matière. Le clonage reproductif est donc, sans surprise, interdit en France et la loi de bioéthique de 2004 l'assimile à un « *crime contre l'espèce humaine* ». La peur se conjugue toutefois à la raison puisque la même loi n'interdit pas (mais restreint) les recherches sur l'embryon à visée thérapeutique et autorise le diagnostic génétique pré-implantatoire dans le cas des FIV. La peur procède donc du souvenir de l'eugénisme mis en pratique par le régime nazi. Le terme « eugénisme » est d'ailleurs souvent utilisé par les détracteurs de la PMA à des fins idéologiques, tant celui-ci est connoté négativement.

2) **La peur de la fin de la vie se rapporte à l'euthanasie**, que ses opposants décrivent comme le meurtre légalisé d'humains à la vie déclarée sans valeur par la société, utilisant là encore le souvenir du régime nazi, qui s'était engagé dans l'extermination des handicapés mentaux de 1939 à 1941. L'autre critique est d'ordre religieux : décider soi-même de la fin de sa vie constituerait un attentat à la puissance de Dieu, seul à même d'y pourvoir. Cette critique procède de l'angoisse de la démesure de l'Homme qui, en décidant de sa mort, se prétendrait l'égal de Dieu.

Actualité **L'INCERTITUDE MÉDICALE, SOURCE D'ANGOISSES COLLECTIVES**

« Qu'est-ce qui crée la peur, s'interroge concrètement le médecin et philosophe Michel Rongères ? Les pistes ne manquent pas en ces temps de Covid. L'incertitude y participe "*jusqu'à rendre fou*" parfois, et tant de facteurs y contribuent : des disputes entre scientifiques par exemple, "*on ne sait plus qui croire*". Ou "*des choses qui ne dépendent pas de nous, un virus qui mute, des vaccins qui tardent*". Comme si "*l'époque craignait le réel*", ou du moins ce réel-là.

Le professeur Grégoire Moutel n'élude pas la place de la médecine dans la montée des angoisses : "*On n'avait pas le droit de parler d'incertitude médicale, cela pouvait être vécu comme le signe de mauvaises pratiques, ce qui n'est pas le cas.*" »

« Bons et terribles côtés de l'incertitude », Lalsace.fr, 29 janvier 2021.

2 Qui sommes-nous ? La peur à l'origine de la connaissance de soi

A. La peur et l'inconscient : aux sources de la richesse psychique

La peur et l'inconscient sont deux notions qui sont associées dans la projection de l'individu face à lui-même et, plus encore, dans les structures sociales (la famille, la communauté d'habitants, le monde du travail et en particulier le salariat, la citoyenneté...). Il faut noter que le lien entre les deux notions, fruit des travaux de Sigmund Freud, intervient à la fin du XIXe siècle, c'est-à-dire dans un contexte de domination de la morale bourgeoise où les désirs doivent être réfrénés et où les interdits moraux sont très nombreux. La peur de mal se comporter est ici le symptôme d'une sorte de répression sociale exercée par l'individu sur lui-même, sous le regard d'une société qui refuse tout hédonisme. Être moral, c'est alors se refuser à céder à ses désirs, qui seraient les manifestations d'un système pulsionnel tyrannique que la religion – à un moment où la déchristianisation est de plus en plus avancée – n'est plus en mesure de réguler. Surtout, la peur de soi est d'autant plus présente qu'il est difficile voire impossible de refouler réellement ses désirs, à moins de se dédoubler en deux sujets présents en un seul corps.

La peur est par conséquent un objet d'étude important et précoce au sein de la psychanalyse et, en particulier, dans la théorie freudienne. Sigmund Freud s'intéresse surtout à l'angoisse. Son point de départ est d'ordre sexuel. Il fait d'abord de l'angoisse la marque d'une insatisfaction sexuelle. Puis il se concentre sur l'angoisse de castration chez le petit garçon, qui remarque que la petite fille ne possède pas de pénis et que, selon sa logique, lui-même peut en être privé. Quant à la petite fille, devant les remarques du petit garçon, elle peut légitimement penser que le pénis lui a été enlevé. Freud ne se contente pas de penser l'angoisse dans le seul cadre sexuel ; il en fait l'une des bases de sa théorie, entre le « ça », le « moi » et le « surmoi ». Le ça fonctionne sous le principe du plaisir et désigne les pulsions. Le moi renvoie au principe de réalité et peut être défini comme la raison, qui freine les pulsions du ça. Le surmoi représente l'autorité intérieure car il s'agit du principe moral de perfection. **Lorsque le ça entre en conflit avec le moi, une angoisse névrotique se forme dans l'esprit du sujet. Par contre, lorsque le surmoi entre en conflit avec le moi, c'est une angoisse morale qui étreint le sujet.** Enfin, Freud n'esquive pas le principe de réalité : le moi peut ressentir une angoisse face à un danger concret et immédiat.

Quelle que soit l'origine de l'angoisse, elle possède une puissance indéniable : elle oblige le moi à être sur la défensive, elle crée un traumatisme en envahissant parfois totalement le moi, et elle est en même temps ce qui déclenche chez le sujet la conscience d'un problème de nature psychique.

Comment le sujet peut-il réagir à l'angoisse selon cette théorie ? Il faut là encore distinguer en fonction des types d'angoisse. Face à un danger réel, qui peut attenter à l'intégrité physique ou psychologique de façon directe, le sujet a le choix entre la fuite et le combat. Face à l'angoisse névrotique qui constitue le danger à l'intérieur du sujet, le risque n'est pas nécessairement réel et immédiat. Il s'agit surtout de la peur de perdre la maîtrise de soi et de faire des actes interdits ou réprouvés. Mais cette angoisse peut provenir d'un danger précédemment éprouvé – la peur d'une araignée ou celle de tomber dans le vide par exemple – et entraîner un état durable marqué par de fréquentes crises d'angoisse et l'apparition de tocs. L'angoisse morale se révèle par le sentiment de honte et de culpabilité qu'elle suscite. **Elle est le produit d'une incapacité du sujet à ce que son surmoi perçoit comme le code moral de la société** (ou du groupe qu'il considère comme un modèle à imiter). Si le sujet se représente son incapacité à atteindre le niveau d'études qu'il pense attendu de lui, il peut se retrouver complètement bloqué, à l'image des *hikikomori*, ces jeunes hommes (surtout) qui s'enferment dans leur chambre chez leurs parents, au Japon mais également de plus en plus en Occident, parce que tout dans le monde extérieur les renvoie à un idéal qui les paraît les disqualifier en tant qu'il leur semble inaccessible.

L'angoisse peut toutefois être combattue. Freud met ainsi en lumière huit mécanismes de défense :

1) Le refoulement : il a pour objectif d'empêcher la cause de l'angoisse d'atteindre la conscience en la cachant à soi (oublier un traumatisme vécu dans la jeunesse, comme une agression sexuelle).

2) La projection : elle consiste à attribuer à l'autre ce que le surmoi considère comme honteux (avoir peur des chiens, donc dire qu'ils sont dangereux).

3) La formation réactionnelle : il s'agit d'un mensonge à soi-même, le plus souvent en affirmant haut et fort sur le plan conscient ce qui est en réalité le contraire sur le plan inconscient (se montrer chaleureux et trop prévenant avec un manager perçu comme angoissant par l'inconscient).

4) La fixation et la régression : elles supposent le retour à un état antérieur, primitif, qui copie les gestes de l'enfant (se ronger les ongles, faire preuve d'immaturité).

5) Le déni : il consiste à refuser absolument toute contrainte, toute chose désagréable pour convaincre les autres (et se persuader) de son invulnérabilité (à l'exemple du déni de grossesse).

6) L'intellectualisation : il s'agit là de transformer une angoisse concrète en une angoisse abstraite pour ne pas s'impliquer directement (manger trop mais se représenter l'acte de manger comme une pratique culturelle symbolique de la civilisation).

7) Le déplacement et la sublimation : dans les deux cas, il s'agit de répondre à l'angoisse en la fixant sur un objet autre que celui qui la provoque ou en la déplaçant vers une passion (les enfants utilisent le dessin pour représenter leurs émotions).

8) La rationalisation : elle vise à trouver une explication logique à un problème irrationnel (un élève trouve que tel autre élève d'une classe fait preuve de suffisance en intervenant trop régulièrement en cours, alors que sa participation le met face à ses propres soucis d'attention).

La peur de soi peut donc prendre des formes très différentes ; mais il faut noter que des réponses existent qui, si elles ne sont pas forcément satisfaisantes, n'en constituent pas moins des sorties éventuelles de la peur.

B. La peur de l'inconnu, un réflexe positif de survie

La peur de l'inconnu se présente sous deux formes : la peur de l'inconnu par essence inconnaissable à l'image de la peur de la mort ; et la peur de l'inconnu potentiellement accessible à la connaissance, comme dans le cas de l'exploration de régions de la planète jusque-là restées hors de portée de la civilisation qui les découvrent.

La peur de l'inconnu inconnaissable prend plusieurs formes, mais **la peur de la mort est sans doute la plus profonde car elle interroge le sujet confronté à la finitude**. Un exemple, étudié par l'historien Jean-Louis Bourgeon, peut ici servir de fil conducteur : l'apparition dans les testaments, à partir du XVIIIe siècle, de demandes de conservation du corps de la personne décédée pendant un certain laps de temps avant l'inhumation. Faut-il y voir l'indice d'une peur d'être enterré vivant ? Les mentions de cette inquiétude sont alors très rares. Pourtant, en 1765, l'article « Mort » de l'*Encyclopédie* relaie les récits macabres d'un ouvrage paru en 1742, la *Dissertation sur l'incertitude des signes de la mort et l'abys des enterremens et embaumemens* d'un certain Jean-Jacques Bruhier d'Ablaincourt. L'obsession naissante pour la mort, qui distingue au XVIIIe siècle mort relative et mort absolue, puis qui évolue vers la vogue du spiritisme au milieu du XIXe siècle, trouve d'abord des échos dans l'élite. Le cas le plus précoce est celui d'Élisabeth d'Orléans (une cousine de Louis XIV), qui défend dans son testament à quiconque d'ouvrir son corps et ordonne que, passé un délai de vingt-quatre heures au minimum, deux coups de rasoir lui soient donnés sous la plante des pieds pour s'assurer de son décès avant de l'inhumer ! De telles dispositions apparaissent ensuite sporadiquement : elles traduisent la volonté des défunts d'être veillés et de recevoir le plus grand nombre de prières pour se présenter dans les meilleures dispositions à Dieu. Ces précautions traduisent en réalité une véritable angoisse. Le débat porte en effet, au siècle des Lumières, sur le devenir de l'âme, et notamment sur le moment où l'âme quitte le corps : cela intervient-il au moment même du décès ou le corps mort demeure-t-il encore un peu le réceptacle de l'âme ? Ainsi, en 1900 encore, l'écrivain régionaliste breton Anatole Le Bras évoque cette peur, toujours présente dans les esprits : « *Dès la mort, l'âme va au tribunal de Dieu pour y subir le jugement particulier. Ce jugement aurait lieu trois jours après la mort.* » Face au vertige insondable de la mort, les individus cherchent donc des formes de réassurance susceptibles, par l'application de rites précis, d'amoindrir l'angoisse durant le temps de la vie. La mode du spiritisme, de la communication avec les esprits se développe ensuite selon le même principe et avec le même espoir : entrer en dialogue avec un être disparu ne vise jamais à faire revivre réellement le disparu, mais cherche à désangoisser des vivants pour lesquels la mort fait de plus en plus peur. Cette mode prend une importance certaine au fur et à mesure de l'entrée dans la modernité des sociétés, comme le rappelle Philippe Charlier dans son ouvrage *Autopsie des fantômes. Une histoire du surnaturel* (2021). En effet, cette situation doit être rapportée au développement de l'hygiénisme, qui éloigne les cimetières, réputés malsains, des villes, au recul religieux qui fait douter de l'immortalité de l'âme, et au contexte culturel du XIXe siècle, évoluant du romantisme noir au naturalisme.

La peur de l'inconnu connaissable constitue une source d'angoisse également majeure, même si elle laisse toujours l'espoir d'une sortie de l'angoisse ou de l'épouvante puisque, par définition, l'accès à la connaissance demeure possible. **Néanmoins, elle interroge les limites que donne une société et produit pour cette raison de fortes angoisses.** Les grandes découvertes au XVIe siècle ont ainsi suscité une vague de fascination et d'inquiétude sur la question des origines des Amérindiens. En effet, la Bible renseigne seulement sur le peuplement des trois continents (Afrique, Asie, Europe). Mais elle laisse ouverte la question de la migration des dix tribus d'Israël perdues, qui est explorée comme une thèse possible de l'origine des Amérindiens. Ces conjectures interviennent à un moment où le mythe de la croisade est très vivant et s'inscrit dans une incertitude quant à l'imminence de la fin des temps : savoir s'il faut voir dans les Amérindiens des humains est donc déterminant pour des esprits inquiets voire angoissés. Le franchissement d'un seuil technologique entraîne aussi les sociétés dans une peur de même nature, sur la capacité à maîtriser ce nouveau seuil et à ne pas être dépassé. Cette question se retrouve dans la production littéraire et artistique, qui interroge les limites de notre rapport à la technologie lorsque nous n'en maîtrisons pas toutes les potentialités : il suffit de songer au *Frankenstein ou le Prométhée moderne* (1818) de May Shelley, au Big Brother de *1984*, le roman de George Orwell paru en 1949, et, dans le domaine du cinéma quoique dans des registres différents, aux *Temps modernes* de Charlie Chaplin (1936) et à une part notable de l'œuvre de Stanley Kubrick : *Docteur Folamour* (1964), *2001 : l'Odyssée de l'espace* (1968) et *Orange mécanique* (1971).

Au final, la peur de l'inconnu n'est pas négative : elle a contribué à la survie de l'humain en tant qu'espèce. En effet, faire face à une situation dangereuse permet à l'humain d'apprendre, de se souvenir du danger expérimenté et de mieux l'éviter ou le surmonter. Surtout, ces peurs indiquent que l'angoisse repose de façon générale sur l'incertitude, sur ce qui n'est pas prévisible : d'où le besoin d'anticiper, de prévoir, de rechercher toujours ce qui va advenir.

C. Le syndrome du précipice, moteur pour l'intellect et pour l'imaginaire

Le syndrome du précipice correspond à la peur du vide symbolique, c'est-à-dire à **l'extrême difficulté de la raison à modéliser de façon concrète (et par conséquent rassurante) l'infini**, qu'il s'agisse de l'infiniment grand ou de l'infiniment petit. Toutes ces représentations créent une sensation de vertige, une angoisse qui peut en partie expliquer certains blocages en mathématiques.

Pour comprendre ce problème, il est possible de partir du symbole zéro qui est utilisé de façon banale mais qui, si l'on y réfléchit, induit la notion du néant, du vide. Or, pendant de nombreux siècles, en Occident, le zéro ne pouvait pas être accepté comme un chiffre : il n'existe ainsi pas dans les chiffres romains, qui sont pensés comme des outils permettant l'énumération. Le zéro apparaît seulement vers la fin du Moyen Âge en Occident (XIIIe-XVe siècles) : son origine est indienne. Le nom « zéro » vient du terme sanskrit *shûnya* signifiant « le vide, l'absence ». Sa diffusion est liée aux progrès qu'il permet dans les modes de calcul. Mais en même temps, le zéro pose problème, car ce symbole du rien peut aussi signifier un multiple de dix, de cent, de mille ou plus, s'il est placé à la suite d'un chiffre ou de plusieurs.

La question de l'infini est liée à celle du zéro, comme l'indique l'expression algébrique : « zéro et l'infini s'échangent dans l'inverse ». En Europe, la question de l'infini apparaît tout d'abord dans la peinture de la Renaissance, à un moment où les artistes sont volontiers mathématiciens. L'infini est en effet à l'origine de l'invention de la perspective, puisque cette dernière repose sur la définition de lignes de fuite qui permettent de donner de la profondeur à la scène représentée. Mais le point de fuite demeure problématique : il ne correspond à rien et, pourtant, il est indispensable. Pour résoudre de dilemme et éviter le malaise du spectateur devant la peinture, les artistes choisissent alors le plus souvent de cacher ce point de fuite par un personnage ou un accessoire du décor. *La Flagellation du Christ* de Piero della Francesca (Urbino, Galleria nazionale delle Marche), peinte vers 1460-1465, illustre cette question de la perspective, de son rapport à l'infini, et de la vision ambiguë, qui oscille entre fascination et angoisse d'une scène où le protagoniste, Oddantonio de Montefeltre, frère du commanditaire, est mort à la suite d'une conjuration en 1444.

De nos jours, l'infiniment petit et l'infiniment grand font rêver autant qu'ils font peur. Du côté de l'infiniment petit, les recherches actuelles autour du boson de Higgs sont particulièrement significatives, puisque cet élément est surnommé « la particule de Dieu ». La science humaine prétendrait ainsi découvrir la source de toute création physique dans l'univers, témoignant de nouveau d'un orgueil qui suscite l'angoisse devant les perspectives qui s'ensuivraient, si ce type de découverte à venir tombait dans des mains intéressées. Du côté de l'infiniment grand, chaque nouvelle observation spatiale tend à confirmer l'immensité de l'espace d'une part, et la finitude de chaque étoile et des planètes qui l'entourent, d'autre part. Cela pose la question de la place et de la survie, à très long terme, de l'humanité. Cela nourrit aussi la science-fiction, démontrant la capacité de la peur à produire de la créativité. Mais les limites technologiques actuelles tendent à montrer un hiatus avec les espérances humaines dont les œuvres de science-fiction de la seconde moitié du XXe siècle témoignent. Le vertige de l'infini spatial est également bien rendu par le cinéma actuel, à l'instar du film *Gravity* (2013).

Actualité **LA PEUR DES ASTÉROÏDES, UN MARRONNIER MÉDIATIQUE**

« *"Un astéroïde potentiellement dangereux va frôler la Terre", "Un astéroïde grand comme la tour Eiffel va croiser la Terre"* [...]. Plus ou moins alarmistes, [ces titres de la presse] réveillent en nous la peur ancestrale de voir notre monde s'effondrer, et l'humanité disparaître. Qu'en est-il vraiment ? Un astéroïde pourrait-il vraiment avoir raison de notre civilisation ?

Les chercheurs ont identifié plus de 20 000 astéroïdes s'approchant relativement près de la Terre, ils sont appelés géocroiseurs. [...] Parmi ces géocroiseurs, 2 000 sont considérés [comme] *"potentiellement dangereux"*. Ils représentent une menace potentielle pour l'humanité et sont classés dans la catégorie des *Potentially Hazardous Asteroids* (PHA). »

Alexis Flamel, « Astéroïdes : représentent-ils une menace pour l'Homme ? », Maxisciences.com, 18 janvier 2022.

D. Les neurosciences, une approche pour dédramatiser et positiver la connaissance de soi

Les neurosciences permettent une approche scientifique de la peur qui en décode les mécanismes et décèle ses potentialités positives. À l'instar des autres émotions, la peur se présente comme une source d'énergie pour le vivant. Elle est l'une des formes visibles du traitement cérébral des informations reçues à travers les différents sens. En ce sens, la peur induit un comportement qui n'a rien d'instinctif, mais qui est le produit d'une action programmée par le cerveau, qu'il s'agisse de l'action (la fuite) ou de l'absence d'action (la tétanie). Cette réponse du cerveau résulte de l'activité de deux systèmes : une voie cérébrale courte et une voie cérébrale longue. Sur la première voie, le stimulus provient des yeux et se dirige vers le cortex visuel (à l'arrière du crâne) après avoir traversé le thalamus. Ce dernier transmet l'information à l'amygdale du cerveau qui, elle, est à l'origine du déclenchement de la peur, commandant telle ou telle réaction (avancer, s'arrêter, reculer) selon la perception initiale. Puis entre en action l'hypothalamus, qui incite à choisir entre deux réflexes de survie : l'attaque ou la fuite. **Il faut noter que ces réflexes sont enclenchés avant même l'arrivée de l'information dans le cortex visuel – c'est-à-dire dans la zone du cerveau qui permet l'identification consciente de la cause de la peur**. Sur la seconde voie, le stimulus atteint le même cortex visuel qui effectue une analyse ayant pour objet de déterminer si l'identification première est bien réelle ou, au contraire, erronée. Les résultats sont ensuite stockés dans l'hippocampe, qui mémorise l'émotion ressentie et l'objet qui s'y rattache, afin de compléter cette identification.

La détermination de cette structure cérébrale présidant à l'analyse du stimulus, à son association à un comportement induit par la peur et à sa mémorisation constitue l'une des différences fondamentales entre les humains et le monde animal. La peur de la mort, celles de l'inconnu, de la perte de l'identité et de l'aliénation constituent des marqueurs essentiels.

Les neurosciences permettent également de distinguer entre différentes peurs et, ainsi, d'y apporter la réponse la plus adaptée. Les peurs innées (résultant par exemple d'une transmission épigénétique comme la peur d'être dévoré, qui n'est pourtant plus guère opératoire dans la plupart des régions du globe) diffèrent ainsi des peurs acquises (qui sont enregistrées dans la mémoire à la suite des expériences de vie), mais toutes correspondent à un réflexe de survie et de vigilance du sujet. Surtout, **la mémoire et la conscience de ces peurs incitent le sujet à les dépasser, à aller vers l'inconnu, vers la nouveauté**. Ce dépassement de la peur n'est pas toujours évident, d'où la recherche d'un objet transitionnel pour y arriver. Celui-ci peut être une peluche pour le jeune enfant comme un maître de stage pour l'apprenti !

Enfin, les neurosciences permettent de comprendre les possibilités de remédiation à une peur qui ne relèverait plus du strict traitement cérébral mais qui installerait une angoisse permanente – c'est-à-dire déconnectée de tout stimulus objectif devant par la peur créer un comportement salvateur –, faisant glisser le sujet du comportemental vers le pathologique. Cette identification permet de mettre en œuvre des thérapies, dont la plus importante consiste à favoriser la sécrétion de l'ocytocine, dite « hormone du bonheur », afin de provoquer un rééquilibrage des émotions au niveau cérébral.

3 Où allons-nous ? L'avenir, entre désespoir et espoir

A. Le déclinisme, une idéologie pessimiste fondée sur la peur de l'avenir

Associer le déclin à la peur est une idée moderne dont l'histoire est, à l'échelle de la civilisation occidentale, relativement récente. En effet, jusqu'à la Renaissance, la réflexion philosophique et politique sur l'histoire des sociétés et du pouvoir est guidée par l'image de la roue de la fortune : un tel qui acquiert un jour du pouvoir le perdra à un autre moment mais peut espérer voir par la suite le sort tourner à nouveau en sa faveur. Ce régime ancien du déclin associé à ce qui serait le reflet de la Providence, c'est-à-dire des desseins de Dieu par nature impénétrables, cède la place à un régime moderne de la pensée du déclin, qui se repère dès 1734, lorsque Montesquieu publie ses *Considérations de la grandeur des Romains et de leur décadence*. Dans cet ouvrage, le philosophe effectue une analyse systématique de la chute de l'Empire romain d'Occident. Pour lui, « *ce n'est pas la fortune qui domine le monde [...]. Il y a des causes générales, soit morales, soit physiques, qui agissent dans chaque monarchie, l'élèvent, la maintiennent ou la précipitent* ». Pour la première fois émerge **l'idée d'une humanité responsable de son devenir : placer ainsi le poids de la culpabilité sur la société contribue à y développer des angoisses collectives**.

C'est cependant au XIXe siècle que la pensée du déclin cède la place au « déclinisme », c'est-à-dire à une vision idéologique et sombre du futur de la société qui porte en elle, en réaction, une sublimation fantasmée du passé. Les ruptures occasionnées par la Révolution française et par les révolutions industrielles en sont de puissants moteurs. Le déclinisme politique est avant tout idéologique et se rattache le plus souvent aux courants réactionnaires. Mais cela ne signifie pas que le déclinisme se donne pour fin exclusive de recréer le passé. Autour de 1900, Charles Maurras développe sa pensée sur le « nationalisme intégral » en partant d'une conviction décliniste qui serait incarnée par l'affaire Dreyfus (qui révélerait la faillite morale de la République). Pour autant, le retour à la monarchie qu'il prône avec l'Action française n'est pas un simple retour à la monarchie d'avant 1789, puisque les idées laïques sont présentes au cœur de son idéologie. Car les partisans du déclinisme se veulent d'abord des penseurs de leur temps, qui interprètent, selon leur opinion, des données scientifiques. Ainsi l'économiste Paul Leroy-Beaulieu établit en 1913 un lien entre la baisse de la natalité française (bien réelle à ce moment-là) et l'arrivée de migrants qu'il définit comme inassimilables (sans argument rationnel), entraînant la France vers sa perte. **Cette ambiguïté entre usage de la raison et présupposé idéologique et irrationnel constitue un terreau privilégié pour le développement d'angoisses collectives.** Il ne manque à celle-ci qu'un événement qui sera lu *a posteriori* comme l'élément déclencheur. C'est précisément cette lecture qu'effectue Oswald Spengler dans son ouvrage *Le Déclin de l'Occident* (1918 pour la première version, 1922 pour la seconde).

Le déclinisme est étroitement lié à la peur de l'Autre. Ses partisans actuels, à l'image d'Éric Zemmour, candidat à l'élection présidentielle de 2022, insistent sur la nocivité du multiculturalisme, qu'ils considèrent comme le produit de Mai 68, de l'influence anglo-saxonne et de la mondialisation – sans que le lien précis entre ces trois facteurs soit jamais vraiment explicite. Cette approche n'a rien d'inédit. Déjà au XIXe siècle, la théorie de la dégénérescence, formulée en premier par Benedict Morel, médecin psychiatre, cherche à prévenir les maladies mentales au nom de la santé publique en isolant les populations risquant le plus d'être atteintes : le prolétariat, les tuberculeux, les cancéreux, les personnes atteintes de crétinisme. Il est significatif qu'il parle pour ces catégories de « *déficit moral* » au lieu de « déficit mental ». Car pour ce catholique réactionnaire, ces catégories de l'humanité se sont éloignées de Dieu et leurs tares ne seraient que la face visible de cette distance affichée avec la religion. Très vite, ces idées sont reprises par les interprètes des travaux de Darwin, autour du philosophe et sociologue anglais Herbert Spencer (1820-1903). Ceux-ci éliminent de leur réflexion la question religieuse et se concentrent sur l'évolutionnisme, qu'ils dévoient de façon idéologique. Le criminel pourrait, par exemple, être démasqué par ses seules caractéristiques physiologiques selon le criminologue italien Cesare Lumbroso (1835-1909) : il serait une « erreur » de la nature. Le darwinisme est aussi perverti pour démontrer que certains groupes humains auraient moins bien évolué que d'autres. Ce racialisme pseudo-scientifique soutient alors l'effort de colonisation européen : il s'agirait de coloniser l'autre, infériorisé, qui sinon risquerait de menacer la « civilisation ». La dangerosité de cette théorie se vérifie d'ailleurs à l'usage que les nazis en ont ensuite fait.

Focus **LES RÉACTIONS HISTORIENNES À L'INSTRUMENTALISATION DE L'HISTOIRE À DES FINS DÉCLINISTES**

La récente campagne pour les élections présidentielles a mis en lumière l'élaboration d'un récit falsificateur de l'histoire de France par Éric Zemmour ; un récit qui « *ramène toute évolution historique à un affrontement entre la France, son essence et ses héros d'un côté, et de l'autre les acteurs de son "déclin" ou de son "suicide", des huguenots aux islamistes en passant par les révolutionnaires ou les féministes* », comme le relèvent les auteurs de *Zemmour contre l'histoire* (« Tracts », Gallimard, 2022). Il s'agit pour ce collectif de déconstruire un roman obsessionnel élaboré en dehors de toute méthode scientifique et de rappeler que l'histoire – dont il est clairement énoncé qu'elle n'appartient nullement à la recherche institutionnelle, mais qu'elle s'adresse à toutes et à tous – n'a pas vocation à faire l'objet d'une instrumentalisation politique. L'historien Laurent Joly, spécialiste de l'antisémitisme et de la Shoah, approfondit cette réponse à une histoire biaisée qui veut faire peur en dénonçant *La Falsification de l'histoire* (Grasset, 2022) : l'auteur s'intéresse surtout aux propos d'Éric Zemmour sur le rapport du régime de Vichy aux Juifs, et sur la manière dont l'histoire de la collaboration et de la Shoah a été écrite en France depuis 1945.

Aujourd'hui, l'approche décliniste interroge surtout les questions de l'État, des valeurs morales, de la collectivité, de l'identité et de la parité. La critique radicale du féminisme et des avancées dans la parité et les questions de genre peut servir d'exemple. La pensée réactionnaire découle en effet – au moins en partie – d'une peur des femmes liée au péché originel, réactivée avec la chasse aux sorcières, continuée avec l'exclusion des femmes de la vie politique en 1791 et le traitement de la question de la prostitution à l'époque contemporaine. Cette peur des femmes se retrouve dans le pamphlet *Le Premier Sexe*, publié en 2006 (en réponse au *Deuxième Sexe* de Simone de Beauvoir publié en 1949) par Éric Zemmour, surtout connu pour ses livres politiques commentant le déclin français : *Mélancolie française* (2010), *Le Suicide français* (2014), *Destin français* (2018). Autant de titres qui renvoient à l'idée que le déclin n'est pas fatal mais volontaire, et paraît de plus en plus proche. La « mélancolie » suggère un état d'esprit sociétal, le « suicide » une décision volontaire. Quant au dernier ouvrage, il revisite l'histoire de la France et de l'Europe en recourant à une bibliographie dépassée (tel ouvrage des années 1930) ou polémique du fait des erreurs et du brouillage entre science et politique de son auteur (« l'affaire Aristote » en 2008, où l'historien Sylvain Gouguenheim dénonce le monde musulman médiéval comme peu actif dans la transmission de la culture grecque). Là encore, l'incertitude et l'ambiguïté facilitent une lecture angoissée de ces pamphlets.

B. Le complotisme, une réaction irrationnelle face à l'avenir

Le complotisme désigne l'ensemble des thèses qui assurent qu'un groupe, occulte ou non, manipule la société mondiale, en particulier à l'occasion des grands événements (conférences internationales, commémorations, compétitions sportives, élections, attentats, accidents), dans le plus grand secret, afin d'établir sa domination par l'aliénation des sociétés civiles. L'irrationnalité absolue de cette approche se vérifie par les éléments récurrents dans les théories du complot, comme le rappelle *Le Monde* :

1) La théorie du complot suppose une organisation obscure capable de tout planifier (les Illuminati, les sionistes, les Rose-Croix, le groupe de Bildelberg...).
2) La théorie fait porter l'attention sur des détails qui sont érigés en preuve définitive (la couleur d'un vêtement, une carte d'identité retrouvée, un billet imprimé une année particulière...).
3) Le fantasme complotiste se focalise sur de prétendues coïncidences qui deviennent aussi des preuves (« Coïncidence, je ne crois pas... »).
4) L'absence de preuve est aussi interprétée par l'absurde : s'il n'y a pas de preuves, c'est qu'elles ont été effacées volontairement.
5) La théorie se veut absolue et irréfutable : aucune discussion n'est alors possible.
6) Un fait anodin permet, dans une théorie du complot, d'expliquer l'ensemble de la manipulation, comme si chaque fait isolé devenait un fait total.

Pour Rudy Reichstadt, auteur de *L'Opium des imbéciles* (2019), le complotisme est le résultat d'une société autocentrée sur ses « *passions tristes* », qu'il s'agisse d'une blessure narcissique ou d'une peur irrationnelle. L'avènement du complotisme n'est pas imputable à la pandémie de la Covid-19 mais résulte de la crise de la démocratie occidentale. En réalité, les théories du complot sont à la fois le vecteur et la conséquence de cette crise politique et culturelle.

Dans le contexte de la pandémie, le complotisme prend aujourd'hui une ampleur inédite. Dès le 15 février 2020, le directeur de l'OMS déclare : « *Nous ne combattons pas seulement une épidémie ; nous combattons une "infodémie". Les fake news se répandent plus vite et plus aisément que ce virus, et sont tout aussi dangereuses.*[1] » Le constat est saisissant mais correspond à une réalité puisque les infox (ou fake news) s'immiscent même dans une revue scientifique, *The Lancet*,

1 Traduit par l'auteur. En anglais : « *We're not just fighting an epidemic; we're fighting an infodemic. Fake news spreads faster and more easily than this virus, and is just as dangerous* ».

en 2020. Le terme « infodémie » remonte à une autre crise sanitaire, celle du SRAS en 2003. Son intérêt réside dans l'analogie avec l'épidémie, car les infox se diffusent à la manière d'une épidémie dans des sociétés marquées par une crise sociale et culturelle, où **le critère de la science validée par des experts et l'appel à l'exercice de la raison n'apparaissent plus légitimes à une fraction, plus ou moins importante, de la population**. La popularisation d'expressions du type « fait alternatif » par Donald Trump s'inscrit, pour le versant politique, dans ce contexte. Pour la Covid-19, les infox concernent d'abord les origines du virus, puis ses modes de propagation, ses remèdes éventuels, le bilan humain et, enfin, les campagnes de vaccination. Parmi les théories les plus irrationnelles, il faut citer le fantasme de la diffusion de la Covid-19 par les antennes 5G, à l'origine de plusieurs incendies criminels au printemps 2020. Un débat ancien sur ces antennes est dans ce cas dévoyé : la toxicité magnétique est assimilée sans aucun fondement à la toxicité virologique !

Le régime de vérité bascule ainsi dans l'irrationnel et, plus précisément, dans le registre de la croyance. Ce problème explique la difficulté des gouvernements – surtout dans une situation où eux-mêmes ont parfois agi de façon contradictoire et difficilement lisible – à convaincre les individus et les groupes entraînés dans ces croyances de retrouver le sens de la raison. Les études sociologiques tendent à définir des portraits-types des personnes les plus à même d'être obsédées par l'approche irrationnelle des infox. Tout en reconnaissant que l'ensemble des strates de la société peut être touché, les catégories populaires, peu diplômées, sympathisantes d'idées politiques radicales, seraient les plus concernées. Mais une telle catégorisation fait courir le risque de fracturer la société en une oligarchie éduquée, qui serait seule à même d'entendre les enjeux sanitaires et scientifiques de la pandémie, et une populace qu'il faudrait reléguer aux marges de la société. **La difficulté est donc de faire cesser l'infodémie tout en ménageant le vivre-ensemble.** Du côté des partisans de ces infox (les « antivax » par exemple), un autre problème émerge. Pour mieux délégitimer les informations validées par la raison, ceux-ci adoptent une rhétorique de l'opinion. Ainsi, les défenseurs du vaccin sont considérés comme les tenants d'une opinion, face à la leur propre. Cette approche est, à l'image des infox, particulièrement problématique car **rabaisser le raisonnement logique et scientifique au rang d'une simple opinion constitue une subversion radicale de la réalité** et traduit un basculement dans l'irrationnel qu'il apparaît comme très difficile de contrer.

Actualité — **LES THÉORIES IRRATIONNELLES DES COURANTS COMPLOTISTES SUR LES RÉSEAUX SOCIAUX**

« Parmi ces courants, on rencontre une frange catholique conservatrice, représentée notamment par l'avocat Fabrice Di Vizio, ancien amateur des plateaux de Cyril Hanouna et accessoirement fervent opposant à la politique vaccinale. En août 2021, il déclarait ainsi dans les colonnes de *L'Express* qu'il n'y avait aucun débat *"sur le fait que l'IVG était un véritable problème"* ne pouvant *"en aucun cas être considéré comme un droit"*. [...] La dénonciation de l'avortement ne s'arrête pas à la promotion d'un discours anti-vaccin mais s'adapte et se greffe à de multiples théories. Ici, on dénonce un *"holocauste silencieux"* au profit du *"satanisme institutionnel"*. Une référence [...] assez populaire dans la complosphère [...] selon laquelle il existerait une élite pratiquant des rituels sacrificiels en secret. »

Victor Mottin, « La lutte anti-IVG, obsession de la sphère complotiste française », Usbeketrica.com, 17 mai 2022.

C. Les utopies et les dystopies : quand la peur de l'avenir devient créative

Et si les peurs de l'humanité, quel que soit leur objet, n'étaient que des déclinaisons de la peur que l'Homme éprouve face à lui-même ? C'est l'hypothèse radicale envisagée dans plusieurs utopies et dystopies, parfois anciennes, mais le plus souvent ne remontant guère au-delà de la prise de conscience par l'humanité de sa capacité à s'autodétruire, avec l'entrée dans l'ère atomique. À bien des égards, l'utopie et la dystopie constituent des biais pertinents pour penser la peur. Les deux se situent en effet dans un registre de l'idéal ou de l'idéal négatif, qui travaille à la modification de la réalité présente en une réalité future, souhaitable ou sombre. Il s'agit donc de penser par l'irrationnel (pourquoi la réalité présente dévierait-elle ?) une autre rationalité, fascinante ou angoissante. De plus, **l'utopie comme la dystopie sont des constructions mentales qui s'adressent autant à l'intellect qu'à l'émotion parce qu'elles visent l'idéal : elles permettent donc de penser la peur à l'intersection entre le rationnel et l'irrationnel.**

Les dystopies, par leur aspect sombre et angoissé, entretiennent un rapport étroit à la peur. Le cas le plus célèbre est sans doute *1984* de George Orwell, paru en 1949. Cette satire du stalinisme, dans laquelle les membres du parti sont les maîtres d'un prolétariat qu'ils exploitent, ne s'achève pas sur la disparition de la surveillance généralisée, bien au contraire. Les dystopies partent souvent de la description d'une société en déclin ou au moment de sa chute, avec des personnages qui cherchent surtout à survivre. Au sein de ce genre, il faut citer *Le Meilleur des mondes* d'Aldous Huxley (1932) dans lequel des dissidents sont condamnés à l'exil dans des îles où se trouve une « Réserve à sauvages », et, en relation avec le contexte actuel, *Station Eleven* (2014) d'Emily St. John Mandel, qui situe l'action dans un temps de pandémie.

L'utopie analyse la mécanique de la peur de façon plus directe encore lorsqu'elle part du principe que le risque zéro n'existe pas. Elle vise alors à décrire une humanité qui se surprotège en réaction à des angoisses latentes. Le risque zéro est une utopie contemporaine car ce principe illusoire croise bien des angoisses contemporaines : la recherche d'un risque zéro sanitaire (par l'injonction à manger sainement, à adopter des gestes barrières, à ne pas fumer ni boire...), sociétal (par la tendance à fermer les frontières, à pointer du doigt tout ce qui pourrait générer du terrorisme...), politique (par l'incessant débat sur la laïcité, sur la question du front républicain...), économique (par la condamnation du communisme puis du néolibéralisme), environnemental (à travers les idées de décroissance, de malthusianisme et de rejet de la société de consommation). **Le problème de la recherche du risque zéro est l'obsession pour les menaces qui en découlent.** Ainsi, face à la menace terroriste, la quête du risque zéro passe nécessairement par une réponse sécuritaire ou liberticide. En cherchant à surprotéger les citoyens, l'État court le risque de voir dans chaque citoyen un suspect, ce qui l'entraînerait à supprimer les libertés. Les régimes totalitaires ou développant des politiques de type totalitaire utilisent d'ailleurs la notion de terrorisme pour délégitimer et éliminer les opposants : il suffit de penser à la politique de la Chine contre les Ouïghours au Xinjiang. Et si l'État ou la société développent une politique de sécurisation à outrance, le risque d'une mutation du moyen en finalité apparaît. La sécurité devient une fin en soi qui s'exonère de toute forme de causalité autre qu'un sentiment paranoïaque souvent déconnecté de la réalité et qui vise à assurer une forme de distinction sociale pour celles et ceux qui en bénéficient. C'est notamment le modèle des *gated communities*, ces quartiers fermés et isolés des classes moyennes supérieures aux États-Unis, qui s'est diffusé un peu partout dans le monde. Se replier plutôt qu'agir ouvertement est d'ailleurs un symptôme de l'angoisse irrationnelle nourrie d'une utopie de la sécurité. Ainsi, face à des catastrophes réelles dont l'objet apparaît nettement, la réaction est plutôt l'action que le repli, à l'image de la manifestation #JeSuisCharlie du 11 janvier 2015, la plus grande manifestation de l'histoire de France.

Recourir à l'utopie pourrait-il permettre de résoudre les peurs de la crise actuelle ? Non seulement l'utopie permet de penser la peur en ce qu'elle en révèle le potentiel mobilisateur ou destructeur pour la société, mais encore elle aide à se projeter sur le long terme (ou un terme indéfini), en offrant des prévisions, littéraires et théoriques, sur les voies possibles du futur. Car si la raison permet de comprendre d'où nous venons et où nous sommes, elle ne suffit pas à jeter les bases de l'avenir possible. Ainsi la société capitaliste peut être étudiée rationnellement pour en comprendre les origines ainsi que les mécanismes actuels. Mais seule l'utopie peut pousser jusqu'au bout la réflexion sur l'issue possible d'une société capitaliste, entre rêve de prospérité universelle et vision de l'aliénation de la masse par la consommation au profit d'une oligarchie mondiale. Le cas du changement climatique est plus explicite : afin de faire comprendre au public les impacts de ce changement à court et à moyen terme, les prévisionnistes du GIEC (Groupe d'experts intergouvernemental sur l'évolution du climat) établissent des scénarios sur l'augmentation des degrés, l'élévation du niveau de la mer, les zones littorales submergées, le nombre de migrants climatiques, les États qui vont disparaître, les extinctions d'espèces animales. En rendant visible le fait que l'humanité va sans doute disparaître de plusieurs régions de la planète, les prévisions élaborent une véritable dystopie. L'objectif est non seulement d'alerter, mais de mettre en œuvre le développement durable, la réduction des impacts sur la planète et la maîtrise de la démographie. Seules des images choquantes semblent à même de déclencher une conscience de l'urgence et un retour à une gestion raisonnée de la planète. Il n'est donc guère étonnant de retrouver ce thème dans des productions littéraires actuelles, à l'image du livre de science-fiction de Kim Stanley Robinson, *The Ministry of the Future* (2020).

Focus — **L'UTOPIE COMME PÉDAGOGIE DE LA DISSONANCE COGNITIVE DE L'HUMANITÉ**

« Et si c'était la fin des haricots ? C'est l'exercice d'anticipation auquel s'est livré Robin Cousin dans la BD *Des milliards de miroirs*. Sur Internet, un blogueur annonce la fin du monde dans 2 352 jours. Les derniers animaux sauvages disparaissent, et la biodiversité survit dans des bulles climatisées. Le monde a les yeux rivés sur une étoile que l'on croit peuplée d'extraterrestres peu amènes. Ces mille motifs d'inquiétude font de la peur la chose du monde la mieux partagée, quitte à perdre le sens des priorités. Car pourquoi craindre les hommes verts quand la vie disparaît sur Terre ? »

Thibaut Sardier, « De la peur à l'utopie », Liberation.fr, 8 mai 2019.

Fiche de lecture

Brigitte Munier, *Robots. Le mythe du Golem et la peur des machines*

La Différence, 2011.

Sociologue, l'autrice s'intéresse aux nouvelles technologies de l'information et aux robots, car ces inventions emblématiques du seuil scientifique et technologique atteint fascinent autant qu'elles font peur. Elles symbolisent en particulier la crainte d'une prise du pouvoir par les machines, reléguant l'humanité à une place secondaire, voire non nécessaire. **Cette prise de conscience peut alors apparaître vertigineuse en Occident, car le robot et l'intelligence artificielle balaient la supériorité de l'Homme, fondée traditionnellement sur la transcendance de l'âme.**

Dans son argumentation, l'autrice part du mythe du Golem, c'est-à-dire de l'imaginaire attaché au robot en tant qu'humanoïde intelligent qui se révolte contre sa servilité, obligeant alors l'humain à la détruire. Elle démontre que cette peur, qui remonte à la mode des automates aux XVIIe et XVIIIe siècles, est spécifique à l'Occident, et ne se retrouve pas, par exemple, dans les sociétés émergentes.

Le Golem est à l'origine un mythe juif : il s'agit d'un humanoïde fabriqué par un rabbin à partir de la glaise afin de défendre sa communauté, victime d'attaques extérieures. Mais le Golem se révolte et le rabbin doit le détruire, de peur qu'il ne se retourne contre son créateur et les autres membres de la communauté. Mary Shelley avait déjà utilisé ce mythe dans son célèbre roman (*Frankenstein*) pour signifier la peur du pouvoir du progrès scientifique opposé à la morale. Aujourd'hui, la littérature de science-fiction et surtout le cinéma ont donné de nombreuses variantes, qui convergent toutes vers une unique interrogation : existe-t-il encore une différence entre les robots et les humains ?

Cette angoisse existentielle n'existe pas au Japon, une société dans laquelle le robot incarne un avenir optimiste, bien loin de l'incertitude et de l'inquiétude européennes (dont témoignent les débats autour du rapport sur l'intelligence artificielle rendu par le député Cédric Villani en 2018). Pour les Japonais, Astro le petit robot, héros de l'une des séries de manga les plus vendues dans le monde depuis sa création en 1952, est l'antithèse de Frankenstein : il aide les humains, combat le mal, le crime et l'injustice, et ne s'en prend qu'à d'autres robots, jamais aux humains. **Dans une société pour laquelle la transcendance de l'âme ne fait pas l'essence de l'Homme, le robot a su prendre sa place, auprès des humains.**

Citations

« La crainte occidentale contemporaine de machines intelligentes menaçant de gouverner l'humanité camoufle une angoisse ancienne et croissante, celle de ne plus trouver de sens à la nature et à la vie de l'homme. »

« Nous avons défini l'homme pendant plus de vingt-cinq siècles en Occident comme ayant une âme dotée d'une origine transcendante. Les Japonais n'ont pas cette vision. Pour eux, l'âme est immanente, elle est ici-bas. Voilà pourquoi ils n'ont pas cette peur. »

« Un savant fabrique dans l'allégresse puis anime un "golem", une créature humanoïde, qui acquiert bientôt une puissance mentale et physique supérieure à la sienne ; le démiurge, qui admirait son œuvre inerte, la juge monstrueuse une fois qu'elle est devenue consciente et autonome comme lui ; traité comme un monstre, à mi-chemin entre l'homme et l'outil, le golem ne supporte bientôt plus l'injustice de sa condition et se rebelle ; il faut le détruire. »

« La monstruosité du Golem vient donc de l'identité plus que de la différence : si le Golem-robot est indiscernable de l'homme, allant jusqu'à le surpasser, se pose alors la question de l'exception humaine et, avec elle, celle de la pertinence de l'humanisme classique. [...] Si le clonage humain angoisse Jurgen Habermas, par exemple, c'est qu'il soulève la question de la subjectivité : copier un être humain le banalise <et suppose qu'il peut aimer ou penser sans le secours d'une intériorité. »

CHAPITRE 3

La peur, une histoire de tous les possibles pour l'humanité

> *« Rien n'est plus difficile à analyser que la peur et la difficulté s'accroît encore lorsqu'il s'agit de passer de l'individuel au collectif. Les civilisations peuvent-elles mourir de peur comme les personnes isolées ? »*
>
> Jean Delumeau, *La Peur en Occident (XIVe-XVIIe siècles). Une cité assiégée* (1978)

Débat

L'histoire doit-elle être un outil de « désangoissement » et de vigilance pour les sociétés et les individus ? Ou, au contraire, doit-elle conduire des idéologies et des politiques afin d'être évacuée de la collectivité et d'assurer un devenir centré sur la seule sérénité ? L'histoire met en effet en lumière de très nombreuses illustrations de la peur qui – quelle que soit l'époque – ont le plus souvent mené à des crises existentielles et à des mutations profondes. Se retourner vers le passé peut certes permettre d'évaluer toute la richesse de l'expérience humaine à travers l'exemple de la peur. Mais cette capacité à penser l'histoire de la peur n'est pas sans effet sur le présent de la peur. L'écriture de l'histoire n'est jamais tout à fait neutre : l'acte même d'écrire sur l'histoire de la peur implique une énonciation de la peur comme une dimension constitutive de l'être humain et, surtout, de la difficulté pour l'humain à accepter ses peurs, passées comme présentes. Deux visions de l'histoire et du monde s'opposent alors : certains voient dans les peurs passées un moteur de la peur actuelle (par exemple Nicolas Baverez, *La France qui tombe*, Perrin, 2003), tandis que d'autres ne dédramatisent nullement les peurs passées mais cherchent à leur redonner leur humanité (par exemple Jérémy Foa, *Tous ceux qui tombent. Visages du massacre de la Saint-Barthélemy*, La Découverte, 2021).

Introduction

L'histoire de la peur ne peut être retracée de façon chronologique dans la mesure où l'histoire n'est pas une simple succession de faits positifs et se présente plutôt comme une succession de temps, longs ou plus courts, de représentations politiques, sociales ou culturelles, qui dépendent de l'imaginaire des sociétés étudiées. Cette configuration est d'autant plus valable en ce qui concerne l'étude d'une émotion. Il ne s'agit donc pas ici d'envisager une présentation exhaustive des périodes ou des instants où des sociétés humaines ont pu ressentir des formes de peur, de la simple crainte à l'angoisse sourde, de la panique à la terreur. L'ambition de ce chapitre réside plutôt dans la volonté de présenter différentes approches possibles dans l'analyse de la peur, en établissant des connexions entre les peurs du passé et celles du présent ou, au contraire, en faisant apercevoir la singularité de certaines peurs par rapport à d'autres.

1 Le temps long des peurs

A. La précarité de l'existence

La pandémie apparue à l'hiver 2019-2020 vient aujourd'hui le rappeler, avec ses conséquences sanitaires, sociales, économiques, politiques, culturelles et environnementales : la précarité de l'existence demeure un fait intensément humain depuis les origines de l'humanité. **Le plus souvent, ce sont des craintes de faible intensité qui ont entraîné les groupes humains à s'adapter, à évoluer.** Ainsi, la progressive sédentarisation des chasseurs-cueilleurs au Néolithique résulte sans doute en partie d'un imaginaire où les pratiques de l'agriculture et de l'élevage sont associées à la notion de sécurisation des ressources par leur domestication, c'est-à-dire leur maîtrise directe par des communautés. Il n'est pourtant pas certain que la chasse et la cueillette représentent des modes d'alimentation plus précaires. Toutefois, l'incertitude potentielle de la captation de ressources nomades et soumises à des aléas climatiques peut avoir joué dans le sens d'une forme de peur et, au contraire, la stabilisation de ces mêmes ressources dans celui d'une réassurance.

Le sentiment de la précarité de l'existence est lié au temps long de l'histoire humaine : accéder à la nourriture, être en capacité de reproduire le groupe humain, échapper aux épidémies, aux catastrophes naturelles sont autant de besoins, à la fois concrets et très subjectifs, à l'origine de peurs qui mobilisent les humains sur la très longue durée.

Examinons l'une de ces peurs de basse intensité mais corrélées à une réelle profondeur historique : les catastrophes naturelles, comprenant tous les éléments attribués à la nature et perçus comme des risques (les températures extrêmes, les sécheresses, les éruptions volcaniques, les séismes, les ouragans, les orages, les pluies torrentielles, et même les passages de comètes et les éclipses solaires et lunaires). L'assimilation de ces événements à des peurs est largement d'origine culturelle : de nombreux passages de la Bible mettant en parallèle des catastrophes naturelles et l'action d'un Dieu vengeur dans l'Ancien Testament ont suscité, en Europe, une **lecture religieuse et parfois apocalyptique** de ces événements sur des populations dès lors terrifiées. Dans son ouvrage essentiel, *La Peur en Occident (XIVe-XVIIe siècles). Une cité assiégée* (1978), Jean Delumeau rappelle combien l'action de la nature et l'idée de châtiment sont liées. Il suffit de penser à l'épisode du Déluge, aux plaies d'Égypte, à l'anéantissement des armées de Pharaon. Le Nouveau Testament comporte aussi quelques scènes marquantes, tel le tremblement de terre au moment précis de la mort du Christ ou encore le naufrage de Paul en Méditerranée. Le sens de la peur change toutefois : il ne s'agit plus de châtier mais d'éprouver le chrétien dans sa quête du salut. Cette évolution fait des aléas climatiques des signes que les femmes et les hommes du Moyen Âge et de la Renaissance tentent de décrypter. Jusqu'au milieu du XXe siècle, les sociétés rurales en Occident organisent des prières publiques ou des processions pour conjurer le risque d'orage, de grêle, de sécheresse ou de tout autre aléa préjudiciable aux récoltes et au bétail. Dans tous ces exemples, la peur de la catastrophe naturelle est donc associée à la présence agissante d'une autre dimension, qui vient sanctionner ou prévenir l'humanité. Il n'est ici pas question de prévision, car ce serait prétendre connaître les desseins de Dieu. Or, en ne cherchant pas à prévenir les catastrophes naturelles (à l'exception notable des inondations cependant) et en les affectant à une cause « sur-naturelle », les groupes humains s'exposent à une peur existentielle et pérenne, qui se transforme en terreur lorsque de tels événements surgissent.

Un changement de paradigme intervient cependant au siècle des Lumières, avec un cataclysme tout de suite considéré comme majeur en Europe et dans l'espace atlantique : le **tremblement de terre** (ressenti jusqu'en Allemagne !) **suivi d'un immense raz-de-marée à Lisbonne en 1755**. La peur se diffuse alors très vite dans toute l'Europe de l'Ouest. Une polémique s'engage aussitôt sur la cause de cet accident : intervention divine, maléfique, ou origine naturelle et mécanique ? D'Holbach n'hésite pas à généraliser en expliquant que toutes les catastrophes sont naturelles, c'est-à-dire le produit de causalités naturelles. Ce point de vue, alors radical, est pourtant isolé : Voltaire est ainsi plus nuancé et s'inscrit dans le sillage des idées de la théologie naturelle, voyant dans la beauté comme dans les accidents et les incongruités de la nature le spectacle de l'étendue de la Création. La peur se transforme alors en fascination pour la nature, parce que celle-ci provoque le sentiment du sublime, même si le danger n'est jamais loin : les œuvres picturales de deux des plus grands peintres romantiques de la première moitié du XIXe siècle, Caspar David Friedrich (1774-1840) et William Turner (1775-1851), en témoignent assez, avec par exemple *La Mer de glace* (1823-1824) pour le premier et *Tempête de neige en mer* (1842) pour le second. Les travaux de Buffon (1707-1788) puis de Humboldt (1769-1859) recentrent la question des catastrophes naturelles sur la seule vie biologique de la Terre : cette évolution contribue à intensifier la peur car, **désormais, l'Homme ne peut plus faire usage de pratiques dévotionnelles pour contrer ou atténuer les catastrophes naturelles**. La peur se développe ainsi au fur et à mesure des théories et des découvertes scientifiques : les potentialités naturelles rendent la menace présente partout et peu prévisible. Les idées d'évolution et d'extinction des espèces, à la suite des travaux de Charles Darwin, accroissent encore la peur : l'espèce humaine court le risque, comme toute autre espèce, de disparaître, sous l'effet des catastrophes naturelles. La seule différence réside alors dans cette conscience du danger.

La science semble donc concourir au catastrophisme, et l'ignorance ne rassure pas plus. Certes, l'objet de la peur s'est déplacé de Dieu vers la Nature, mais sa présence demeure et la persistance des rites propitiatoires dans toutes les civilisations face aux aléas climatiques témoigne de cette peur existentielle, néanmoins de basse intensité car étendue sur la très longue durée.

B. La civilisation de la peur

Si certaines peurs traversent les âges de l'humanité, d'autres trouvent leur profondeur historique dans la présence continuée sur une durée plus ou moins longue d'un **ensemble de crises qui contribuent à diffuser l'angoisse au sein de la société et à donner à la peur une forme idéologique**. C'est la thèse de Jean Delumeau pour lequel, du XIVe au XVIIe siècle, la civilisation occidentale a traversé une phase de malaise et d'angoisse collective en raison des nombreuses épidémies, guerres, dissensions et des multiples troubles politiques et religieux, ainsi que du vertige occasionné par la menace turque et l'élargissement des horizons de l'Europe vers l'Amérique, l'Afrique et l'Asie.

Les travaux de Denis Crouzet sur les Réformes et les guerres de Religion au XVIe siècle ont confirmé l'intensité de ces angoisses, qui se transforment en un véritable effroi et une peur panique qui explique en bonne part les massacres et, surtout, la sauvagerie qui s'y manifeste, notamment lors de la Saint-Barthélemy, le 24 août 1572. Face à la multiplication des peurs et à la possibilité angoissante de la fin des temps et du Jugement dernier, les réponses n'ont pas calmé les esprits, bien au contraire. Des « *pastorales de la peur* » – l'expression de Jean Delumeau se rapporte aux discours des ecclésiastiques censés éclairer la société – sont en effet proposées aux fidèles : elles ne font que changer la nature de la peur, en la faisant passer d'une angoisse diffuse à une terreur effective. Comme l'indique le sous-titre de cette œuvre maîtresse, l'Europe catholique se vit comme une « cité assiégée », ce qui implique une mobilisation absolue des corps et des esprits. Il faut que chacun se mobilise contre le diable, le péché, l'hérésie et l'enfer. D'où des **actes d'inversion de la peur, en la retournant contre l'hérétique** pour la plus grande gloire de Dieu et en utilisant des âmes innocentes : c'est le sens de l'étude de Denis Crouzet dans *Les Enfants bourreaux au temps des guerres de Religion* (2020), pour lequel, face à la spirale terrifique du déferlement de l'hérésie et du péché, mobiliser dans le cadre de la violence collective et ritualisée des enfants incarnant une pulsion mystique permet de donner du sens à la peur vécue et transfigurée dans le massacre et la déshumanisation du corps de l'hérétique.

Jean Delumeau ne s'est pas contenté d'une approche religieuse et anthropologique de la peur. Il a élargi le spectre de son étude de la peur à l'ensemble des considérations de la vie, dégageant sa portée idéologique dans l'émergence d'une nouvelle société à la fin du Moyen Âge. Au milieu du XIVe siècle, l'Europe connaît un retournement de conjoncture (peste noire, repli agricole, mauvaises révoltes) qui entraîne des révoltes urbaines et rurales, ravive les guerres (notamment la guerre de Cent Ans). Au même moment, l'Église se déchire entre plusieurs papes (le Grand Schisme) et les Ottomans gagnent du terrain. La Réforme, impulsée par de grands réformateurs (Luther, Calvin), la progression de l'Empire ottoman jusqu'à la bataille de Lépante (1571), les guerres de Religion en Allemagne puis en France, la création de ghettos pour les juifs, la chasse aux sorcières dans plusieurs régions (Lorraine, Pays basque...), les tensions sociales et le début du renfermement de l'élite nobiliaire sur elle-même (lois somptuaires en France, principe de la « pureté de sang » en Espagne...), la présence de rois mineurs (à l'occasion des règnes desquels un passage de l'Ecclésiaste, livre de l'Ancien Testament est rappelé : « *Malheur à toi, pays dont le roi est un enfant* ») sont autant de manifestations de la peur panique au XVIe siècle.

Tous ces éléments démontrent que la peur atteint une intensité inédite et que **les réponses qui lui sont opposées tendent à confirmer les populations dans leurs terreurs en développant des politiques de la peur** : exclusion des juifs, des femmes, de tout ce qui représente l'Autre ; destruction totale de l'hérétique, réassurance par les pastorales de la peur, encadrement plus strict par l'État et par l'Église. La peur devient ainsi la base d'une idéologie de l'angoisse irrationnelle qui ne trouve ses limites que dans le développement, à partir du XVIIe siècle, de la raison dans l'espace politique, social et culturel.

C. La peur de l'Anthropocène

Les socialistes utopiques du XIXe siècle (Charles Fourier, Pierre Leroux) sont les premiers à voir dans l'action humaine dévastatrice l'origine des peurs qui agissent sur l'Homme. Mais c'est surtout au XXe siècle que la peur des pratiques développées par l'Homme atteint une intensité qui porte la peur jusqu'à la terreur. Il faut ainsi penser à la célèbre expression du poète Paul Valéry écrivant, au sortir de la Première Guerre mondiale : « *Nous autres civilisations, nous savons maintenant que nous sommes mortelles* », signe de l'angoisse créée par l'entrée dans la guerre moderne et appelée à se maintenir et à se développer bien au-delà. Il faut surtout ne pas oublier les traumatismes produits par la découverte d'Auschwitz et la bombe d'Hiroshima (1945), la conquête spatiale et en particulier l'alunissage de 1969, le retour des crimes contre l'humanité au Cambodge (1975-1979), en Bosnie (1992-1995) et au Rwanda (1994), les attentats du 11 septembre 2001, ou encore l'actuelle pandémie de la Covid-19 (cette dernière étant bien plus aisément diffusée avec la mondialisation). D'autres angoisses non moins importantes sont le résultat d'une lente dégradation des relations entre l'Homme et la planète, qui aboutit aujourd'hui au changement climatique. Il en est de même pour les rapports entre l'Homme et la technologie, faisant craindre désormais une humanité subordonnée à l'Intelligence artificielle.

L'historicisation de cette prise de conscience de l'humanité comme force agissant de manière irréversible sur la planète, à l'instar d'une force géologique, a été nommée « Anthropocène », c'est-à-dire « âge de l'Homme » en 2002, par Paul Crutzen, un spécialiste néerlandais de l'atmosphère, prix Nobel de chimie en 1995. Celui-ci voit dans l'Anthropocène une nouvelle ère succédant à l'Holocène (la période tempérée suivant la dernière glaciation). Le terme présente le mérite d'éviter la focalisation sur le seul changement climatique pour inclure toute la diversité des phénomènes significatifs de l'emprise humaine sur la Terre, avec la gestion de l'eau, l'extinction des espèces et les atteintes à la biodiversité, la surexploitation des ressources et la pollution qui en découle, et ce, dans la longue durée de l'époque géologique. **Car les peurs induites par toutes ces questions ne relèvent plus désormais d'une simple crise, par définition passagère, mais traduisent une inflexion majeure dans l'histoire de l'humanité.**

La définition de l'Anthropocène pose deux problèmes :

1) Le commencement demeure débattu entre une version minimaliste, avec une grande accélération de la consommation (notamment des énergies fossiles) et de la croissance démographique à partir de 1945, une version médiane centrée sur un basculement de valeurs autour du progrès, de la science et de la consommation au XVIIIe siècle, et une version maximaliste faisant démarrer l'Anthropocène avec la maîtrise du feu et de la chasse.
2) La responsabilité des peurs induites par la destruction progressive et de plus en plus accélérée du milieu demeure débattue : faut-il faire porter la faute – et donc la peur – sur l'ensemble des humains ou se concentrer sur les principaux exploitants et pollueurs (États et entreprises, notamment les compagnies charbonnières, pétrolières et gazières du Moyen-Orient, de Chine, des États-Unis et de la Russie, responsables de 25 % des émissions de CO_2 dans le monde) ?

Néanmoins, l'Anthropocène comporte un intérêt réel dans la mesure où il met en parallèle la puissance de l'humanité et la conscientisation par cette même humanité des conséquences néfastes induites par cette puissance. C'est le vertige de celle-ci qui est à l'origine des peurs et des angoisses actuelles sur le devenir de la planète et de l'humanité. **L'utopie d'une planète qui serait entièrement maîtrisable et maîtrisée trouve ainsi sa limite.** Les discours écologistes insistent d'ailleurs sur le fait que la puissance de l'Homme s'est retourné contre lui, créant la possibilité d'un effondrement de la civilisation à moyen terme, en évoquant notamment les migrations climatiques qui devraient résulter de la hausse généralisée du niveau des mers et des océans, et de l'avancée des déserts. De tels discours suscitent logiquement une peur qui peut aller jusqu'à la panique généralisée lorsque la dénonciation de l'activité humaine prend une tournure apocalyptique. La tendance à la « collapsologie » n'est cependant pas neutre : elle se rapporte à un mode de pensée fondé sur la radicalité idéologique qui appelle à la subversion complète de la société – et d'abord pour des raisons politiques. Néanmoins, avec la répétition des catastrophes naturelles et l'observation des dysfonctionnements dans la saisonnalité du climat, les médias contribuent par la seule réitération des informations à établir une « écoanxiété », qui se traduit par une nostalgie d'un passé fantasmé, la honte réelle ou imaginée d'être « co-responsable » de la peur ambiante, et par le risque d'une fragmentation de la société entre une génération consciente mais peu agissante, et une autre génération qui a intégré le changement climatique dans son mode de pensée, qui veut agir, contre les pouvoirs en place, ou qui attend l'effondrement civilisationnel pour reconstruire le monde.

2 Le temps court de la peur panique

A. La peur des révolutions

La révolution peut être politique, technologique, scientifique, économique, sociale ou culturelle. Dans tous les cas, elle se caractérise par sa soudaineté, qui laisse la société ébahie, fascinée ou apeurée, car elle vise un bouleversement total, global et irréversible. Plus que la « disruption » ou la révolte, **la révolution engage l'ensemble d'une communauté dans un devenir commun : elle est par conséquent à l'origines d'angoisses et de peurs collectives**. Trois exemples peuvent être considérés : la Révolution française, la révolution industrielle et la révolution numérique.

Dès les premières journées révolutionnaires de 1789, la **Révolution française** est synonyme pour ses acteurs comme pour ses observateurs de ferveur mais aussi d'effroi et de panique. La « Grande Peur » de l'été 1789 constitue un premier signal de l'importance de l'irrationnel, par la crainte d'un complot de la noblesse (imaginaire) et la destruction (bien réelle) de châteaux pour parer au prétendu complot. Puis ce sont les fêtes révolutionnaires, qui suscitent l'allégresse avec les lanternes, les chansons, les nouvelles formes de sociabilité ; mais qui ont bien souvent comme objectif de faire rendre gorge aux ennemis. Il n'est ainsi pas rare de voir défiler une population joyeuse et tonitruante… avec des têtes fichées au bout de piques, comme le 14 juillet

1789. **Il ne faut cependant pas confondre les accès de violence avec la peur. Ce sont des émotions, parmi lesquelles se trouve la peur, qui suscitent des avancées révolutionnaires** ; lesquelles peuvent, le cas échéant, comporter une part de violence. La peur précède donc la violence plutôt que l'inverse. Ce principe se vérifie lors de la Terreur (1793-1794). Le gouvernement révolutionnaire, confronté à une multiplicité de bruits et de rumeurs sur des ennemis de l'intérieur (Vendéens royalistes, Girondins favorables au fédéralisme) et sur l'avancée des ennemis de l'extérieur (les monarchies coalisées contre la France révolutionnaire), s'enfonce dans une posture irrationnelle de peur du complot, imaginaire ou réel. La loi des Suspects (un décret voté par la Convention le 17 septembre 1793) en est la transcription législative ; elle est supprimée par le Directoire en octobre 1795. Dans ce cas, la peur panique a conduit les députés et les membres du Comité de salut public à prendre des décisions radicales permettant d'emprisonner quiconque est suspect, quel que soit le bien-fondé de l'accusation. La peur guide l'action politique ; cette dernière débouche ensuite sur des violences (l'estimation ancienne de 35 000 à 40 000 victimes exécutées ou massacrées sert de repère mais est aujourd'hui révisée à la baisse) qui, *a posteriori*, justifient l'expression de « Terreur » et expliquent les peurs et les fantasmes politiques projetés sur cette période.

Focus

UN TÉMOIGNAGE DE L'ATMOSPHÈRE PANIQUE SOUS LA RÉVOLUTION FRANÇAISE

« On ne rêve que meurtres, incendies et brigandages. Lorsque la main de la vérité trace d'un crayon lugubre les scènes sanglantes de la plus épouvantable des tragédies, un cri funèbre s'éveille au fond de tous les cœurs sensibles [...] ; il appelle le burin de l'histoire pour graver en traits de sang l'affreux chapitre qui doit les transmettre à la postérité. Restez précieux, réchappés aux hécatombes révolutionnaires, hommes vertueux que le fer assassin a respectés [...], saisissez aujourd'hui votre plume et vos pinceaux, et, d'un concert unanime, formons ensemble une masse de portraits dont l'ensemble présente, enfin, à un peuple bon, mais abusé, l'immense tableau de forfaits [...] que des hommes-tigres, disséminés sur le sol entier de la France, ont accumulé sur leurs têtes coupables. »

Jacques Cros de Rochefort, *Mémoires de ma détention pendant le règne de la Terreur*,
cité par Sylvie Mouysset, « "Silence de mort et craintes extrêmes".
La peur en son for privé à l'époque révolutionnaire »,
Annales historiques de la Révolution française, n° 373, juillet-septembre 2013, p. 11.

La **révolution industrielle** est un processus étendu du XVIIIe au XXe siècle, qui se décompose en une série de révolutions scientifiques et technologiques qui transforment complètement le rapport au travail, à la valeur, ainsi que les relations politiques et sociales. Une crainte intervient à chaque étape de cette révolution : la machine, sans cesse perfectionnée, va remplacer l'humain et lui faire perdre son emploi. Or l'emploi définit la catégorie sociale et la conscience de classe à ce moment : perdre son emploi, c'est perdre son identité. Le mécontentement se teinte donc d'une peur réelle à l'égard de la machine. Cet imaginaire de la machine destructrice de l'Homme est à l'origine d'un mouvement de protestation né en Angleterre, le luddisme, qui oppose en 1811-1812 des artisans aux manufacturiers, avec un mode d'action très simple : pour éviter que les machines ne « cassent » l'emploi, les artisans cassent les machines. Pour la génération suivante, la peur majeure est celle de prendre le train (la sidérodromophobie !). Les peurs les plus étonnantes s'y retrouvent : peur de la vitesse qui déformerait les organes du corps, peur de maladies provoquées la machine de fer elle-même sur les voies respiratoires… Pour Jean-Baptiste Fressoz, auteur de *L'Apocalypse joyeuse, une histoire du risque technologique* (2012), toutes ces peurs traduisent une **angoisse du progrès qui se répète à chaque seuil technologique franchi**.

Le temps court peut toutefois produire des peurs de plus faible intensité. C'est le cas de la **révolution numérique**. Celle-ci n'est pas une nouvelle révolution industrielle, dans la mesure où les mutations partent moins du secteur productif que de notre mode de vie quotidien. De plus, la digitalisation en marche remodèle moins l'organisation sociale que les comportements individuels. Cette transformation entraîne des craintes objectives sur les emplois, qui sont d'ailleurs plutôt à repenser qu'à supprimer (le numérique entraîne un surcroît de valeur pour les emplois de plusieurs secteurs, dont l'informatique ou la logistique). Comme les autres révolutions, celle-ci suscite tout à la fois l'enthousiasme et l'angoisse : enthousiasme devant les possibilités induites par la connexion, par la possibilité de faire fortune à partir du modèle de la start-up qui a produit quelques-unes des plus grandes fortunes mondiales (Jeff Bezos, Elon Musk) ; angoisse devant la fragmentation numérique qui relègue les territoires et les personnes peu ou pas connectées dans une position subalterne, devant la paupérisation des emplois de plus en plus précaires et déshumanisés. Un mot incarne ces peurs, qui assimilent la révolution numérique au mal : « l'uberisation », symbole d'une rupture de valeur dans le travail, puisque celui-ci existe désormais en dehors du salariat, sans garantie de salaire et sans acquis sociaux – le tout au bénéfice de sociétés qui échappent en grande partie à l'impôt en s'immatriculant dans des paradis fiscaux ou dans des États complaisants. Cette peur est cependant paradoxale, car la révolution numérique correspond d'abord à un ensemble de possibilités technologiques dont les individus se saisissent… ou non. En d'autres termes, celle-ci n'existe que par les usages qui en sont le résultat (travailler autrement, consommer différemment, repenser son rapport aux loisirs, à la socialisation, etc.). **L'objet de la peur se déplace donc de la seule technologie vers la fracture entre deux modes de vie, l'un connecté, l'autre non.**

Actualité **LE VOL DE DONNÉES, UN OUTIL DE DÉSTABILISATION GÉOPOLITIQUE**

« Les téléphones portables du Premier ministre espagnol Pedro Sánchez et de sa ministre de la Défense Margarita Robles ont fait l'objet d'écoutes *"illégales"* et *"externes"*, au moyen du logiciel israélien Pegasus, a affirmé ce lundi le gouvernement espagnol. […]

Selon l'ONG Amnesty International, ce logiciel pourrait avoir été utilisé pour pirater jusqu'à 50 000 portables dans le monde.

Ces révélations surviennent alors que l'Espagne est en proie à une crise entre le gouvernement central de Pedro Sánchez, un socialiste, et les milieux indépendantistes de Catalogne (nord-est de l'Espagne), qui accusent le Centre national du renseignement (CNI, les services espagnols de renseignement) d'espionnage. »

« Pedro Sánchez et la ministre espagnole de la Défense victimes d'écoutes illégales », lejsl.com, 2 mai 2022.

B. La peur de la guerre

La guerre suscite des peurs concrètes : lorsqu'un proche s'engage dans un conflit, le risque de ne pas le voir revenir est bien réel. C'est le douloureux sentiment que les Arméniens d'Arménie et de la diaspora ont eu à subir en 2020 lors du conflit perdu contre l'Azerbaïdjan sur la question du contrôle du Haut-Karabagh. Mais la peur ne s'arrête au seul potentiel mortifère de la guerre dans ce cas puisque, depuis la défaite, la société arménienne est traversée par une profonde angoisse géopolitique : le pays est en effet désormais encerclé par deux États panturquistes (la Turquie et l'Azerbaïdjan) et n'est plus guère protégé par une Russie mécontente des velléités démocratiques de l'Arménie.

Le temps de la guerre est donc un temps de la peur ; mais cette peur ne se limite pas à la seule durée effective des combats. La peur peut ainsi être à l'origine de la guerre, et par conséquent la précéder. Christopher F. Clarck montre ainsi dans *Les Somnambules. Été 1914 : comment l'Europe a marché vers la guerre* (2013) le rôle de la peur dans le déclenchement de la Première Guerre mondiale. Il replace en particulier l'attentat de Sarajevo (28 juin 1914) et les Balkans au cœur du sujet, et invite les lecteurs à prendre conscience du rôle « belligène » du nationalisme fanatique et de la culture de l'assassinat politique en Serbie. Durant le temps de la guerre, la peur est le résultat de la diffusion de la violence depuis le front vers l'arrière : une culture de guerre irrigue l'ensemble de la société. Car l'armée n'est pas imperméable à la société, et les formes de violence et d'angoisse qui la traversent se diffusent rapidement. Mais la peur suscitée chez les civils par les soldats n'est pas immémoriale : elle date du moment où, à l'époque carolingienne (VIIIe-Xe siècles), la société civile a été désarmée au profit des seuls *miles* (hommes de guerre), en raison de la séparation croissante entre clercs et laïcs et du besoin nouveau de spécialisation dans le métier des armes. La peur des soldats est d'abord une peur des soldats mal contrôlés ou, dans des périodes intermédiaires, qui se retrouvent sans solde et se paient sur les tributs infligés aux populations civiles. Les « routiers » désignent ainsi des troupes licenciées entre plusieurs campagnes de la guerre de Cent Ans, qui mettent à rançon des communautés d'habitants sur un territoire situé aux alentours d'une place forte dont ils se sont au préalable emparés. Plus récemment, la désagrégation de l'État libyen après le renversement de la dictature du colonel Kadhafi (2011) a entraîné un phénomène semblable, avec la dissémination des armes et des troupes combattantes, puis, dans un second temps, l'apparition de véritables seigneurs de la guerre qui rendent durable la faillite de tout État en Libye et maintiennent la population dans la peur. L'état de déliquescence du pays est d'ailleurs tel qu'il est devenu impossible de se fier à quiconque, ce qui entretient un climat de guerre civile. La peur n'est plus seulement le fait des pratiques d'un État voisin, de factions précises à l'intérieur du pays ou de soldats désœuvrés, mais devient omniprésente. Or un tel schéma n'est pas singulier ; il se retrouve aussi dans le cas du Liban, où la peur peut provenir d'États voisins (Syrie, Israël), de factions internes (Hezbollah), de la fragmentation du pays (entre les nationaux, les réfugiés palestiniens, les réfugiés syriens), de la faillite des structures politiques, administratives et sociales du pays (catastrophe du port de Beyrouth en août 2020), ainsi que des attentats et des assassinats politiques (explosion du convoi du Premier ministre Rafiq Hariri à Beyrouth en 2005).

La peur de la guerre se définit aussi par sa capacité de projection bien au-delà du temps de la guerre dans la mesure où, parce qu'il s'agit d'une émotion, elle fixe dans les imaginaires des représentations appelées à modeler les comportements, quel que soit par ailleurs le résultat concret de la guerre. Durant l'entre-deux-guerres, la peur d'une nouvelle confrontation avec l'Allemagne est entretenue par un pacifisme militant et très influent sur les différents gouvernements britannique et français. La volonté de tout faire pour éviter de matérialiser l'angoisse présente au sein des sociétés démocratiques est ainsi à l'origine de concessions majeures face au régime hitlérien et du manque de préparation lorsque débute la Seconde Guerre mondiale, le 1er septembre 1939. Un problème assez similaire intervient après 1945 : l'Europe demeure en effet marquée par le souvenir des deux guerres mondiales. C'est pourquoi la crainte d'une guerre atomique dans le contexte de la guerre froide tend à diviser les opinions nationales sur la question de la peur face à ce conflit. Les affiches de propagande suscitées tant par le camp communiste que par le camp capitaliste insistent sans surprise sur des représentations angoissées. Il faut noter que l'objectif n'est pas de tétaniser les populations mais de les mobiliser : **la crainte suscitée par la propagande doit inciter à dépasser la peur en montrant que l'adversaire est le véritable responsable de la peur**. Le discours tenu par le président Kennedy lors de la crise des missiles à l'automne 1962 reprend d'ailleurs ce schéma et fait porter l'origine de la peur nucléaire sur l'URSS, alors que sa propre force de frappe peut produire le même sentiment.

La peur en situation de guerre relève donc aussi et surtout du rapport de force. Pour mieux se prémunir de la peur paralysante créée par un adversaire prompt à produire de la peur afin d'atteindre ses objectifs, une stratégie consiste alors à renverser la mécanique de la peur, c'est-à-dire à faire porter sur l'entité à l'origine de la guerre la responsabilité et les conséquences de la peur. C'est d'ailleurs la position actuelle des États-Unis en Ukraine face à la Russie.

Actualité **LE RAPPORT DE FORCE POUR RENVERSER LA PEUR DE LA GUERRE**

« *"Pour l'amour de Dieu, cet homme ne peut pas rester au pouvoir."* Cette phrase, lâchée fin mars par Joe Biden en référence à l'invasion de la Russie en Ukraine, avait eu l'effet d'une bombe, obligeant le porte-parole de la Maison-Blanche à immédiatement nuancer ces propos. [...] Si depuis Joe Biden n'a pas opéré de nouvelles sorties fracassantes, le président américain n'a pas pour autant adouci son discours envers le Kremlin, insistant sur l'échec stratégique du pays. Loin d'être intimidé par les menaces nucléaires de Vladimir Poutine, [il] a récemment demandé au Congrès une colossale rallonge budgétaire de 33 milliards de dollars pour livrer davantage d'aide militaire à Kiev. »

« Guerre en Ukraine : Joe Biden n'a pas peur d'établir un rapport de force avec la Russie », entretien avec Nicole Bacharan, propos recueillis par Julie Renson Miquel, LExpress.fr, 5 mai 2022.

C. La peur et le totalitarisme

La peur panique et la terreur peuvent enfin être le produit d'une opération politique consciente, intentionnelle, dans laquelle la peur, et plus encore la terreur constituent à la fois le moyen et la fin de l'idéologique. C'est le cas des régimes totalitaires du XXe siècle.

Le totalitarisme repose sur le culte du chef, la présence d'un parti unique, la militarisation de toutes les structures sociales, la création d'un « homme nouveau » et la pratique de la répression par la diffusion de la terreur. Susciter l'effroi sert dans ce cadre trois objectifs :

1) **Accélérer la prise du pouvoir par la subversion de la société**, qui doit éprouver peur et fascination envers le leader en quête de pouvoir (à travers des assassinats politiques, des violences électorales, des démonstrations de force et des discours effrayants, comme dans l'Italie de 1922).
2) **Annihiler toute opposition**, réelle ou imaginaire, au pouvoir en place en empêchant de penser de façon critique et en pratiquant une politique de la peur qui vise à faire du chef le seul outil de « désangoissement », parce que ce chef désigne les objets de la peur et les moyens d'y répondre (par une politique de la victime émissaire, à l'instar des Juifs, des Tziganes, des homosexuels et des handicapés mentaux dans le cas du nazisme).
3) **Obtenir l'obéissance absolue** qui est le fondement de la nouvelle société dans laquelle l'individu n'a aucune place et doit cesser de penser par lui-même pour mieux servir les objectifs de l'État (d'où la constitution d'organisations de jeunesse aptes à formater les cerveaux).

La terreur inspirée par le totalitarisme ne se nourrit pas seulement de grandes démonstrations de force et de répression. **Pour réussir à paralyser la pensée, elle doit s'immiscer au plus profond des esprits, et provoquer un sentiment paroxystique parce que présent partout et à chaque instant.** C'est ce que montrent deux ouvrages essentiels sur la question. Le plus connu est celui de Victor Klemperer qui, de 1933 à 1945, tient un journal dans lequel il décrit, jour après jour, comment une nouvelle langue, la LTI (*Lingua Tertii Imperii* : langue du IIIe Reich) participe au conditionnement de toutes et de tous. Cette langue est expurgée de toute émotion et se veut seulement technique. Dépourvue de tout affect, elle acquiert un caractère vertigineux et épouvantable : l'humain et la machine ne semblent plus faire qu'un. De son côté, dans son ouvrage *Rêver sous le IIIe Reich* (1966, trad. 2002), Charlotte Beradt analyse les centaines de rêves qu'elle a recueillis entre 1933 et 1939. Ceux d'un médecin allemand relevés en 1934 sont significatifs. Il rêve ainsi que les murs de la pièce se sont effondrés, ce qui provoque son effroi. Mais le rêve n'est pas terminé : il croit alors entendre un haut-parleur hurler : « Conformément au décret sur la suppression des murs du 17 de ce mois... » L'épouvante le réveille, ce qui lui permet de noter son rêve. Mais, le lendemain, un autre songe réactive les mêmes angoisses : il rêve en effet qu'il est accusé de noter ses rêves. Un troisième rêve intervient ensuite : le médecin croit vivre au fond des océans ; il se cache et pense rester invisible après l'ouverture publique des appartements du premier rêve. Après ce dernier rêve, il prend conscience de ce qui a suscité le rêve : le Blocwart, c'est-à-dire le surveillant de l'immeuble, premier relais de l'observance de la discipline nazie à l'échelon infra-local, chargé de la distribution des cartes d'alimentation. Or celui-ci a effectivement fait des reproches au médecin (qui n'aurait pas bien pavoisé lors d'un défilé), auxquels ce dernier a tenté de répondre en l'invitant dans ses murs pour boire du schnaps. La peur s'est ainsi bien immiscée au cœur du sommeil, et par extension au plus profond de la conscience du médecin, témoignant de la terreur inspirée dès 1934 par le régime hitlérien. La peur sert donc l'ambition de domination totale d'un système qui terrorise jusque dans les rêves, ne laissant nulle échappatoire à quiconque, puisque la dimension apaisante du rêve semble avoir complètement disparu.

3 La peur aujourd'hui, entre urgence et mémoire

A. La société de l'urgence

La peur est un sentiment qui se vit – presque exclusivement – au présent dans la société globalisée de la fin du XXe et du début du XXIe siècle. Les révolutions, les guerres, les régimes totalitaires semblent aujourd'hui appartenir à une histoire révolue, même si ces trois phénomènes existent toujours. Seulement, ils ne suscitent pas les mêmes régimes temporels. Comment l'expliquer ? La conception occidentale du temps (le temps linéaire), l'intensité et la rapidité des mutations technologiques, scientifiques, politiques, économiques et sociétales ressenties depuis moins d'un siècle, ont jeté les fondements d'une société de l'urgence généralisée, où seul le court terme importe.

Il existe deux grandes conceptions du temps : le temps cyclique et le temps linéaire. Le temps cyclique est par essence réversible et tend au retour vers une origine mythique. Ce temps est sacré car il relie intrinsèquement le passé, le présent et le futur. Chaque manifestation angoissante dans ce temps est vécue comme un signe divin : si la peur y est possible, elle est cependant circonscrite au cadre précis du respect des rites et des prescriptions religieuses. **Le temps linéaire est fondé sur la notion de progrès : le passé y est révolu, le présent vécu et le futur attendu. Il s'inscrit en dehors de toute conscience humaine, car il a une dimension infinie et mathématique.** Certes, des mesures tangibles existent (la minute, l'heure, le mois, l'année…), mais elles sont très subjectives : une heure passée dans un transport en commun et une heure passée au cinéma n'ont pas la même résonance. Les émotions ressenties dans ce cadre sont donc susceptibles d'être plus intenses.

Surtout, le temps linéaire est un temps qui se pense au présent : un présent quantifiable et qui fait l'objet d'une gestion économique. Les ambitions d'une société comme celles d'une organisation peuvent donc être mesurées au présent : on parle alors d'« optimiser le temps de travail », de « réaliser des gains de temps », de supprimer autant que possible « les pertes de temps ». Ainsi s'immisce le sentiment de l'urgence. Celui-ci caractérise désormais le rythme temporel de toutes les structures : l'aléa, l'accident, la panne y sont d'autant moins acceptés et prennent par conséquent tout de suite une ampleur inédite. Tout doit être traité dans l'urgence : les industries fonctionnent avec un stock de matières premières et de produits finis réduit au minimum ; les entreprises de la logistique ont réduit les délais de livraison d'une semaine à quelques heures en seulement quelques années (ce qui nécessite une organisation du travail repensée en profondeur) ; les données doivent pouvoir circuler de façon instantanée avec Internet et les réseaux sociaux. **Chaque moment gagné sur le temps, même bref, devient un objet de compétition et, par conséquent, de stress et d'angoisse.** La crainte de perdre du temps diffuse ainsi un sentiment latent d'angoisse dans une société de plus en plus éloignée de l'idéal de l'*otium* de la société romaine, sur lequel Sénèque a écrit un éloge, *De l'oisiveté* (entre 62 et 65) et dont il traite dans son traité *Sur la tranquillité de l'âme* (entre 49 et 62).

La société de l'urgence est plus largement celle de la sensation forte, dans laquelle chaque instant doit être le plus intense possible. Les sentiments les plus extrêmes y trouvent une place de choix : l'enthousiasme, la colère, la fascination… et la peur, qu'il s'agisse de l'angoisse ou de la frayeur. Cette situation se mesure par exemple à travers l'évolution de la télévision à la fin du XXe siècle. Les formats des émissions ont en effet été bouleversés par un double impératif : être plus percutant et occuper *« tout le temps de cerveau disponible »*, pour reprendre l'expression du président-directeur général du groupe TF1 Patrick Le Lay en 2004. Dans le domaine du divertissement, la chaîne MTV a servi de modèle dans la décennie précédente en proposant des formats très courts – et pas seulement parce que les clips musicaux ne dépassent pas quelques minutes. Dans le domaine des actualités, l'essor des chaînes d'information en continu suit le même principe : il faut informer instantanément, en traitant dans et par l'urgence les faits considérés comme susceptibles d'intéresser l'opinion publique. Le modèle, d'abord développé par CNN, s'est diffusé dans l'espace mondial avec la guerre du Golfe (1990-1991), sans doute le premier conflit à avoir été relayé en direct par les médias. Il n'est pas anodin que ces mêmes chaînes d'information en continu soient maintenant accusées, dans le contexte de la double angoisse terroriste et épidémique, d'attiser l'angoisse et d'entretenir un climat de peur panique au sein de la population. Le format de ces chaînes rend en effet très peu lisible la hiérarchie de l'information et rend presque impossible son analyse à froid. La tentative de réponse qui y a été apportée en développant les interventions de chroniqueurs ne change rien, car cette multiplication des prises de parole ne fait que brouiller le seuil entre l'information factuelle et l'opinion, nécessairement sujette à caution.

La surabondance d'émotions caractéristique de cette société de l'urgence n'est pas restreinte au seul domaine médiatique : toutes les organisations sont concernées. Le monde du sport l'illustre donc sans surprise, tant pour les sportifs qui sont poussés à réaliser des performances toujours plus incroyables (il est possible de penser aux « Trois Grands » : Federer, Nadal et Djokovic) que pour l'économie du sport (l'inflation des droits de diffusion des matchs est telle qu'elle entraîne la faillite de Mediapro en 2020 et des tensions judiciaires entre BeIn Sports et le groupe Canal+ en 2021). Dans tous les domaines, la société de l'urgence fait de l'excès la norme : le « toujours plus » devient un devoir assigné à l'individu soucieux de sa distinction sociale comme à l'entreprise désireuse de s'attirer les bonnes grâces de ses actionnaires.

B. Le basculement dans le présent perpétuel

Pour comprendre comment la peur se vit aujourd'hui dans le seul présent, il faut recourir aux analyses de François Hartog, à l'origine du concept de « présentisme ». L'auteur le définit comme une **obsession pour le présent, sans mémoire ni perspective d'avenir,** qui caractérise la société depuis le dernier tiers du XXe siècle. Dans son ouvrage *Régimes d'historicité : présentisme et expériences du temps* (2003), il le qualifie de « *présent massif, envahissant, omniprésent qui n'a d'autre horizon que lui-même, fabriquant quotidiennement le passé et le futur dont il a, jour après jour, besoin* ».

La pandémie de la Covid-19 fournit à François Hartog un cas d'étude du présentisme. Il décrit la période qui s'est ouverte début 2020 comme « *l'hystérisation présentiste et d'abord le triomphe de l'urgence* » en raison de la nécessité de répondre à la peur panique mondiale, qui débouche sur un état d'urgence sanitaire quasi généralisé. Mais en traitant par le présent perpétuel la pandémie, les gouvernements s'exposent à un écueil majeur : le retard. En déconnectant le passé du présent, la question de l'anticipation (des stocks de masques, de la recherche médicale...) revient sur le devant de la scène, d'autant que, suivant l'adage attribué à Adolphe Thiers (président de la République française, 1871-1873), « *gouverner, c'est prévoir* ».

La peur qui s'est diffusée au printemps 2020 est ainsi liée à plusieurs objets :

1) la progression de la pandémie et le lourd bilan humain qui suit ;
2) la décision du confinement qui suspend la société à un « après » rêvé mais impossible à mettre en œuvre du fait de l'état d'urgence sanitaire ;
3) l'incapacité du gouvernement à tenir un discours cohérent ;
4) la présence de deux discours parallèles, l'un politique, l'autre scientifique.

Dans le contexte d'une urgence poussée chaque jour plus avant, avec la répétition dans les médias des données médicales et de l'annonce des retards dans la prévention puis la vaccination, la seule réponse à l'urgence a été le présentisme avec, d'une part, l'accélération et, d'autre part, la suspension du temps. L'accélération s'est manifestée dès les premières réactions à la pandémie, avec notamment le vote de l'état d'urgence sanitaire par le Parlement le 23 mars 2020, qui doit permettre d'agir plus vite face à l'évolution de la situation épidémique. Mais l'accélération est entrée en conflit avec l'autre caractéristique du présentisme : le « *just in time* », un précepte économique, qui dans le domaine de la santé s'est traduit par une pénurie de masques et de respirateurs. L'urgence et le retard fonctionnent donc ensemble dans un temps dominé par le virus. La seule solution alors restante est celle de suspendre le temps pour, sinon reprendre la main, du moins espérer rattraper le retard, avec le confinement. Le freinage, sous forme de suspension du temps, est donc adopté pour répondre à l'accélération. **Il ne s'agit plus de répondre à la peur, mais de la suivre en espérant la rattraper.**

Le présentisme est aussi à l'origine de l'apparition précoce de l'idée de résilience, contenue dans la notion de « monde d'après », qui a été évoquée dès le début du confinement du printemps 2020. Cette situation ne manque pas de paradoxe : il est en effet étonnant de parler de résilience alors que l'étendue de l'angoisse existentielle et de la panique n'a même pas été mesurée ni réellement perçue à ce moment. Mais il s'agit là sans doute de l'autre visage de la peur : celle qui pousse les humains à se dépasser et à créer de nouvelles formes de vivre ensemble.

C. La mémoire de la peur

Parce qu'elle s'adresse autant aux individus qu'à la communauté nationale et qu'elle pourvoit à l'identité, la mémoire continue d'exercer une influence majeure dans la société. Elle procède de logiques rationnelles (célébrer un anniversaire), imaginaires (commémorer la fin de la Première Guerre mondiale alors que celle-ci appartient désormais au passé puisqu'il n'existe plus de soldats survivants) ou franchement irrationnelles, qui se rapportent à l'inconscient (se remémorer tel souvenir d'enfance plutôt que tel autre).

Mais il faut préciser d'emblée de quelle mémoire il est question. Deux catégories de mémoire se trouvent en effet liées aux quatre principales émotions ressenties (la joie, la tristesse, la colère et la peur) : la mémoire biologique et la mémoire sociale. **La mémoire biologique est la manifestation de la perception d'un danger par le cerveau.** Pour les neurobiologistes, des traces des peurs passées restent dans le cerveau, au niveau de l'hypothalamus. Cette découverte laisse entrevoir la possibilité de soigner autrement que par la psychanalyse ou l'hypnose les peurs pathologiques.

La **mémoire sociale**, ou mémoire collective, est un concept mis en lumière par Maurice Halbwachs, qui réunit les représentations du passé qu'un groupe partage pour assurer sa cohésion sociale. C'est elle qui est à l'origine des peurs collectives ; mais c'est également elle qui rend possible la mise à distance de ces mêmes peurs par un processus mémoriel de réassurance, la commémoration. Cette activité se définit comme la **prise en charge par la collectivité du souvenir d'un événement ou d'un phénomène ayant donné lieu à une peur intense et à un traumatisme avéré pour l'identité du groupe**. Commémorer revient alors à ritualiser la peur et le traumatisme pour les transcender et, *a minima*, pour contrer la peur de l'oubli, qui est en réalité une peur de la perte de l'identité du groupe social. La peur de l'oubli se vérifie lors de certaines commémorations, à l'image des célébrations organisées pour le soixantième anniversaire du débarquement de Normandie le 6 juin 2004, à un moment où les acteurs directs de ce tournant dans la Seconde Guerre mondiale commencent à disparaître. Pour Jean Delumeau, commémorer est un acte répondant d'ailleurs à « *la civilisation de la vitesse qui nous emporte dans une course sans cesse plus rapide et paraît, comme un torrent, balayer sur son passage les repères qui semblaient les plus solides* » (Préface à la brochure sur les célébrations nationales de 2002).

Fiche de lecture

Jared Diamond, *Effondrement. Comment les sociétés décident de leur disparition ou de leur survie*

Gallimard, 2006.

Jared Diamond, biologiste de l'évolution, a mené des recherches sur l'écologie des oiseaux dans le bassin Pacifique, ce qui l'a amené à s'intéresser au changement climatique et à s'orienter vers la géographie. Cet ouvrage, au succès mondial et accessible à un large public, repose sur une thèse dont l'auteur décrit le principe : l'effondrement de certaines sociétés serait le résultat d'une destruction (le plus souvent involontaire) de leur environnement, combinée à d'autres facteurs. Pour l'auteur, l'effondrement désigne « *une réduction drastique de la population humaine et/ou de la complexité politique/économique/sociale, sur une zone étendue et une durée importante* » (p. 15). Cinq facteurs lui apparaissent essentiels : 1) les dégâts environnementaux ; 2) un changement du climat ; 3) l'animosité des voisins ; 4) des rapports de dépendance avec d'autres acteurs des échanges commerciaux ; 5) les réponses apportées par la société à ces problèmes.

L'auteur s'attarde en particulier sur les sociétés du passé effondrées : l'île de Pâques, les îles Pitcairn et Henderson, les Indiens Anasazi, les Mayas et les Vikings installés au Groënland. Il met l'accent sur la déforestation et sur l'érosion des sols – des caractéristiques récurrentes. Le propos prend ensuite des accents plus apocalyptiques, avec la convocation de catastrophes contemporaines (le génocide du Rwanda, la situation d'Haïti, l'environnement en Chine, l'exploitation des sols en Australie). Le dernier chapitre fait cependant passer le lecteur de la peur panique à la peur latente puisqu'il revient sur le cas des Pays-Bas, qui vivent sous la menace permanente de la mer, mais qui lui donnent des raisons de conclure par un optimisme prudent sur la capacité humaine à comprendre que la survie dépend des autres et que les réponses aux crises demandent à se décentrer par rapport à sa propre société.

Traité d'histoire des catastrophes envisagées du point de vue de la collapsologie ou tentative nuancée d'alerter sans trop apeurer la société mondiale ? Jared Diamond se contente d'analyser des effondrements passés et ne se risque à des recommandations qu'à la toute fin de son ouvrage…

Citations

« Les riches qui règnent sur une société en voie d'effondrement s'achètent seulement le privilège d'être les derniers à mourir de faim. »

« Ne commettons pas l'erreur de penser que l'échec est un risque réservé aux petites sociétés périphériques vivant dans des contrées fragiles ; les Mayas nous prouvent que les sociétés les plus avancées et les plus créatives peuvent aussi s'effondrer. »

« On se prend à imaginer ce que put être l'état d'esprit du Pascuan qui abattit le dernier palmier au moment précis où il l'abattait. Comme les forestiers modernes, s'est-il écrié : "Du travail, pas des arbres !" ? Ou : "La technologie va résoudre nos problèmes, il n'y a rien à craindre, nous trouverons des substituts au bois" ? Voire : "Nous n'avons aucune preuve qu'il n'existe pas de palmiers ailleurs sur l'île de Pâques, il faut chercher encore, votre proposition d'interdire la coupe des arbres est prématurée et n'est motivée que par la peur" ? »

« D'autres échecs s'expliquent par le "comportement irrationnel", c'est-à-dire le comportement dommageable non plus à certains ni à la majorité mais à tous. Un tel comportement irrationnel survient souvent quand chacun, individuellement, est travaillé par un conflit de valeurs : on veut ignorer un mauvais statu quo parce qu'il résulte de l'application des valeurs auxquelles on tient profondément. »

« Aujourd'hui comme par le passé, les pays qui subissent une pression environnementale ou démographique, ou les deux, sont menacés d'avoir à subir une pression politique et de voir leur gouvernement s'effondrer. »

« Ainsi, du fait même que nous suivons de plus en plus cette voie non durable, les problèmes mondiaux d'environnement seront bel et bien résolus du vivant de nos enfants. La seule question est de savoir si la solution ne sera pas trop désagréable, parce que nous l'aurons choisie, ou désagréable, parce qu'elle se réglera sans que nous l'ayons choisie par la guerre, le génocide, la famine, les épidémies et l'effondrement des sociétés. Autant de phénomènes endémiques au cours de l'histoire de l'humanité, mais dont la fréquence augmente avec la dégradation de l'environnement, la pression démographique, ainsi que la pauvreté et l'instabilité politique qui en résultent. »

CHAPITRE 4

La peur, une émotion pour gouverner et faire société

« Celui qui contrôle la peur des gens devient le maître de leurs âmes. »
Nicolas Machiavel, *Le Prince* (1532).

Débat

Fallait-il avoir peur de l'élection présidentielle française de 2022 ? Posée *a posteriori*, cette question ne semble plus guère avoir de sens. Pourtant, dans les semaines qui ont précédé le premier tour, plusieurs voix se sont émues de la possibilité d'un vote par défaut dès le premier tour du scrutin en raison du niveau particulièrement élevé des intentions de votes en faveur des candidats de l'extrême droite. Si le « vote utile » au premier tour a été combattu avec vigueur par la plupart des candidats, il faut toutefois constater que celui-ci a été opératoire dans l'électorat de gauche, qui s'est finalement exprimé en faveur de Jean-Luc Mélenchon, alors que celui-ci ne faisait pas du tout consensus quelques mois auparavant. Cette situation explique la volonté des trois candidats arrivés en tête de se projeter vers un « troisième tour » qui viendrait, avec les élections législatives, déterminer non une personne mais un gouvernement et, ainsi, déminer la peur précédemment installée. Cette séquence pose donc la question de l'instrumentalisation possible de la peur à des fins électorales et, plus largement, politiques.

Introduction

La portée politique de la peur dévoile toute la complexité et la subtilité d'une émotion qui est aussi, et peut-être surtout, une idée politique essentielle à la compréhension du pacte social et aux pratiques des gouvernants comme des gouvernés. Car la peur ne peut être réduite à sa seule dimension panique, qui viendrait révéler les failles, les blocages et les limites d'un groupe social ou de tel ou tel de ses membres. La peur est profondément ambivalente et ambiguë : elle peut tour à tour, ou tout à la fois, bloquer et dynamiser, faire fuir et rendre courageux, empêcher toute action réfléchie et susciter une réponse volontaire et rationnelle, réduire à l'obéissance et entraîner une résistance. Cette apparente difficulté à saisir le rôle de la peur dans la vie humaine vient de ce que l'analyse de la peur dans la cité demande à comprendre les jeux politiques et sociaux réels inscrits dans l'espace public, dans les imaginaires des acteurs politiques et dans l'horizon d'attente des citoyens. **La peur peut ainsi être positive ou négative selon les pratiques des acteurs et la réception qui en est faite.**

Il apparaît donc essentiel de clarifier le rôle de la peur dans la sphère politique. Cela passe par une approche de la peur en tant que notion centrale de la philosophie politique moderne autour de quelques penseurs, en particulier Machiavel et Hobbes. Cette histoire intellectuelle doit ensuite être rapportée à l'analyse d'un politiste contemporain spécialiste de la peur : Corey Robin. Une fois la peur analysée non plus seulement comme une émotion, mais bien plus comme **une idée à l'origine de véritables idéologies**, il importe d'en examiner les conséquences concrètes que sont les politiques de la peur. Celles-ci sont décrites selon trois perspectives : celles qui ont pour finalité la légitimation d'un pouvoir, celles qui recherchent le consentement d'une population, et celles qui se destinent à servir la société. Cette diversité se retrouve dans la description des visages de la peur dans la sphère politique : gouvernants et gouvernés n'ont alors pas la même approche d'une peur aux multiples dimensions en fonction des régimes concernés. C'est ce constat qui doit, pour terminer, conduire à voir dans la peur **une pédagogie du politique**, c'est-à-dire un moyen de comprendre pourquoi le pouvoir se trouve délégué, et pourquoi, en même temps, il est absolument nécessaire de conserver une véritable vigilance à l'égard du pouvoir.

1 La peur, un concept essentiel de la philosophie politique

A. De la peur naît la vertu politique : pessimisme et réalisme de Machiavel

À un Moyen Âge fait de peurs obscures, les penseurs du XVIe siècle opposent une peur moderne, réaliste et positive au cœur de la Renaissance. **Nicolas Machiavel** (1469-1527) résume sans doute le mieux la nouvelle conception qui, à partir d'une vision réaliste du politique, s'attache à la peur. Dès le début de son maître ouvrage, *Le Prince* (1532), Machiavel indique que son but est de s'adresser à un Médicis, de « *lui apprendre à saisir l'occasion qui se présente à Florence avec l'élection d'un pape Médicis, pour dominer la fortune et fonder un État débarrassé de la domination* ». L'objectif est donc clairement de rétablir l'harmonie au sein de la cité, et non d'y diffuser la terreur. L'originalité de Machiavel est de penser la sphère politique en partant de l'Homme, non pas tel qu'il devrait être, mais tel qu'il est. En cela, *Le Prince* est aux antipodes de *L'Utopie* de Thomas More. De là vient le hiatus dans la réception de son œuvre : il n'y a aucun dessein grandiose dans cette approche ni même une volonté cynique de servir des ambitions tyranniques, mais simplement une volonté de se rapprocher au plus près de la réalité humaine (selon l'ambition humaniste qui définit la Renaissance). La pensée politique devient donc conditionnée par les actions humaines qui, le plus souvent, sont motivées par l'intérêt, le calcul, l'envie, le désir, la lâcheté, la crainte ou la peur. Cette volonté d'assumer pleinement et sans arrière-pensée les calculs et les faiblesses humaines comme nouveaux fondements de l'ordre politique se retrouve de façon explicite dans un autre ouvrage important du même Machiavel, les *Discours sur la première décade de Tite-Live* (vers 1513-1520) : « *Comme le montrent tous ceux qui traitent de la vie civile [...], il est nécessaire que celui qui instaure un État et y établit des lois présuppose que tous les hommes sont mauvais, et qu'ils doivent toujours user de leur malignité d'âme chaque fois qu'ils en ont une libre occasion.* » (I, 3, 1).

Le Prince évoque l'Italie du temps de son auteur : un espace politique composé de républiques et de monarchies, et secoué par des intrigues multiples. Il décrit, de façon pratique, les différents moyens de conquérir les États et d'y conserver le pouvoir ; la manière de former les armées, en évitant autant que possible de recruter des mercenaires ; les pratiques politiques qui peuvent être mises en œuvre selon le contexte et les rapports de force afin de conserver le pouvoir (ce que la postérité désigne du nom de « machiavélisme »). Enfin, la fin de l'ouvrage est destinée à rappeler que la finalité du traité est de parvenir à libérer l'Italie et d'y établir une harmonie politique.

L'ambivalence de la peur est bien présente au cœur de la pensée politique de Machiavel. Celui-ci donne ainsi l'exemple d'un prince, César Borgia, qui se taille une principauté par la conquête en Romagne. Mais le désordre règne dans la région et il envoie l'un de ses lieutenants pour pacifier la région. Ce dernier lance une répression féroce et répand la terreur. César Borgia, soucieux de sa popularité, fait alors arrêter, juger et exécuter le lieutenant pour barbarie envers le peuple. La peur est donc, dans ce cas, détournée par le prince qui en est pourtant à l'origine pour légitimer son pouvoir. Mais la peur se retrouve également à travers la qualité essentielle que doit cultiver le prince de Machiavel : la *virtù*. Ce terme désigne l'intelligence politique, qui vise à être capable, pour un gouvernant, **de distinguer les réalités sur lesquelles il est possible de peser et celles sur lesquelles l'action ne peut pas être efficace**. La peur en politique renvoie donc à l'exercice de la raison. Si la survie du pouvoir et de la cité est mise en jeu, le gouvernant se doit tout autant de ne pas céder à la panique et d'utiliser la peur pour mobiliser toutes les forces disponibles. Ce schéma se retrouve par exemple, bien des siècles après Machiavel, dans la politique de la IIIe République, qui construit un imaginaire de l'Alsace-Lorraine et de l'Allemagne qui a pour conséquence l'adhésion enthousiaste d'une très grande partie de la population au début de la Première Guerre mondiale. Finalement, pour Machiavel, **la bonne peur est celle qui inspire au gouvernant les mesures qui permettent, à travers la conservation de son pouvoir, de garantir la conservation politique de la cité**.

TEXTE CLÉ

La fortune selon Machiavel

« Néanmoins, afin que notre libre arbitre ne soit pas complètement anéanti, j'estime que la fortune peut déterminer la moitié de nos actions mais que pour l'autre moitié les événements dépendent de nous. Je compare la fortune à l'un de ces fleuves dévastateurs qui, quand ils se mettent en colère, inondent les plaines, détruisent les arbres et les édifices, enlèvent la terre d'un endroit et la poussent vers un autre. Chacun fuit devant eux et tout le monde cède à la fureur des eaux sans pouvoir leur opposer la moindre résistance. Bien que les choses se déroulent ainsi, il n'en reste pas moins que les hommes ont la possibilité, pendant les périodes de calme, de se prémunir en préparant des abris et en bâtissant des digues de façon à ce que, si le niveau des eaux devient menaçant, celles-ci convergent vers des canaux et ne deviennent pas déchaînées et nuisibles. Il en va de même pour la fortune : elle montre toute sa puissance là où aucune vertu n'a été mobilisée pour lui résister et tourne ses assauts là où il n'y a ni abris ni digues pour la contenir. »

Nicolas Machiavel, *Le Prince* (1532).

B. De la peur naît la société : la dynamique politique de Hobbes et de Spinoza

L'époque moderne (XVIe-XVIIIe siècles) correspond à une confirmation des vues de Machiavel dans le sens d'une peur positive et créatrice dans le domaine de la pensée politique. L'auteur le plus important est assurément le philosophe anglais **Thomas Hobbes** (1588-1679), auteur des *Éléments de la loi naturelle et politique* (1640), du *Citoyen* (1641) et du célèbre *Léviathan* (1651). Comme Machiavel, Hobbes postule une vision pessimiste de l'Homme à travers l'adage « *l'homme est un loup pour l'homme* ». La défiance générale vient de ce que, dans l'état de nature, les hommes sont égaux en substance et possèdent les mêmes droits. Il leur est donc impossible de reconnaître l'autre, ce qui reviendrait à limiter leur égalité et leurs droits. Cette seule situation justifie une guerre générale. De plus, l'histoire récente donne au postulat de Hobbes une profondeur temporelle : les guerres de Religion ont déchiré l'Europe et semé la terreur. Pour lui, ces guerres ont confirmé « *la guerre de tous contre tous* » qui rend impossible la société, à moins de sortir du schéma de la peur paralysante et de s'inscrire dans un autre schéma, celui de **la peur qui aiguillonne le sentiment et la raison, qui fait prendre conscience de l'intérêt à assurer sa survie en passant par le groupe social et politique**. La peur devient alors une sorte de guide dans l'action qui, seule, permet d'aboutir à un contrat social liant le peuple (en quête de survie) et le souverain (assurant la protection du peuple et la mise en œuvre du pacte). La crainte inspirée par le chaos suivant la guerre de tous contre tous conduit donc, sur un territoire donné, à voir dans l'autre un partenaire plutôt qu'un ennemi, qui a les mêmes intérêts et avec lequel il est possible de partager le contrat social. La seule solution pour éviter la guerre permanente est ainsi de renoncer à une partie de ses droits et de les transférer vers une puissance souveraine dont le nom est emprunté à l'Ancien Testament : Léviathan. Dès lors, en construisant l'État-Léviathan, l'Homme s'humanise car il projette sa part maudite (celle qui le conduit, en l'absence de contrat social, à la guerre civile) dans le Léviathan. Or celui-ci n'est plus, comme dans les temps précédents, une incarnation du bien commun, mais **l'institution qui porte en elle la violence légitime. Le politique devient cette sphère qui transcende la société et en assume la dimension angoissante et terrifiante.** Néanmoins, cet État-Léviathan ne saurait être légitime que s'il fait porter sa violence et la terreur qui l'accompagne sur ceux qui commettent des actes réprouvés par le contrat social et, pour cette raison, qualifiés de « monstrueux ». La conséquence de ce changement de paradigme est la nécessité pour l'État d'obtenir l'obéissance absolue de la société. Celle-ci n'est possible que parce que tous les membres du corps social acceptent d'être terrorisés par une instance plus terrorisante qu'eux, et dont ils ont conscience qu'elle leur permet de survivre.

L'État naît donc d'un pacte lui-même conséquence de la peur. Deux remarques s'imposent à cet endroit : d'une part, cela démontre que Hobbes a bien une conception dynamique et créatrice de la peur qui, loin de se réduire à la seule panique, active un processus rationnel visant à éloigner la violence et la terreur ; d'autre part, cela implique que le pacte, même dicté par la peur, est valable, ce qui revient à légitimer la peur comme un affect politique essentiel. Demeure cependant une question : est-il possible de recourir à Hobbes pour légitimer les politiques de la peur, c'est-à-dire l'utilisation de la peur par un gouvernement visant à rendre normales des mesures qui devraient être exceptionnelles (et dont l'une des finalités essentielles est la conservation de l'autorité) ? Si Hobbes fait de la peur le fondement de l'origine de l'État, son propos le porte à voir dans la peur l'affect qui permet la création de la loi, c'est-à-dire l'ensemble des normes adoptées une fois que les causes de la peur sont connues et, par conséquent, déliées de leur potentiel anxiogène. Il n'est pas question pour lui d'envisager la peur comme un moyen d'immobiliser le corps social, bien au contraire.

Contemporain de Hobbes, **Baruch Spinoza** (1632-1677), philosophe néerlandais rationaliste, décrit également la peur comme un ressort affectif dynamique et ambivalent si la raison ne s'exerce pas au moment de sa réception. Dans son *Traité théologico-politique* (1670), il commence par mettre à part la peur-illusion d'où procèdent la superstition et l'obéissance, et qui rend impossible la liberté. Il distingue surtout dans l'*Éthique* (1677) entre la crainte (*metus*) définie comme « *une tristesse inconstante née de l'idée d'une chose future ou passée de l'issue de laquelle nous doutons en quelque mesure* », et la peur (*timor*) définie comme « *un désir d'éviter un plus grand mal, que nous craignons, par un moindre* ». La peur est donc reliée dans ce cas à l'espoir, lui-même conçu comme « *une joie inconstante née de l'idée d'une chose future ou passée de l'issue de laquelle nous doutons en quelque mesure* ». Spinoza est un penseur du réalisme dans lequel **la peur est une projection temporelle du passé, du présent et du futur, bon ou mauvais**. La peur ou l'espoir sont toujours relatifs, car chaque certitude est subjective (l'avare désire la richesse et a peur de la pauvreté ; l'ermite fuit la richesse et espère la pauvreté). L'incertitude doit ainsi conduire le sujet à la vigilance, à l'exercice de la raison et à fuir toute superstition, théologique ou politique.

TEXTE CLÉ

La crainte, la peur et l'espoir dans le *Traité politique* de Spinoza

Pour Spinoza, la crainte est au cœur de la tyrannie alors que l'espoir caractérise les régimes fondés sur la liberté, confirmant ainsi l'importance de la distinction entre crainte et peur/espoir. Il s'appuie pour cela sur Machiavel :

[Il a montré] « de quelle imprudence la masse fait preuve alors qu'elle supprime un tyran, tandis qu'elle ne peut supprimer les causes qui font qu'un prince devient un tyran, mais qu'au contraire, plus le prince a de sujets de crainte, plus il y a de causes propres à faire de lui un tyran, ainsi qu'il arrive quand la multitude fait du prince un exemple et glorifie un attentat contre le souverain comme un haut fait. »

[Il a montré] « combien la population doit se garder de s'en remettre de son salut à un seul homme qui, s'il n'est pas vain au point de se croire capable de plaire à tous, devra constamment craindre quelque embûche et par là se trouve contraint de veiller surtout à son propre salut et au contraire de tendre des pièges à la population plutôt que de veiller sur elle. »

Baruch Spinoza, *Traité politique*, V, 7 (1677).

C. De la peur naît l'idéologie sécuritaire : l'analyse de Corey Robin

L'ambiguïté de la peur demeure au cœur de la pensée politique sur la peur. Déjà au XVIIIe siècle **Montesquieu** (1689-1755) adopte une position complexe : s'il évoque la notion de crainte dans les *Lettres persanes* (1721), il utilise plus volontiers celle de terreur – définie comme le mal absolu dont les despotes sont les praticiens – dans *L'Esprit des lois* (1748). Au XIXe siècle, **Tocqueville** (1805-1859) confirme cette inflexion en théorisant l'inquiétude, ancêtre du sentiment d'insécurité, dans laquelle il voit la destinée de tout citoyen. Par la suite, les progrès de la science, la brutalisation des sociétés dans le sillage de la Première Guerre mondiale, l'apparition des idéologies totalitaires, l'entrée dans l'ère nucléaire, la diffusion du néolibéralisme dans un marché mondialisé et le retour du terrorisme confirment la diffusion massive, au moins en Occident, de cette inquiétude sécuritaire.

Cette longue histoire et ses ambiguïtés sont le point de départ de **Corey Robin** dans son ouvrage *La Peur : histoire d'une idée politique* (2004). Il y défend la thèse d'une peur qui fait à ce point système qu'elle est devenue un véritable projet politique, associé au tout-sécuritaire. Pour lui, lorsque « *la guerre contre le terrorisme prendra fin, comme toutes les guerres [...], nous nous retrouverons à vivre encore dans la peur. Non pas la peur du terrorisme ou de l'islam radical, mais celle des dirigeants que la peur aura laissés derrière elle* ». L'ouvrage, qui se veut une histoire intellectuelle de la peur et des pratiques sociales que la peur produit et développe, adopte un parti pris radical : **la peur se suffit à elle-même pour légitimer des constructions politiques**. La toile de fond en est pour l'essentiel une relecture de l'histoire politique des États-Unis, avec quelques marqueurs importants, à l'exemple du maccarthysme (de la fin des années 1940 au milieu des années 1950) et surtout du Patriot Act de 2001. Corey Robin pose la question de ce qui lui apparaît comme un paradoxe : **comment un pays se revendiquant comme un modèle de libéralisme politique peut-il être en même temps le laboratoire d'un système répressif de toute opposition politique grâce à des politiques de la peur ?** Ainsi le Patriot Act a montré l'incompatibilité entre la peur (en tant qu'idéologie politique) et la défense des libertés individuelles. Mais le paradoxe peut tout de même être surmonté pour deux raisons :

1) La peur érigée en idéologie est une construction utile pour un pouvoir en quête de légitimité, car elle paraît plus scientifique que si elle est présentée comme une simple émotion ressentie par les masses.
2) La possibilité de faire de la peur une idéologie ou, au moins, un système politique découle de la longue histoire de la pensée politique qui considère avec sérieux la peur, depuis Machiavel et surtout Hobbes.

Ce livre important a fait l'objet de trois critiques. La première concerne le sous-texte explicite de l'ouvrage, puisque le projet de Corey Robin est bien de fonder une science politique dans laquelle une construction politique pourrait être légitimée en dehors du spectacle de la peur. Cette vision de la peur est donc entièrement négative : il s'agit d'une peur-terreur qui paralyse les gouvernés et laisse agir à leur guise les gouvernants. La deuxième critique rappelle justement qu'une histoire intellectuelle de la peur ne peut faire l'impasse de la peur comme avertisseur salutaire et moteur de survie pour la société et le pouvoir qui détient la charge de protéger cette société. La troisième critique provient de l'auteur lui-même : la politique-spectacle de la peur qu'il identifie à propos de l'Amérique du début des années 2000 s'est rapidement estompée. Elle a même débouché sur une crise du politique, qui s'est ridiculisé dans les outrances apocalyptiques et qui s'est décrédibilisé avec les scandales des prisons de Guantanamo et d'Abu Ghraib. Néanmoins, Corey Robin précise que les infrastructures de la peur mises en place en 2001 n'ont pas été supprimées sous l'administration Obama et demeurent potentiellement efficaces (les services de la NSA et de la CIA sont actifs, la prison de Guantanamo n'a pas été fermée, etc.).

L'apport majeur de Corey Robin reste sans doute le basculement vers **une vision idéologique de la peur** compatible avec l'existence d'un régime démocratique, qui semble avoir pris le dessus sur la peur en tant qu'émotion comme moteur du politique. La présidence Trump en donne un exemple éclairant. Dans une logique politique héritée de Hobbes, **c'est au pouvoir exécutif de dire au citoyen ce qui constitue une menace ou non**. Or, durant cette présidence, le pouvoir n'a pas cessé de désigner à la population des peurs (une « invasion » de migrants latinos justifiant par exemple un mur à la frontière avec le Mexique, une fraude « socialiste » menée par des extrémistes pour falsifier une prétendue victoire électorale après la défaite de 2020, etc.) qui, du fait de leur irrationnalité, ont polarisé la société entre les tenants d'une peur panique et les détracteurs de propos affabulateurs sur des éléments ne constituant pas des menaces pour la société, mais garantissant au contraire les principes démocratiques. Aux confins du spectacle, de l'émotion et de l'idéologie, cette peur s'est vue opposer une peur plus raisonnée, incarnée par le hiératisme de Joe Biden durant la campagne des élections présidentielles, visant à mettre en lumière ce qui ne va pas et à indiquer comment une bonne peur peut mobiliser les électeurs afin de sortir de la peur « trumpiste ».

2 Les politiques de la peur

A. Des politiques pour légitimer un pouvoir

La peur est un moyen mobilisé par des acteurs politiques qui, ne détenant pas le pouvoir et ne pouvant l'obtenir par des moyens légaux ou militaires conventionnels, cherchent à s'en emparer. La finalité de la peur est alors l'affaiblissement des institutions étatiques et l'inquiétude de la population par la diffusion de la terreur sur un territoire donné. Les mouvements terroristes sont d'abord des groupes politiques qui ont choisi la lutte armée et le terrorisme pour créer une situation favorable à une prise du pouvoir (l'État islamique) ou à la création de zones d'influence politique (Al Qaïda, Boko Haram).

Actualité **VIKTOR ORBÁN MISE SUR LA PEUR POUR REMPORTER LES ÉLECTIONS DU PRINTEMPS 2022**

« Dès le début de son meeting à Szekesfehervar, Viktor Orbán se lance dans une attaque en règle contre l'opposition, accusée de vouloir mener le pays à la guerre.

"Dans notre dos, l'opposition a conclu un accord avec les Ukrainiens : si elle gagne les élections, elle commencera dès le lendemain à leur livrer des armes [...]. Et dès le lendemain, elle coupera le gaz venant de Russie. Mais nous ne pouvons pas nous le permettre, nous devons protéger nos intérêts !"

> Dans la foule, Gyula approuve, mais il s'impatiente [...]. *"Dans les pays d'Europe de l'Ouest, il est déjà trop tard, car là-bas, on donne trop de place aux migrants et aux musulmans !"* »
>
> « Élections en Hongrie : le Premier ministre Viktor Orbán mise sur la peur de la guerre », Rfi.fr, 2 avril 2022.

Une situation de guerre plus classique amène inexorablement le développement de la peur parmi les civils et, éventuellement, au sein de l'armée qui se trouverait en déroute. La force armée, voire l'État qui se trouve au-dessus, justifie par sa force militaire et morale la prise du pouvoir. Mais la peur est surtout un ressort psychologique utilisé par les protagonistes des guerres pour démoraliser les soldats sur le front et la population civile à l'arrière. Les crimes de guerre s'inscrivent souvent dans une volonté délibérée de semer la terreur, de manière à hâter la conquête militaire et la réduction à l'obéissance des civils.

Actualité **TERRORISER POUR ANÉANTIR LA RÉSISTANCE EN TEMPS DE GUERRE**

> « La Haut-Commissaire aux droits de l'homme a déclaré dans un communiqué que la peur et l'effroi régnaient dans tout l'Afghanistan, ce qui a poussé les gens à fuir leurs maisons.
>
> Des femmes ont été fouettées et tuées dans les zones envahies par les extrémistes, tandis que des journalistes et des défenseurs des droits de l'homme ont également été attaqués et tués, a indiqué Mme Bachelet.
>
> Lundi, le Fonds des Nations unies pour l'enfance (UNICEF) a fait état d'une escalade rapide des violations commises à l'encontre des enfants en Afghanistan, après la mort de 27 enfants dans le pays au cours des 72 dernières heures, et 136 qui ont été blessés. Mais *"le chiffre réel pourrait être beaucoup plus élevé"*, [...] a déclaré Mme Bachelet. »
>
> « Afghanistan : la cheffe des droits de l'homme de l'ONU condamne les abus alors que l'avancée des Talibans se poursuit », News.un.org, 10 août 2021.

Il faut enfin rappeler un mécanisme de légitimation du pouvoir à travers la diffusion, au sein d'un groupe humain, de peurs réelles ou imaginaires. Celles-ci se présentent sous la forme suivante : a) la certitude de la guerre de tous contre tous ; b) le sentiment de la perte d'identité de la nation à cause d'une prétendue invasion immigrée ; c) le même sentiment issu de la diffusion d'une culture qui paraît détruire la culture nationale ; d) la présence d'éléments travaillant depuis l'intérieur de la société à sa destruction au profit d'une autre puissance. Ces peurs conduisent toutes à la désignation d'une victime émissaire par un acteur qui en retire du pouvoir en incitant la population à lyncher la victime désignée – en l'occurrence : l'auteur supposé de la guerre (a), les immigrés (b), l'Occident (c), et des catégories aussi diverses que les communistes, les juifs, les personnes LGBT (d). **Ce mécanisme légitime l'acteur qui en est le promoteur car celui-ci est vu comme l'homme providentiel**, le seul à même de réduire la peur, tout en étant toutefois celui par qui la peur est constituée et entretenue. C'est un mécanisme qui se retrouve en particulier dans les régimes populistes, à l'exemple de la Pologne, de la Hongrie, de la Turquie ou du Brésil.

B. Des politiques qui visent à obtenir le consentement

Les acteurs politiques développent des politiques de la peur à partir d'idées abstraites susceptibles de créer des angoisses durables au sein de la société. Ces idées sont abstraites car elles ne peuvent faire l'objet d'une représentation concrète immédiate (à l'exemple des différences entre les variants de la Covid-19 ou des motivations théologiques des groupes terroristes islamistes) pour obtenir un consentement sur la longue durée de la population. Celui-ci est cependant recherché afin de permettre la mise en place d'un état d'exception censé abaisser le danger pour la population, le territoire et l'État. Le risque porté par cette situation est de constater la transformation de l'état d'exception en une norme synonyme de réduction des libertés publiques.

Actualité **OBTENIR LE CONSENTEMENT À LA GUERRE EN DÉPLAÇANT LE CHAMP DE LA PEUR**

« Dans son discours du 24 février 2022 fondé sur une longue et minutieuse réinterprétation idéologique et anachronique de l'histoire, Vladimir Poutine a justifié l'invasion de l'Ukraine. Il s'agit selon lui de dénazifier un État qui serait génocidaire, en particulier dans le Donbass.

Combattre le "nazisme" et les nationalistes ukrainiens : ce discours est souvent repris dans les médias russes. [...] Dans une séquence produite par le ministère de l'Éducation russe, un présentateur explique sur un plateau de télévision à une petite fille que le pouvoir ukrainien serait responsable de la mort d'enfants de son âge, dans le Donbass.

"Pendant huit ans, les enfants de ces territoires ont vécu dans des abris anti-bombes ou ont péri. À Donetsk, il y a une 'allée des anges', qui est dédiée à ces enfants morts", lui lance-t-il, comme pour justifier que les militaires russes ne font que défendre les droits de ces populations russophones dans le Donbass. Cette vidéo a été regardée par plus de 5 millions d'écoliers, selon la presse russe. »

« L'œil du 20H : comment la communication officielle russe justifie la guerre en Ukraine », FrancetvInfo.fr, 15 mars 2022.

L'état d'urgence se définit depuis la loi du 3 avril 1955 comme une **mesure exceptionnelle devant répondre à un péril imminent provenant d'atteintes majeures à l'ordre public** (le terrorisme, la pandémie), d'une calamité publique (une catastrophe naturelle majeure). Il donne aux autorités un large pouvoir, ce qui restreint mécaniquement les libertés publiques ou individuelles (à l'image du couvre-feu et du confinement adoptés en réaction aux pics de pandémie). Ce dernier point suscite de fortes réactions au sein de la société civile, auxquelles le gouvernement répond en rappelant que les libertés, quelle que soit leur nature, ne peuvent être placées au-dessus de l'intérêt général, comme l'indique la Déclaration des droits de l'homme et du citoyen. Opposer sa liberté à un état d'exception pose donc problème. La question porte alors sur l'ambiguïté d'un état d'exception qui est potentiellement rallongé sans véritable contrôle citoyen (sinon celui d'un parlement dominé par une majorité proche du gouvernement). Or c'est précisément l'impression qui se dégage lorsqu'on se représente la succession des différents moments exceptionnels en France depuis 2015.

Focus **LES LOIS ÉTABLISSANT L'ÉTAT D'URGENCE EN FRANCE EN 2015 ET EN 2020**

La loi du 20 novembre 2015 intervient la semaine suivant la vague de terrorisme la plus sanglante de l'histoire française : elle vise surtout à rechercher et à poursuivre de la manière la plus efficace possible les terroristes et à prévenir de nouvelles actions sur le territoire national. Face à une menace spécifique, l'état d'urgence repose sur des mesures spécifiques et ne concerne pas la totalité de la population.

La loi du 23 mars 2020 instaure un nouveau régime d'exception avec la notion d'état d'urgence sanitaire afin de donner un cadre légal aux mesures déjà prises depuis début mars (en particulier la décision de confiner le pays). Le dispositif a depuis été renouvelé à plusieurs reprises, au fur et à mesure de l'apparition des variants et des lenteurs de la campagne de vaccination. Néanmoins, cette loi est de plus en plus contestée en raison des restrictions de libertés qui s'adressent désormais à l'ensemble de la population (confinement, couvre-feu, obligation vaccinale, passe sanitaire).

Dans certains cas, des politiques de la peur peuvent reposer **sur la manipulation d'éléments concrets, avec une institutionnalisation de la peur** assumée par l'État ou les organisations économiques et sociales. Cette situation se retrouve notamment dans les régimes totalitaires : ne pas être capable de mettre en œuvre une partie d'un plan quinquennal (dont le contenu est toujours précis et concret) dans l'URSS de Staline revient à être assimilé à un ennemi de l'État, et à encourir des peines de déportation et de condamnation à mort. Dans le régime hitlérien, l'idéologie nazie transforme les objets de la peur. La politique génocidaire est en effet à l'origine d'une politique de la peur à partir d'une banalisation du mal. Chaque citoyen est appelé à dénoncer les ennemis de l'intérieur (communistes, juifs, handicapés, marginaux...) pour ne pas être considéré comme suspect. L'objet de la peur est dans ce cas concret : elle se focalise sur **l'intériorisation de la nécessité de servir le régime et son chef**. Cette logique se retrouve, sans la dimension génocidaire, dans la RDA, au sein de laquelle la Stasi effectue un travail de fichage généralisé de la population. Tout citoyen se retrouve potentiellement dans la situation de devoir consentir aux interrogatoires de la Stasi et de dévoiler la vie privée de ses proches. Si la banalité de ces interrogatoires semble en apparence atténuer la peur, elle révèle surtout la nature de cette politique de la peur : faire accepter un pouvoir.

C. Des politiques de la peur au service de la société

Les politiques de la peur ne peuvent toutefois pas être réduites à la seule dimension de la captation du pouvoir et de sa manipulation au détriment de la population. Lorsque ces politiques sont assumées au nom de l'efficacité et du service de l'intérêt général, elles peuvent être assimilées à une demande de vigilance du pouvoir aux citoyens. La peur dans ce cas est pensée comme un **moyen de production de la mobilisation citoyenne**. L'exemple le plus explicite est l'alerte enlèvement, mise en place en France en 2006 et inspirée de « l'alerte Amber » nord-américaine active depuis 1996. Les panneaux diffusés dans tous les médias concourent, à partir d'une signalétique rouge et d'un son stressant, à faire porter l'attention sur un enfant enlevé dans des conditions inquiétantes afin de le retrouver au plus vite. Depuis quelques années, plusieurs questions sociétales (les féminicides, les incestes, les abus sexuels et le harcèlement en général) sont traitées de cette manière. Le gouvernement n'est pas forcément à l'origine de la mise en lumière de ces questions. Mais, une fois que la demande sociétale est perçue comme suffisamment importante pour devoir faire l'objet d'un traitement politique, les autorités créent un environnement angoissant (par exemple, par la révélation des données sur les féminicides et d'études sur la présence de l'inceste dans tous les milieux sociaux). L'ambition affichée est non seulement la vigilance, mais aussi et surtout la libération de la parole. **Cette politique de la peur est donc paradoxale : d'un côté, elle incite à la dénonciation (qui n'est pas sans risques), mais d'un autre côté, elle donne un cadre à une véritable évolution sociétale.** Cette nécessité du dévoilement met d'ailleurs fin à une autre peur, celle de dire, de parler. C'est ce que montre en particulier « l'affaire de *La Familia grande* », du nom du livre de Camille Kouchner, révélant une sordide affaire d'inceste dans des familles médiatiques mais qui, pour l'autrice, doit aussi permettre à toutes les personnes, d'où qu'elles viennent, de trouver un cadre pour rompre les peurs dans lesquelles les non-dits les enferment.

Actualité **LA PEUR DE L'INCESTE ET LES ESPOIRS DE LIBÉRATION DE LA PAROLE**

« Le hashtag #Metooinceste suscite depuis quelques jours "des centaines" de témoignages. Le mouvement #Metoo dès 2017 avait déclenché une vague de libération de la parole des femmes dénonçant agressions et harcèlements sexuels, ce nouveau hashtag est né après la publication du livre de Camille Kouchner, *La Familia grande*. [...]

"*J'aimerais qu'on réussisse à libérer la parole et faire en sorte que la parole des victimes se libère avant les trente ans de prescription*", a déclaré Adrien Taquet, le secrétaire d'État chargé de l'Enfance et des Familles, invité ce 18 janvier de Franceinfo. »

Sophie Courageot, « #Metooinceste : "L'inceste touche tous les milieux", une psychiatre invite à libérer la parole, et donner l'alerte », Site internet de France3 régions, 21 janvier 2021.

Servir l'intérêt général peut également s'accorder avec la mise en œuvre de certaines politiques de la peur : c'est dans cet esprit que les puissances adoptent des **stratégies de dissuasion stratégique**, c'est-à-dire fondée sur la peur du nucléaire. La force de dissuasion française s'est constituée après la Seconde Guerre mondiale. Durant la guerre froide, les gouvernements de la IVe République lancent le programme nucléaire français (1954). Le premier essai de la bombe A intervient en 1960 et celui de la bombe H en 1968. Après avoir constitué un stock d'environ 540 ogives au sortir de la guerre froide, la France détient sans doute 300 ogives aujourd'hui, réparties dans la triade nucléaire (les bombardiers, les sous-marins, le porte-avions). Cette capacité de projection de la France contribue à son statut de puissance moyenne dans le monde, et de seule puissance militaire d'envergure au sein de l'Union européenne. L'association du nucléaire à l'intérêt général est de plus en plus critiquée du fait des risques induits par le nucléaire et du coût à supporter. Mais deux facteurs contribuent à la pérennité de ce binôme. Le premier est la doxa gaullienne de la nécessaire puissance à assumer pour la France, toujours au cœur de l'identité politique et historique française. Le second relève d'une conception pragmatique de la sécurité : dans un espace mondial où les menaces semblent toujours plus grandes, avec notamment le réarmement des puissances émergentes (Chine, Russie, Turquie), il paraît difficile de renoncer à la politique de dissuasion nucléaire.

3 Les visages de la peur en politique

A. La peur des gouvernants

Dans une démocratie, la souveraineté réside dans la nation, c'est-à-dire l'ensemble des citoyennes et citoyens. Les gouvernants ne reçoivent qu'une délégation de l'exercice du pouvoir, sous le regard de la souveraineté nationale. Il existe donc en théorie une juste crainte pour les gouvernants de ne pas répondre à l'attente citoyenne. Mais cette peur existe en réalité seulement dans des démocraties directes où n'importe quel citoyen peut être amené à exercer le pouvoir. La démocratie athénienne antique en est le paradigme : à l'issue de leur mandat (en général un an), les magistrats doivent rendre des comptes et risquent l'ostracisme.

Pour l'époque contemporaine, plusieurs configurations de peur des gouvernants peuvent être mises en lumière. Ces peurs varient en fonction des types de régime et du degré de peur qui y est présent.

- Les gouvernants doivent d'abord craindre une **perte de légitimité, qui se manifeste par l'incapacité des majorités à être reconduites au fil des élections, ainsi que par la progression continue de l'abstention**. La France est tout particulièrement concernée par cette situation. Depuis 1981, les présidents réélus l'ont toujours été dans des circonstances particulières (cohabitation pour François Mitterrand en 1988, vote utile contre l'extrême droite pour Jacques Chirac en 2002 et pour Emmanuel Macron en 2022). Plus grave, l'abstention progresse lors d'élections qui pourtant mobilisaient traditionnellement l'électorat : l'élection présidentielle et les élections locales. Le premier tour de l'élection présidentielle de 2017 a ainsi battu un record d'abstention (mais pas le second tour). Les élections municipales ont surpris en 2020 avec une abstention à 58,6 % au second tour (à comparer avec le second tour de 1983, avec 20,3 % d'abstention seulement).
- Les gouvernants craignent **les mobilisations sociales** et souhaitent désormais les encadrer de façon plus stricte, avec la loi dite « anticasseurs » de 2019, qui a cependant été censurée par le Conseil constitutionnel sur l'article 3, le plus polémique (les préfets auraient pu interdire le droit de manifestation aux individus présentant *« une menace d'une particulière gravité »*). Parmi les arguments du gouvernement figure le thème des violences perpétrées contre la police et contre tout ce qui représente une institution politique, économique ou sociale.
- Les gouvernants craignent en particulier **les nouvelles formes de mobilisation (à l'instar des Gilets jaunes)** dont ils ne perçoivent pas les structures (elles puisent leurs sources en dehors des syndicats). De plus, leur aspect protéiforme et leurs ambitions

radicales inquiètent les autorités, qui par peur réagissent de plus en plus souvent de façon disproportionnée, occasionnant des polémiques sur les techniques policières de traitement des manifestations.

Actualité **LA PEUR DU GOUVERNEMENT CHINOIS CONFRONTÉ À LA REMISE EN CAUSE DE LA POLITIQUE DU ZÉRO COVID**

« Si les restrictions liées au Covid-19 sont levées un peu partout dans le monde, le pays asiatique, aux prises avec une flambée épidémique, continue d'imposer confinements et quarantaines dès l'apparition de quelques cas. [...]

Dans ce contexte, le directeur général de l'OMS, Tedros Adhanom Ghebreyesus, a estimé mardi, dans des propos inhabituellement critiques envers la Chine, que la politique zéro Covid n'était *"pas soutenable"*. [...] Le zéro Covid étant fermement défendu par les plus hauts dirigeants communistes, notamment le président Xi Jinping, les censeurs sont vite intervenus pour contrer la diffusion de ces propos. Sur le site de microblog Weibo, les mots-dièse #Tedros et #OMS ne donnent mercredi plus aucun résultat. »

« La Chine censure les critiques de l'OMS sur le zéro Covid », LeFigaro.fr, 11 mai 2022.

- Les gouvernants développent des **politiques de fichage qui semblent mettre en cause les libertés individuelles et la vie privée**. Le dernier exemple en date, validé par le Conseil d'État en janvier 2021, est le fichage des opinions politiques et appartenances syndicales. L'argument avancé est celui de la prévention de la radicalisation et des actes terroristes. La peur est ainsi justifiée au nom de la sauvegarde de la démocratie, mais le seuil déterminant l'adhésion à une opinion portant *« atteinte à l'intégrité du territoire ou [aux] institutions »* reste flou.
- La peur des gouvernants se focalise aussi sur des **questions de géopolitique et de sécurité nationale**, dans un contexte international où les cyberattaques (le vol de données militaires ou économiques sensibles par d'autres États) sont vécues comme un affaiblissement de l'État et une perte de puissance. Les tensions actuelles entre les États-Unis et la Russie sont très largement dues à des séries d'attaques contre des agences étasuniennes : sans surprise, lorsque le ministère russe de la Défense a, à son tour, été victime d'une cyberattaque, les autorités russes ont dénoncé le 16 juillet 2021 une opération étasunienne.

La **peur des gouvernants dans un régime populiste ou dans une démocratie illibérale** est différente.

- Ils créent plus de peurs qu'ils n'en subissent puisque la peur (de l'étranger, de l'Occident, de la perte des valeurs morales) est ce qui permet la prise du pouvoir (en Hongrie, en Pologne, au Brésil).
- Ces gouvernants craignent cependant les mobilisations de masse citoyennes, qui peuvent les affaiblir sur la scène internationale. L'exemple de la Pologne est flagrant : les femmes se sont fortement mobilisées contre la loi sur l'avortement (désormais quasiment interdit) en 2020-2021 ; le gouvernement a cependant reculé sur une autre réforme, celle de la justice, début août 2021, sous la pression de l'Union européenne.

- Pour se rassurer, ces régimes ont besoin de l'appui d'une puissance. Ainsi, en Turquie, Erdoğan est conscient des critiques de Washington, d'où un positionnement de médiateur avec la Russie, dans le cadre du panturquisme et dont la dernière occurrence est en 2020 la guerre entre l'Azerbaïdjan et l'Arménie pour le Haut-Karabagh, tout en restant fermement dans l'OTAN, notamment dans le contexte de la guerre entre la Russie et l'Ukraine.

Enfin, **dans les régimes autoritaires, les dictatures, les régimes se rapprochant du modèle totalitaire, les gouvernants ont un rapport obsessionnel et panique à la peur**.

- L'obsession du complot caractérise les régimes centrés sur le seul chef. Les éliminations au sein des clans familiaux des dirigeants irakien (les gendres de Saddam Hussein en 1996) et nord-coréen (l'oncle de Kim Jong-Un en 2011, son frère en 2017) en témoignent. Plus largement, la peur du coup d'État conduit ces dirigeants à changer souvent de ministres et à ne jamais désigner de successeur (ce qui entraîne des crises de succession, comme avec la mort de Staline en 1953).
- Les membres du gouvernement ou de l'élite ne doivent leur fonction et leur statut qu'au parti ou au chef. Ils peuvent perdre d'un moment à l'autre la faveur de ce chef, à l'instar du milliardaire chinois Jack Ma, fondateur d'Alibaba, qui disparaît d'octobre 2020 à janvier 2021 après une critique du pouvoir, et démissionne de toutes ses fonctions.
- La peur des mouvements de masse à l'origine des révolutions (comme les Printemps arabes en 2011) reste la principale peur du pouvoir dictatorial, à moins que celui-ci ne bénéficie d'un appui institutionnel (l'armée) ou géopolitique (une puissance voisine). Face aux privations de liberté et à la kleptocratie du dirigeant Alexandre Loukachenko, la population biélorusse se révolte en 2020-2021, mais le régime bénéficie de la protection russe et se lance dans une répression féroce, dans le pays et à l'extérieur (détournement d'un avion de ligne pour arrêter un opposant en juin 2021, assassinat probable le 3 août 2021 en Ukraine de Vitali Chychov, dirigeant d'une ONG aidant les réfugiés, tentative de rapatriement forcé d'une athlète aux Jeux olympiques le même jour).

B. La peur des gouvernés

Les effets de la mondialisation, les questions du terrorisme et du changement climatique, ainsi que la crise issue de la pandémie de la Covid-19, ont pour conséquence d'accroître de façon majeure la peur des gouvernés, incertains du futur mais certains de la crise politique présente. Mais, de la même manière que pour les gouvernants, la peur reste ambivalente : elle peut aussi bien paralyser que dynamiser.

Dans une démocratie effective, sur le modèle occidental, il est possible de distinguer :

- Les gouvernés craignent une **altération de la démocratie due à la faillite des institutions** qui perdent leur sens (du fait de la défiance, le politique s'en remet à un « Grand débat national » et à une « Convention citoyenne sur le climat ») : c'est à la fois une bonne peur (qui permet de réagir dans le sens de la préservation de la démocratie) et une mauvaise peur (tout est interprété à la lumière de la crainte de l'altération de la démocratie).

- Dans le cadre de la démocratie représentative, les gouvernés délèguent l'exercice de la souveraineté à des représentants pourvus d'un mandat. Mais que se passe-t-il lorsque le citoyen se met à craindre de n'être plus (correctement) représenté ? L'élection d'Emmanuel Macron en 2017 est en partie le résultat d'une défiance envers une classe politique oligarchique. Toutefois, le manque d'incarnation actuel (les parlementaires sont des figures nouvelles peu enracinées) ne semble guère plus rassurant. Cette situation explique en partie les mesures adoptées, non sans arrière-pensée électoraliste, par le gouvernement dans les semaines précédant l'élection présidentielle de 2022.
- La peur ressentie après un événement traumatisant abasourdit puis déclenche une réaction forte au sein de la population. Les attentats de janvier 2015 entraînent une sidération puis une réaction populaire massive en France ; en Slovaquie, l'assassinat du journaliste Ján Kuciak en 2019 entraîne, après quelques jours, les plus grandes manifestations depuis 1989. Après le premier confinement au printemps 2020, des changements sociétaux s'enclenchent en France (télétravail, achats de résidences hors des métropoles, regain d'intérêt pour le politique).

Les démocraties fragilisées depuis plusieurs années connaissent une peur bien spécifique : celle de la disparition pure et simple de la démocratie en raison de la présence, au sein de l'État, de pratiques qui visent à affaiblir et à subvertir de l'intérieur les valeurs démocratiques, et en particulier la liberté. C'est en particulier le cas de Hong Kong, qui, en 2020, a perdu 90 000 habitants qui ont préféré s'exiler face à la suppression progressive de tout espace démocratique et la répression organisée par Pékin depuis 2019, en violation de l'accord de 1997 (« Un pays, deux systèmes »).

Dans les régimes populistes et les démocraties illibérales, les citoyens connaissent aussi des peurs relatives à la nature de ces régimes :

- L'idéologie est fondée sur la peur et le maintien d'une angoisse dirigée contre des objets émissaires qui, tant qu'ils ne sont pas pleinement invisibilisés, justifient la présence du parti dominant au pouvoir. **La peur des gouvernés est donc détournée vers des parties de la population qui représentent les valeurs libérales combattues par le pouvoir.** Le parti Droit et Justice en Pologne s'est ainsi attaqué aux femmes, aux LGBT et aux magistrats.
- Les parties de la population assimilées à des ennemis de l'intérieur ont toutes les raisons d'avoir peur puisque l'État n'exerce plus son devoir de protection, les discrimine et incite même au lynchage. En témoigne, par exemple, la hausse des assassinats d'Amérindiens en Amazonie brésilienne depuis l'élection de Jair Bolsonaro.

Dans les dictatures, les régimes autoritaires et ceux aux pratiques totalitaires, la peur des gouvernés est difficilement palpable, voire impossible à mesurer réellement (dans le cas de la Corée du Nord) :

- La peur est justifiée par les pratiques de terreur, d'oppression et de répression du pouvoir. Les régimes concernés cherchent à maintenir dans l'angoisse les opposants, à l'exemple de la Russie où le poison et les procès politiques (pour des raisons fallacieuses : la police prétend par exemple trouver de la drogue chez la personne accusée, qui se trouve être un opposant politique) entretiennent un climat délétère. Faire peur aux opposants et les faire oublier à la population semblent les objectifs du pouvoir.

- La peur fait partie du quotidien quand elle est aveugle ou qu'elle paraît aveugle, comme en Chine où n'importe qui au Xinjiang peut être envoyé dans un camp de rééducation, avec les disparitions soudaines de personnalités. Cela n'empêche pas des opposants de dépasser leurs peurs éventuelles, quitte à perdre toute liberté, à l'instar de Lu Xiaobo, arrêté pour être l'auteur de la Charte 08 (un manifeste critique pour le gouvernement), emprisonné (ce qui l'empêche de recevoir le prix Nobel de la paix en 2010), et dont les cendres ont été dispersées dans la mer après son décès en 2017.

C. La peur comme pédagogie du politique

L'historien médiéviste Patrick Boucheron est l'auteur d'un ouvrage de référence sur la question de la peur, *Conjurer la peur. Essai sur la force politique des images, Sienne, 1338* (2013). À partir de l'analyse du décor peint au XIVe siècle sur les murs du palais communal de la ville de Sienne en Italie, l'historien produit une œuvre à la fois scientifique, dans laquelle l'érudition sert l'interprétation, et citoyenne par la mise en lumière des différents aspects de la peur.

Pourquoi Sienne à l'époque médiévale ? La situation politique, tout en étant très différente de la crise contemporaine du politique, présente des caractéristiques significatives. En effet, depuis le XIIIe siècle, la vie publique évolue vers une confrontation entre la « Seigneurie », c'est-à-dire des familles dominantes se targuant de pouvoir assurer la défense du territoire et de maintenir la paix, et la « Commune », incarnée par le gouvernement des Neuf – désignés pour deux mois non renouvelables parmi les marchands de la cité ou ce qu'il est alors convenu d'appeler la « classe moyenne » dans une optique républicaine. Les Neuf commanditent en 1338 *La Fresque du bon gouvernement* à Ambrogio Lorenzetti (vers 1290-1348), pour représenter l'harmonie créée par ce leur mode de gouvernement dans la salle où les Neuf reçoivent en audience les citoyens. Trois murs sont peints : au nord sont figurées les allégories du bon gouvernement, à l'ouest, les allégories du mauvais gouvernement, et à l'est les effets du bon gouvernement. Il s'agit d'une véritable théâtralisation de l'exercice de la politique : en entrant, les citoyens sont confrontés au mauvais gouvernement qui provoque la guerre, alors que les Neuf entrent par un autre côté, qui leur fait voir l'allégorie du bon gouvernement. Pour l'historien, la fresque représente **l'inquiétude qui doit être au cœur du gouvernement : inquiétude des gouvernés à ne pas faire passer leur intérêt personnel devant l'intérêt général, inquiétude des gouvernants à bien peser leurs décisions et leurs effets potentiels pour maintenir l'ordre politique et social**.

Ces fresques s'inscrivent dans un univers mental particulier, celui de l'œuvre de Dante Alighieri (1265-1321) sur l'enfer, le purgatoire et le paradis. Le tyran ressemble donc assez logiquement à un diable pétri d'orgueil – le vice qui entraîne pour l'Église tous les autres, et en particulier l'injustice et l'humiliation du peuple pour Lorenzetti. Désigner les seigneurs par le nom de « tyrans » n'est pas neutre. Il s'agit de produire chez les citoyens/spectateurs une bonne peur, à opposer à la mauvaise peur. La mauvaise peur est celle qui entraîne les citoyens à abandonner le pouvoir aux seigneurs qui agitent le spectre de la conflictualité interne à la République. **La bonne peur est celle qui assume la conflictualité politique consistant à débattre** – même âprement – sur les décisions à prendre, tout en restant à chaque instant vigilant sur les dérives possibles du pouvoir.

À travers ces trois volets se dessine un passage des effets du mauvais gouvernement (l'enfer) vers le purgatoire (allégorie du bon gouvernement) et surtout vers le paradis (les effets du bon gouvernement). Car l'œuvre de Lorenzetti est une œuvre pédagogique destinée aussi bien aux gouvernants qu'aux gouvernés. Il ne s'agit pas de créer une cité parfaite, où toute peur aurait disparu, mais plutôt de remplacer la peur panique par la peur vigilance qui suppose un idéal de justice sociale qui n'empêche pas les débats, les inégalités, la diversité. Comme le dit lui-même Patrick Boucheron, l'objectif est d'atteindre une « *pacification qui, à l'inverse de la paix du prince fondée sur la peur de la discorde, accomplit un idéal de justice sociale qui conjure les conflits sans l'annuler* ». En d'autres termes, l'équilibre est le maître-mot en politique pour maintenir les mauvaises peurs à distance et utiliser la bonne peur pour rester vigilant face à toute dérive.

La suite de l'histoire de Sienne valide cette interprétation : dès 1339, les décisions des Neuf se font presque toujours en faveur d'une seule catégorie, l'oligarchie bancaire – à l'encontre du principe de gouvernement issu de la classe moyenne et destiné à prendre en compte (mais pas seulement) cette classe sociale. Le processus de fragilisation du vivre-ensemble s'accélère avec le surgissement d'une crise imprévue, la peste noire (1347-1348), et aboutit au renversement du gouvernement en 1355 par le peuple, exaspéré par les dysfonctionnements politiques et les innovations fiscales. Présentée comme un équilibre harmonieux, la République déçoit donc le peuple, et la prévention inscrite dans les fresques n'a visiblement pas suffi à éloigner les dangers – même si, dans ce cas, ce n'est pas un tyran qui provoque la chute des Neuf.

Publié en 2013, cet ouvrage résonne très fortement avec l'actualité d'une société démocratique dans laquelle les idéaux constitutionnels sont perturbés de l'intérieur et ne font plus consensus, et qui de surcroît se retrouve confrontée à une crise sanitaire inédite qui accélère et aggrave la crise interne à la République. La leçon de l'histoire réside ici dans sa vertu pédagogique : la peur est légitime à condition qu'elle incite à la vigilance et qu'elle ne se limite pas à l'incertitude.

Or, depuis l'époque médiévale, la peur s'est considérablement développée dans la sphère publique. Avec Hobbes, la modernité politique a été fondée sur un **contrat politique qui est le résultat d'une situation de peur de la guerre de tous contre tous** (avec les guerres de Religion), **qui se transforme ensuite en peur du souverain** (qui devient un danger pour ceux qu'il doit en théorie protéger, dans les monarchies absolues mais aussi et surtout dans les régimes totalitaires) **et qui paraît aujourd'hui devenir une peur de l'autorité elle-même**, d'où qu'elle vienne. Cette dernière étape du processus est le résultat d'une « *heuristique de la peur* », pour reprendre une expression du philosophe Hans Jonas (1903-1993) : la peur gagne désormais tous les aspects de la vie humaine, en raison de l'histoire récente de l'humanité (les massacres et les génocides du XXe siècle, l'entrée dans l'ère atomique, la destruction de la biodiversité et le changement climatique). La peur s'est faite **peur de la puissance humaine et de l'autorité qui l'incarne**, quel que soit le régime en vigueur. Le problème est que cette peur présente partout est à l'origine d'une société du risque qui se matérialise par les politiques sécuritaires. Ces dernières incarnent la rupture d'équilibre nécessaire entre les bonnes et les mauvaises peurs : l'exemple du terrorisme montre qu'il est souvent impossible d'identifier la menace et, par conséquent, de prévenir réellement l'acte terroriste. Or cette incapacité de transposer la vigilance en des actes qui éloignent l'incertitude amène les gouvernements à rendre pérenne un état d'exception – dont témoigne le maintien du plan Vigipirate à son plus haut niveau depuis les attentats de 2015 – qui contribue à entretenir le climat de peur, sans pour autant le résoudre. Plus que jamais, la pédagogie de la peur dans l'exercice du politique, pour les gouvernés comme pour les gouvernants, est donc nécessaire pour prétendre sortir de la crise démocratique.

Focus

RÉVOQUER LE MANDAT ÉLECTIF, UNE VOIE D'APAISEMENT POUR LA DÉMOCRATIE ?

La peur d'un pouvoir autoritaire concentré entre les mains du chef d'État est à l'origine de plusieurs réformes constitutionnelles majeures, en particulier dans la seconde moitié du XXe siècle. La France, l'Italie, la RFA à la sortie de la Seconde Guerre mondiale, puis la Grèce, le Portugal et l'Espace à la fin des années 1970, adoptent des constitutions qui éloignent le spectre d'un retour de la dictature en limitant le pouvoir du chef d'État et en faisant dépendre le chef du gouvernement du Parlement. Mais le retour vers une forme de concentration des pouvoirs, en particulier la Ve République en France, fait renaître la peur, pour les gouvernés, d'un gouvernant liberticide. LFI a notamment inclus dans son programme politique le « *droit de révocation* » à partir du tiers du mandat de l'élu concerné par référendum, à condition qu'un quorum citoyen en fasse la demande au préalable. Cette demande a toutefois été rejetée par l'Assemblée nationale en janvier 2022. Cette mesure oppose deux visions de la politique : d'un côté, la peur d'une désaffection complète par les citoyens, de l'autre, la crainte d'une paralysie des institutions découlant des élections.

Fiche de lecture

Patrick Boucheron, Corey Robin, *L'Exercice de la peur. Usages politiques d'une émotion*

Presses universitaires de Lyon, 2015.

L'intérêt majeur de cet ouvrage pour le thème retenu est d'associer, sous la forme d'un dialogue, deux auteurs essentiels qui, à partir de leurs recherches respectives (le Moyen Âge pour le premier, l'époque contemporaine pour le second) et d'approches distinctes (le premier est historien, le second est politiste), reviennent sur les usages politiques de la peur. Analyse scientifique et exercice de citoyenneté se retrouvent donc au cœur du livre.

L'ouvrage a été publié fin 2015, lorsque les sentiments de peur, d'urgence et de terreur emplissent la totalité de l'espace public français et européen, en raison des attentats et de la crise migratoire. Mais dès l'année précédente, lors de sa rédaction, ce dialogue posait la question de « *la place de la peur dans le gouvernement des sociétés* » à partir d'un postulat : la peur se trouve au cœur de l'autorité politique.

Souvent, la peur est un prétexte à la mise en place d'un mode de gouvernement et un moyen d'obtenir l'obéissance des gouvernés. Patrick Boucheron cite d'ailleurs Hobbes : « *Avoir peur, c'est se préparer à obéir.* » Mais pour que la peur soit opératoire, il faut qu'un ennemi soit au préalable désigné, et accepté comme tel par les gouvernés. L'ennemi le plus susceptible de faire naître le sentiment de peur est un ennemi intérieur (un tyran potentiel, une classe sociale dangereuse, une catégorie de la population) ; néanmoins, l'ennemi extérieur peut aussi être convoqué (comme dans le cas des attentats du 11 septembre 2001).

Il faut donc pour les auteurs se méfier de tout discours politique appelant à la peur et lui répondre, en tant que citoyen, par la vigilance. Cette dernière est une forme de peur positive, car elle incite à être actif. Au fond, la mauvaise peur est celle qui débouche sur des injustices ou sur un processus d'hystérisation de la société face au danger réel ou fantasmé. C'est pour cela que cette mauvaise peur est susceptible d'entraîner une société dans la guerre ou la tyrannie et, finalement, dans la décadence. Surtout, les deux auteurs font le constat du hiatus entre la peur ressentie par les gouvernés et la peur utilisée par les gouvernants : **la politique agit comme un prisme qui transforme les peurs individuelles en peurs collectives**. Ces dernières sont alors retravaillées par le politique qui les institutionnalise par la mise en place d'une « *administration de la peur* » et de « *politiques de la peur* ». L'exception devient la règle, les contrôles deviennent incessants, et la société est appelée à faire porter la surveillance sur chacun de ses membres. Mais là encore, le processus n'a rien d'inéluctable : le gouvernant peut lui aussi transformer la peur en vigilance afin de l'apaiser et de n'en conserver que la part qui s'avère salutaire pour la survie de la société. Il n'est donc nullement question de souhaiter la suppression de la peur.

Citations

« Avoir peur, c'est se préparer à obéir. » (Citation de Hobbes reprise par Patrick Boucheron.)

« L'unité de la peur n'est donc pas un artefact de la psychologie de masse ; c'est un projet politique qui s'élabore par le biais des autorités, de l'idéologie et de l'action collective. »

« Dans le champ de l'économie politique, le management est le laboratoire d'une politique de la peur : la crainte qu'inspire le chômage aux salariés est le principal levier de domination, alors que les employeurs, pour leur part, n'ont rien à craindre de personne. »

« Conjurer la peur, c'est lui donner son objet véritable, qui porte le beau nom de vigilance. Ce qui importe, en tant qu'historien mais aussi que citoyen, c'est bien de déceler dans les politiques de la peur où sont les calculs à l'œuvre. »

« Désigner l'ennemi, le qualifier pour le disqualifier : vieille question du politique. »

Références et pistes d'approfondissement

Essais

ANDRÉ Christophe, LÉGERON Patrick, *La Peur des autres : trac, timidité et phobie*, Odile Jacob, 1995.

BARRET Philippe, *N'ayez pas peur de la Chine*, Robert Laffont, 2018.

BATESON Gregory, BATESON Mary Catherine, *La Peur des anges : vers une épistémologie du sacré*, trad. de l'anglais par C. Cler et J.-L. Giribone, Le Seuil, 1989.

BAUMAN Zigmunt, *La Société assiégée*, Le Rouergue/Chambon, 2005.

BAUMAN Zigmunt, *Étrangers à nos portes : pouvoir et exploitation de la panique morale*, Premier Parallèle, 2020.

BELMONT Nicole, *Comment on fait peur aux enfants*, Mercure de France, 1999.

BOUCHERON Patrick, *Conjurer la peur. Essai sur la force politique des images, Sienne, 1338*, Le Seuil, 2013.

BOUCHERON Patrick, ROBIN Corey, *L'Exercice de la peur. Usages politiques d'une émotion*, Presses universitaires de Lyon, 2015.

BRECHT Bertold, *Grand-Peur et misère du IIIe Reich*, L'Arche, 1938.

BRONNER Gérald, *La démocratie des crédules*, PUF, 2013.

BRONNER Gérald, *Apocalypse cognitive*, PUF, 2021.

BURGALASSI Mathieu, *La Peur et la haine. Enquête chez les survivalistes*, Michel Lafon, 2021.

CASTEL Pierre-Henri, *Âmes scrupuleuses, vies d'angoisse, tristes obsédés. Obsessions et contrainte intérieure, de l'Antiquité à Freud*, Ithaque, 2011.

COMTE-SPONVILLE André, *Contre la peur et cent autres propos*, Albin Michel, 2019.

COPPER-ROYER Béatrice, *Peur du loup, peur de tout : peurs, angoisses, phobies chez l'enfant et l'adolescent*, Albin Michel, 2003.

DELUMEAU Jean, « La peur et l'historien (entretien avec Bernard Paillard) », *Communications*, nº 57, t. 2, 1993, p. 17-23.

DUPUY Jean-Pierre, *Pour un catastrophisme éclairé : quand l'impossible est certain*, Le Seuil, 2002.

DUPUY Jean-Pierre, *La Guerre qui ne peut avoir lieu. Essai de métaphysique nucléaire*, Desclée de Brouwer, 2019.

DUPUY Jean-Pierre, *La Catastrophe ou la vie : pensées par temps de pandémie*, Le Seuil, 2021.

FERRIÈRES Madeleine, *Histoire des peurs alimentaires. Du Moyen Âge à l'aube du XXe siècle*, Le Seuil, 2002.

FŒSSEL Michael, *État de vigilance. Critique de la banalité sécuritaire*, Le Bord de l'eau éditions, 2010

GOODY Jack, *La Peur des représentations : l'ambivalence à l'égard des images, du théâtre, de la fiction, des reliques et de la sexualité*, trad. de l'anglais par P.-E. Dauzat, La Découverte, 2003.

GUÉNETTE Alain Max, LE GARREC Sophie, *Les Peurs au travail*, Octarès éditions, 2016.

GUENIFFEY Patrice, *La Politique de la Terreur. Essai sur la violence révolutionnaire, 1789-1794*, Gallimard, 2003.

JACQUET Denis, *Le Début de la peur, la fin d'une démocratie. Quand le politique utilise les discours anxiogènes pour voler nos libertés*, Eyrolles, 2021.

LAGRANGE Pierre, *La Rumeur de Roswell*, La Découverte, 1996.

LAMBERT Christophe, *La Société de la peur*, Plon, 2005.

LECOURT Dominique, *Contre la peur. De la science à l'éthique, une aventure infinie*, Presses universitaires de France, 2011.

LECOURT Dominique, « L'ignorance source de la peur ? », *Humanisme*, n° 317, t. 4, 2017, p. 91-94.

LEDERER Wolfgang, *La Peur des femmes ou Gynophobia,* trad. de l'anglais par M. Manin, Payot, 1980.

LÉGERON Patrick, *Le Stress au travail. Un enjeu de la santé*, Odile Jacob, 2015.

LEJEUNE Dominique, *La Peur du rouge en France : des partageux aux gauchistes*, Belin, 2003.

MAURIN Éric, *La Peur du déclassement. Une sociologie des récessions*, Le Seuil, 2009.

MOÏSI Dominique, *La Géopolitique de l'émotion*, Flammarion, 2008.

MOÏSI Dominique, *La Géopolitique des séries ou le triomphe de la peur*, Champs, 2017.

MOLLARD Evelyne, *La Peur de tout : comprendre et surmonter l'anxiété*, Odile Jacob, 2003.

MONGIN Olivier, *La Peur du vide : essai sur les passions démocratiques*, Le Seuil, 1991.

PELTIER Marie, *L'Ère du complotisme. La maladie d'une société fracturée*, Les Petits Matins, 2016.

QUADRUPPANI Serge, *La Politique de la peur*, Le Seuil, 2011.

QUATREMER Jean, *La Démocratie de la peur*, Calmann-Lévy, 2022.

QUIVY Vincent, *Incroyables mais faux ! Histoires de complots, de J.F.K. au Covid-19*, Le Seuil, 2020.

REICHSTADT Rudy, *L'Opium des Imbéciles*, Grasset, 2019.

RIBAULT Thierry, *Contre la résilience à Fukushima et ailleurs*, L'Échappée, 2021.

RIPOLL Thierry, *Pourquoi croit-on ? Psychologie des croyances*, Éditions Sciences humaines, 2020.

ROBIN Corey, *La Peur. Histoire d'une idée politique*, Hachette, 2008.

TACKETT Timothy, *Anatomie de la Terreur*, Seuil, 2018.

TAUSSIG Sylvie, *Le Système du complotisme*, Bouquins, 2021.

VIRILIO Paul, *L'administration de la peur*, Textuel, 2010.

WAGNER-EGGER Pascal, *Psychologie des croyances aux théories du complot : le bruit de la conspiration*, Presses universitaires de Grenoble, 2021.

ZWEIG Stefan, *La Peur*, trad. de l'allemand par A. Hella, Grasset, 1935.

Romans

CAMUS Albert, *Les Justes*, Gallimard, 1949.

GIONO Jean, *Le Hussard sur le toit,* Gallimard, 1972.

GRIMM, *Conte de celui qui s'en alla pour connaître la peur*, 1812.

JONCOUR Serge, *Chien-Loup*, Flammarion, 2018.

MAUPASSANT, Guy de, *La Peur*, 1882.

ROTH Philip, *Le Complot contre l'Amérique*, Gallimard, 2007.

TOLSTOÏ Léon, *La Mort d'Ivan Ilitch*, J'Ai Lu, 2005.

ZWEIG Stefan, *La Peur*, trad. de l'allemand par A. Hella, Grasset, 1935.

Cinéma

BENIGNI, Roberto, *La vie est belle*, 1997.

BOESE Carl, WEGENER, Paul, *Le Golem*, 1920.

BURTON Tim, *Sweeney Todd : The Demon Barber of Fleet Street*, 2007.

CLOUZOT Henri-Georges, *Le Salaire de la peur*, 1953.

DEMONACO James, *American Nightmare. The Purge*, 2013.

HITCHCOCK Alfred, *Les Oiseaux*, 1963.

KUBRICK Stanley, *Shining*, 1980.

POPPE Éric, *Utoya, 22 juillet*, 2018.

ROMERO, George, *La Nuit des morts-vivants*, 1968.

SANG-HO Yeon, *Dernier train pour Busan*, 2016.

SCOTT Ridley, *Hannibal*, 2001.

VERNEUIL Henri, *Peur sur la ville*, 1975.

Théâtre

AZZOPARDI Sébastien, DANINO Sacha, *La Dame blanche*, théâtre du Palais-Royal, Paris, 2016.

BERNON Camille, BOURGADE Simon, *En attendant les barbares*, d'après J. M. Maxwell Coetzee, Comédie-Française, Paris, 2021.

BRECHT Berthold, *Grand-Peur et misère du IIIe Reich*, 1938.

FOURCADE Arthur, HIEN François, *La Peur*, théâtre des Célestins, Lyon, 2021.

VAN HOVE Ivo, *Les Damnés*, d'après L. Visconti, Comédie-Française, Paris, 2017.

PARTIE 3

Questions contemporaines autour de l'alimentation

3

Introduction

« Croyez-moi en effet, il n'est pas de meilleure vie que lorsque la gaieté règne dans tout le peuple, que les convives dans la salle écoutent le chanteur, assis en rang, les tables devant eux chargées de viandes et de pain, et l'échanson dans le cratère puisant le vin et le versant dans chaque coupe. »

Homère, *Odyssée*, IX, 5-10.

Le mardi 12 juillet 2022, le gouvernement Borne a annoncé la mise en place d'un plan d'action visant à réduire les additifs nitrés dans l'alimentation. Cette décision a été prise après la confirmation d'un lien entre le risque de cancer et l'exposition à ces produits (nitrates et nitrites) par l'Agence nationale de sécurité sanitaire de l'alimentation, de l'environnement et du travail (Anses). Leur utilisation est pourtant autorisée par la réglementation européenne, qui prévoit des taux d'incorporation maximaux de 150 mg/kg. C'est donc que l'alimentation se trouve de plus en plus au centre des préoccupations de nombreux acteurs.

On définit l'alimentation comme le choix et l'intégration de la nourriture (des aliments) par un être vivant. Les processus de nutrition permettent ainsi aux divers organismes de fonctionner et de survivre. Chez l'être humain, l'alimentation va au-delà du choix et de l'ingestion puisqu'il s'agit aussi de récolter, de stocker et de préparer (cuisiner) des aliments. En cela, la notion d'alimentation dépasse les enjeux de survie et touche au domaine du plaisir et du loisir.

En français, le terme « alimentation » désigne à la fois les aliments, les activités qui permettent de se nourrir et ce qui est consommé au quotidien (« une alimentation équilibrée »). Ce terme n'a pas de traduction exacte en anglais : *food* désigne la nourriture, les aliments ; *eating* renvoie à l'acte de manger ; *diet* désigne un régime (amaigrissant ou thérapeutique), mais aussi ce qui est consommé au quotidien.

Les aliments, quant à eux, sont les substances habituellement ingérées par un être vivant et lui fournissant les matières et l'énergie nécessaires à sa vie et à son développement. Selon cette définition, l'oxygène respiratoire fait partie des aliments. Mais on restreint en général cette notion, pour l'homme et les animaux, à ce qui est ingéré par la bouche, tandis que, pour les végétaux, le gaz carbonique absorbé par les feuilles vertes est tenu pour un aliment au même titre que les solutions minérales absorbées par les racines.

Les aliments ont diverses fonctions dans l'organisme. Alors que les aliments dits « minéraux » (ions) n'ont qu'un rôle plastique (construction et renouvellement des tissus), les aliments organiques (protides, lipides, glucides sucrés ou féculents, vitamines) ont, outre un rôle énergétique complexe, des fonctions catalytiques (permettant par exemple la digestion) ou pharmacologiques.

L'alimentation (terme proche de « la nourriture ») se distingue ainsi de la **nutrition, qui concerne l'ensemble des phénomènes biologiques d'assimilation et de dégradation des**

aliments qui s'accomplissent dans un organisme, permettant ainsi sa croissance, son maintien et son fonctionnement.

L'Homme, comme tout être vivant, doit disposer d'une alimentation équilibrée susceptible de lui apporter les ressources énergétiques et plastiques dont il a besoin. L'apport nutritionnel de base est estimé à environ 2 400 kcal/jour pour un individu sédentaire, mais il varie avec le sexe, l'âge et l'activité. L'alimentation doit respecter les proportions des constituants glucidiques (de 50 à 60 %), lipidiques (de 30 à 35 %), protéiques (de 10 à 15 %), vitaminiques et minéraux indispensables. L'alimentation doit aussi, par la texture et les arômes des aliments, apporter un plaisir lié aux souvenirs et aux habitudes familiales et culturelles, sans lequel l'appétit disparaît rapidement, comme l'ont montré les longs séjours dans l'espace.

L'alimentation concerne divers acteurs : les hommes qui la consomment, mais aussi les animaux, les entreprises et notamment de grandes firmes transnationales (FTN) du secteur agroalimentaire, les États qui établissent des législations en matière d'alimentation, des associations et organisations non gouvernementales (ONG) qui ont pour objectif de défendre, le plus souvent, les consommateurs contre des pratiques frauduleuses ou nocives.

Par ailleurs, on parle de « chaîne alimentaire » lorsqu'on trouve, au sein d'un espace donné, une succession de végétaux et d'animaux où chacun est mangé par le suivant. Cela montre l'interdépendance entre les différents êtres vivants. Sur le plan de la biologie, on relève généralement deux caractéristiques majeures des chaînes alimentaires :

- leur faible rendement : le mangeur ne récupère que 1 à 10 % de l'énergie chimique de sa proie ;
- la concentration, au fur et à mesure que l'on s'élève dans la chaîne, de certaines substances, toxiques en particulier, que les organismes ne savent ni utiliser ni éliminer.

Enfin, l'alimentation est liée à de nombreux domaines : politique, économique, géopolitique, technologique voire militaire, mais aussi social, culturel, éthique, anthropologique ou philosophique. **Au-delà de la satisfaction d'un besoin vital, elle est un acte éminemment culturel.**

À l'heure où la question de la pénurie de nourriture est posée, sur une planète dont la population vient de dépasser les 8 milliards d'habitants et dans un environnement géopolitique et géoéconomique instable, l'alimentation semble donc être, à différentes échelles, l'objet de toutes les attentions.

CHAPITRE 1

Histoire et économie de l'alimentation : production, commerce et uniformisation

« On ne sait manger délicatement que depuis un demi-siècle ».
Louis Sébastien Mercier, *Tableau de Paris (1782-1788).*

Débat

En 1798, John Malthus, pasteur anglican, publie *Essai sur le principe de la population*. Il y explique que la famine est inéluctable en vertu de la tendance des êtres vivants et des êtres humains à se multiplier. Selon lui, l'espèce humaine croît selon un principe géométrique alors que la production agricole n'augmente que sur un rythme arithmétique. Seules des famines, des épidémies et des guerres peuvent rétablir l'équilibre en diminuant le volume de population. La solution qu'il propose est alors de limiter les naissances, c'est-à-dire de substituer à ces fléaux des obstacles préventifs en réduisant volontairement la fécondité.

En 1965, l'économiste danoise Ester Boserup s'attaque à ce modèle dans son ouvrage *Évolution agraire et pression créatrice*. Selon elle, la croissance démographique, par la pression qu'elle exerce, pousse les hommes à trouver des solutions pour subvenir à leurs besoins. La pression démographique peut donc être qualifiée de « créatrice » car elle est à l'origine d'évolutions agraires allant vers plus de productivité. **C'est la théorie cornucopianiste (de la corne d'abondance) : les besoins matériels sont source de progrès.** Il faut faire confiance à l'inventivité humaine. Proudhon affirmait d'ailleurs à ce propos au XIXe siècle : « *Il n'y a qu'un seul homme en trop sur Terre, c'est M. Malthus.* »

L'économiste américain Michael Kremer semble d'ailleurs montrer que les hypothèses de Boserup se sont confirmées dans l'histoire. C'est en effet lors des périodes où la croissance démographique a été la plus importante et dans les régions qui ont été les plus peuplées que les progrès techniques réalisés par l'humanité ont été les plus grands : en Europe, par exemple, après 1945. Au contraire, les régions isolées et très peu peuplées comme l'Océanie ont gardé à des niveaux de technicité rudimentaires.

Cependant, il reste à expliquer pourquoi l'Afrique, qui connaît la plus forte croissance démographique, en reste à des stades rudimentaires.

Introduction

L'histoire de l'alimentation passe inévitablement par celle de la nourriture et de sa disponibilité : que mange-t-on selon l'époque et la civilisation, et comment mange-t-on ?

Comme l'exprime Louis-Sébastien Mercier, à la fin du XVIIIe siècle, c'est à partir de cette époque que, dans les classes bourgeoises et populaires des villes, la cuisine s'invente véritablement, que les couverts sont considérés comme un moyen de manger plus proprement. Si cette **convenance s'est progressivement démocratisée**, elle témoigne d'une évolution des usages liés à l'alimentation, depuis la préhistoire jusqu'à nos jours.

Il s'agit également d'étudier les modes de production de cette alimentation. Le problème de l'insécurité alimentaire semble avoir été progressivement résolu, malgré des périodes difficiles en temps de guerre ou d'épidémies. C'est surtout une industrialisation de l'alimentation qui s'est développée à partir du XIXe siècle, ainsi qu'une mondialisation de son commerce, qui posent l'une et l'autre la question de la transformation des usages, de son uniformisation et de sa qualité déclinante.

1 S'alimenter de la préhistoire au XIXe siècle : une histoire et une signification complexes

A. De la préhistoire à l'Antiquité : de l'insécurité alimentaire à l'établissement de codes

1. La préhistoire, une insécurité alimentaire constante.

Au paléolithique et au mésolithique (de –1 million d'années environ à –5000), l'alimentation est fondée sur le principe des chasseurs-cueilleurs. Elle dépend donc beaucoup des phases climatiques.

Longtemps, la viande de grands herbivores (rennes, bisons, bouquetins…) a été la base de l'alimentation. Des traces de charognage de gros animaux (rhinocéros, éléphants antiques) ont également été observées alors que le petit gibier est soit consommé (lapins, marmottes), soit transformé en outils ou parures.

Peu à peu, la nourriture se diversifie avec l'introduction du poisson puis des végétaux. Sans que l'on puisse parler de « tabou alimentaire », Sandrine Costamagno et Camille Daujeard, coauteures d'une *Histoire de l'alimentation, de la préhistoire à nos jours* (2021), notent la très faible place de la consommation de carnivores, plus rare que les traces d'anthropophagie.

Le néolithique, qui voit les premières traces de sédentarisation, est une période de transformations importantes en matière d'alimentation. Le régime alimentaire se diversifie avec la consommation de produits laitiers grâce aux animaux domestiques. Les céréales dominent, les légumineuses également, mais la chasse continue à jouer un grand rôle, à côté de l'élevage. C'est aussi la période de la domestication des arbres fruitiers.

Un peu plus tard, en Mésopotamie antique, dans le Croissant fertile, les productions de base sont l'orge, plutôt que le blé, le sésame, les lentilles et les pois chiches mais aussi des fruits : dattes, figues, pommes. On trouve également du vin et de la bière, quelques légumes (navet, concombre…) et l'élevage du petit bétail. L'orge joue un rôle central, confirmé dans les textes des premiers États qui organisent la production et le salaire en nature (grain, huile, laine).

2. Dans l'Égypte antique

Dans l'Égypte antique, grâce aux sources funéraires et à l'archéologie, nous savons que le Nil apporte l'eau de boisson, les poissons, conservés dans le sel du delta, le gibier des berges et une plante comestible de marécage : le souchet. Grâce aux crues qui déposent des alluvions fertiles, il assure des cultures relativement abondantes. Les céréales, orge, blé dur et amidonnier, occupent les terres basses alors que le sorgho et le millet, céréales africaines, sont peu présents. Sur les terres hautes, on trouve des légumes, des vergers – dattiers, mais aussi vignes et oliviers – ainsi que de l'élevage de volailles. Enfin, le désert offre du gibier, même si les antilopes, vraisemblablement trop chassées, disparaissent peu à peu des représentations.

3. Chez les Grecs anciens

Pour les Grecs, blé et vin sont les deux biens indispensables à une époque où le risque alimentaire est très présent dans la société antique. Thucydide montre bien que la base de l'alimentation repose sur les céréales (blé, orge, froment et millet, mal aimé mais présent). Elles sont consommées sous forme de pains, de galettes (la « maza » était une préparation de grains d'orge grillés et moulus, mélangés à un liquide : eau, lait ou vin). Les aromates contribuent à apporter plus de goûts, de même que les olives et les fromages. La cuisine est agrémentée d'aromates d'origine méditerranéenne (thym) ou plus lointaine (cannelle) utilisés pour les sauces. Le miel est également très utilisé. Les légumineuses (pois chiches, fèves, vesces), les légumes et les fruits sont aussi très présents. La viande tient une faible place dans l'alimentation quotidienne, mais on la trouve à côté des poissons dans les festins. En ce qui concerne les boissons, on trouve l'eau, dont la qualité dépend du mode d'accès (source ou citerne) et le vin, boisson de fête. S'il existe des périodes de disette, où le grain devient une arme politique, l'alimentation était aussi, pour les Grecs, un marqueur de civilisation.

TEXTE CLÉ

LES CYCLOPES ANTHROPOPHAGES, SYMBOLES DE BARBARIE

Après avoir gagné la guerre de Troie, Ulysse et ses compagnons tentent de rentrer chez eux. Leur navire fait naufrage et ils se retrouvent sur une île où vit le cyclope Polyphème. Entrés dans sa grotte en son absence, ils sont découverts par le cyclope et ils expliquent leur mésaventure.

« À ces paroles le Cyclope ne répond rien. Il se lève brusquement, saisit deux de mes compagnons et les écrase comme de jeunes faons contre la pierre de la grotte : leur cervelle jaillit à l'instant et se répand sur la terre. Alors il divise leurs membres palpitants, prépare son repas, et, semblable au lion des montagnes, il dévore les chairs, les entrailles, et même les os remplis de moelle de mes deux compagnons. À la vue de cette indigne cruauté nous élevons, en gémissant, nos mains vers Jupiter, et le désespoir s'empare de nos âmes. Quand le Cyclope a rempli son vaste corps en mangeant ces chairs humaines, il boit un lait pur, se couche dans la caverne, et s'étend au milieu de ses troupeaux. »

Homère, *Odyssée*, livre IX.

Trois éléments associés à une divinité sont mis en avant : le blé et Déméter, l'olivier d'Athéna et la vigne dionysiaque. Mais on peut noter aussi une différence en matière d'alimentation entre hommes et femmes, esclaves et hommes libres, riches et pauvres. Il existe aussi une différence entre alimentation grecque et barbare. Les peuples nomades, par exemple, souligne Hérodote, consomment plus de laitages et de viandes. Les Arméniens sont souvent présentés comme des buveurs de bière et les Thraces ou les Scythes comme des buveurs de vin pur, ce qui correspond peu aux vertus de tempérance arborées par les Grecs.

Le repas grec est également associé à des rites et coutumes. La journée est rythmée par quatre repas. L'un d'entre eux, le *symposion*, est considéré comme une fête. Le temps du repas est une forme de sociabilité. **À partir du vᵉ ou du ɪvᵉ siècle av. J.-C., on peut parler de raffinement alimentaire.** Les Grecs disposent de divers modes de cuisson, représentés tant sur les vases que par des figurines de terre. La vaisselle est distinctive des catégories sociales. Il existe également des manières de se tenir à table, et les Grecs insistent notamment sur la propreté. Les excès sont condamnés par les dieux, dont la colère est alors d'ailleurs souvent évoquée dans la mythologie.

Au vᵉ siècle av. J.-C., Hippocrate consacre même un traité à la diététique et l'alimentation est, selon Acron d'Agrigente ou Dihile de Siphnos, le premier médicament. Des modes alimentaires minoritaires existent : **le végétarisme est décrit à partir des auteurs grecs et existe au moins dès le vɪᵉ siècle av. J.-C. ; à l'inverse, la diète athlétique est surprotéinée.**

4. L'alimentation chez les Romains

Au quotidien, à Rome, on retrouve le blé au centre du régime alimentaire méditerranéen avec la triade : blé, vin, huile d'olive. Les protéines sont apportées par le *pulmentarium* (« accompagnement »), œufs ou fromages frais consommés avec de la bouillie ou seuls. Les légumes secs font figure de « viande du pauvre ».

Les conquêtes vont cependant faire apparaître de nouvelles denrées. C'est l'homme d'État et général Lucullus qui apporte les cerises, quand Pline apprécie le melon grec. Les épices gagnent Rome avec l'expansion orientale. Cette dernière donne lieu à un commerce, et la ville compte aussi sur les surplus agricoles de la campagne (ceinture maraîchère) ou sur les viviers de poissons.

Pour se nourrir, le Romain dispose de marchés sur le forum (la place centrale), de foires locales ou régionales. Pour la beauté et l'assainissement des villes, certaines boutiques, comme les boucheries, sont exclues du forum. L'administration cherche également à contrôler la qualité et la salubrité des aliments. Le Romain peut se nourrir à l'extérieur de la maison : la *popina*, une sorte de bar-restaurant, est un lieu où toutes les classes sociales se retrouvent pour manger rapidement.

Les inégalités alimentaires sont cependant importantes. Si l'élite profite de l'abondance, le peuple souffre de malnutrition. Les moins bien nourris sont les soldats et les esclaves, qui souffrent régulièrement de carences. Trois repas quotidiens rythment la journée mais seul le dernier, la cène, est à peu près complet.

Les banquets constituent au demeurant un véritable rite social. Le *convivium* (privé ou public) ou l'*epulum* (uniquement public) sont très divers. Ils peuvent être organisés dans le cadre de sacrifices aux dieux, lors de funérailles, en hommage à l'empereur ou à des évergètes (riches notables). Les notables y participent quand le peuple reçoit des distributions de nourriture et la femme y trouve progressivement sa place, mais à côté de son mari, en tant que *matrona*, c'est-à-dire mère de famille. On trouve des exemples de ces banquets chez Pétrone (*Satyricon*), notamment le festin chez Trimalcion dont certains extraits nous sont parvenus et qui fait figure de parodie du *Banquet* de Platon.

L'alimentation est aussi un plaisir qui porte un nom : la « *gula* ». Le gourmet le plus célèbre, sous Tibère, est Apicius. C'est sous la République romaine (de – 509 à – 27) que le métier de cuisinier se développe avant que la cuisine ne soit considérée comme un art sous l'Empire (de – 27 à 476). Comme en Grèce, la diététique tient une grande place au service de la santé et de la morale et le goût romain est opposé au goût barbare. Les Germains sont qualifiés par Tacite de « *mangeurs de racines et de viande crue à peine attendrie sous la selle* ».

En matière de politique alimentaire, il s'agit, pour l'État romain, d'assurer la paix sociale. Cela passe par la sécurisation des approvisionnements, mission confiée à l'Anone. Cette institution impériale est d'ailleurs née à partir des distributions de vivres sous la République, appelées les « *frumentationes* ». Si les famines sont très rares, les crises frumentaires (baisse des réserves de grains et augmentation des prix) suscitent régulièrement des révoltes. Un autre aspect de cette politique est la défense de la morale : les lois somptuaires cherchent à réglementer le luxe des banquets et à promouvoir la frugalité. Dans les provinces, la régulation en cas de crise se fait par les donations des évergètes aux cités.

Focus LA CUISINE CHINOISE ET SON HISTOIRE

Selon l'archéologue Kwang-chih Chang, « *les Chinois sont particulièrement préoccupés par la nourriture* » et « *la nourriture est au centre, ou du moins elle accompagne ou symbolise, de nombreuses interactions sociales* ». Il considère que le repas chinois est composé de céréales et d'amidon et de plats de légumes ou de viande. Le sinologue Endymon Wilkinson insiste sur quelques facteurs d'évolution :

1. L'expansion de la culture Han a favorisé la diversité des ingrédients et des pratiques culinaires.
2. La médecine traditionnelle, élaborée et en constante évolution, considère la nourriture comme le fondement d'une bonne santé.
3. Les élites ont incessamment demandé des cuisines plus élaborées. Les voyages de ses membres y participent.
4. Les influences étrangères (commerçants japonais, missionnaires européens, envahisseurs nomades des steppes) ont des conséquences sur les recettes et les ingrédients.

Les anciennes routes de la soie sont des couloirs de circulation intenses et les traditions culinaires s'y sont transmises et transformées. Ainsi, des produits comme le sésame, les pois, les oignons, la coriandre et le concombre ont tous été introduits en Chine de l'Ouest sous la dynastie des Han.

B. Les transformations de l'alimentation au Moyen Âge

1. Chez les chrétiens

Lors de l'Antiquité tardive, à partir du ve siècle, on assiste à une période de métissage alimentaire entre tradition gréco-romaine et habitudes barbares.

Les élites tentent, non sans le modifier, de préserver leur modèle du banquet qui passe de la soirée vers midi : c'est le *prandium*, où le lit en arc de cercle remplace les trois lits distincts. Le ve siècle voit aussi la fin de l'Anone. **Depuis l'empereur Aurélien, au IIIe siècle,**

les distributions de vivres contiennent du pain, mais aussi de l'huile, du vin, de la viande de porc, et elles deviennent quotidiennes. La capitale de l'Empire d'Orient, Byzance, met en place une organisation semblable à celle de Rome, un système de distribution copié dans diverses villes d'Orient comme Antioche. Le but, comme à l'époque précédente, est d'éviter les révoltes en période de pénurie alimentaire.

La base de l'alimentation demeure centrée sur les céréales, les légumes, les légumineuses et le vin. La viande reste peu importante, mais les produits laitiers sont régulièrement consommés. Petit à petit, un mets devient primordial : le pain, demandé par les élites. La question de la conservation des aliments se révèle aussi primordiale, d'où l'importance prise par le sel. Là encore, les élites ont un régime alimentaire plus varié et plus riche : viande, épices, miel.

La christianisation, avec le Carême et les jours maigres, conduit à un certain ascétisme de l'alimentation, en lien avec la frugalité grecque et romaine. Les périodes de jeûne imposées par l'Église ne doivent pas masquer les disettes et famines fréquentes. Le jeûne religieux conduit à la création d'une cuisine « du maigre » où le poisson est roi. Mais à côté des restrictions, subies ou volontaires, on trouve aussi la profusion des banquets, moments sociaux et politiques.

2. Dans l'islam médiéval

Selon Mohamed Ouerfelli, dont la thèse porte sur *Le sucre : production, commercialisation et usages dans la Méditerranée médiévale,* **l'alimentation en terre d'islam est liée au licite et à l'illicite**. Les seuls interdits sont les charognes, le sang, la viande de porc et les animaux sacrifiés à d'autres dieux.

Pour l'approvisionnement urbain, comme dans l'Antiquité, les pouvoirs politiques organisent et encadrent le commerce des denrées alimentaires. De nouvelles cultures se développent au Proche-Orient, comme le sorgho, le riz, introduit dans les marécages du bas Irak, et les agrumes.

L'alimentation de ce vaste espace est différente selon la catégorie sociale, les régions et les modes de vie : Bédouins qui consomment lait et dattes, paysans ou citadins. Au début de l'islam, le vin est d'ailleurs consommé et vanté par les poètes, avant son interdiction.

Le commerce alimentaire entre les mondes latin et musulman est assez abondant, surtout pour les céréales, en dépit des interdictions religieuses. Le pape interdit en effet, en 1291, de vendre des céréales aux musulmans tandis que certains juristes musulmans prônent le même interdit envers les chrétiens. Ainsi, les épices, que l'on doit entendre dans un sens très large (condiments, plantes tinctoriales et médicinales) et certaines denrées orientales (raisins secs, oranges et sucre) arrivent en Occident depuis l'Asie via le Proche-Orient grâce aux marchands musulmans et mongols. Contrôler les échanges est très lucratif, mais soumis aux aléas politiques. La route de Syrie-Palestine est par exemple bouleversée par la chute de Saint-Jean-d'Acre en 1291 sous les coups des Mamelouks. Le commerce du sucre conduit également, en Occident, au développement des confitures et de confiseries comme les dragées.

Dans ces contacts, nous devons aussi noter les apports de la pharmacopée arabo-musulmane à la médecine occidentale, à Tolède, Montpellier ou Salerne. La Sicile joue en grand rôle dans ces échanges. Certaines pratiques culinaires musulmanes se sont répandues avec, par exemple, l'introduction de nouveaux produits comme le safran, les agrumes ou le sucre déjà évoqué. On trouve ainsi quelques recettes orientales dans les livres de cuisine italienne du XIVe siècle.

3. Écrire, faire la cuisine et gouverner le marché urbain dans l'Occident médiéval

La codification croissante et les ouvrages de cuisine permettent de connaître l'alimentation des élites à défaut d'approcher celle du peuple, qui n'est pas écrite. Les ouvrages sont en général datés des XIIIe, XIVe et XVe siècles.

Des livres de cuisine apparaissent peu à peu, d'abord anonymes, souvent peu précis, notamment concernant les temps de cuisson. Mais quelques noms apparaissent, dont certains sont passés à la postérité : le Français Guillaume Tirel dit Taillevent, le Savoyard Chiquart, ou encore Maestro Martino attaché à la papauté. Ces traités nous renseignent d'abord sur la volonté de surprendre les convives.

L'approvisionnement des villes est de plus en plus organisé au moyen d'officiers municipaux (à Bologne, ce sont les « Domini bladi »). **Ils contrôlent qualité, salubrité et prix des denrées naturelles ou transformées.** Parallèlement, les banquets princiers nécessitent une organisation qui crée de nouvelles fonctions : maître d'hôtel, maître-queux, écuyer tranchant et échanson.

Enfin, la hiérarchie sociale imprègne fortement les manières de s'alimenter. Les banquets de cours par l'ostentation du luxe sont des temps politiques. À partir du XIIIe siècle, partout en Europe, les autorités cherchent à limiter ce luxe des banquets en promulguant des lois somptuaires. La hiérarchie des aliments suit alors la hiérarchie sociale et les nobles se mettent à consommer des aliments plus légers, plus proches des recommandations religieuses.

L'alimentation s'adapte aussi au voyage. Le biscuit, nourriture du marin, les viandes et poissons séchés, les pâtes constituent la base de l'alimentation du voyageur, du pèlerin. Les guides du pèlerin et les récits de voyages évoquent les bons produits des régions traversées et de nouvelles denrées, comme la viande de chameau, consommée à Jérusalem par Niccolo da Ponggibonsi, de chien ou de loup.

C. L'époque moderne et le XIXe siècle : le début d'une première mondialisation alimentaire

1. Vers une uniformisation des goûts

Florent Quellier, auteur de *Gourmandise, histoire d'un péché capital* (2010), explique comment l'élargissement du monde a des conséquences à la fois botaniques et alimentaires, avec l'introduction en Europe de nouveaux aliments venus des Amériques (pomme de terre, tomate...). Mais c'est aussi une période où les échanges avec l'Asie et l'Afrique se multiplient (introduction du manioc, de la patate douce). Les voyages et la colonisation apportent aussi en Afrique des produits asiatiques (taro, igname) et en Amérique des produits africains (café, canne à sucre). Il semble que l'humanité soit passée de la curiosité botanique à l'adoption culinaire avec des aliments comme le piment, la tomate et la pomme de terre. Se développe aussi le goût pour les boissons exotiques, ce qui a une influence sur les économies des colonies américaines (café, chocolat).

2. L'alimentation : entre marqueur social et modernité

Comme aux époques précédentes, l'alimentation est un marqueur social qui favorise distinction et mépris de l'alimentation de l'autre. C'est aussi l'époque où apparaissent les règles de civilité à table, tandis que l'on continue à condamner les excès alimentaires.

Certains plats commencent à être liés à l'identité nationale ou régionale. Ainsi, la fondue suisse est présente dans un texte de 1699 quand le pudding est considéré comme anglais. On peut aussi remarquer des rejets alimentaires et des façons de manger différents selon que l'on est huguenot, catholique ou orthodoxe, riche ou pauvre.

L'époque moderne est celle d'une nouvelle gastronomie, en particulier en France. La cuisine française se renouvelle et se diffuse en Europe, dans ses goûts et son lexique. En 1653, on traduit en anglais *Le Cuisinier français* de François-Pierre de La Varenne. C'est le premier livre de cuisine à mettre en pratique les innovations culinaires qui ont vu le jour en France au XVIIe siècle en codifiant la cuisine de façon méthodique, à l'aide de règles et de principes. C'est aussi la première fois que le lecteur trouve des recettes reconnaissables, comme le « bœuf à la mode », les « œufs à la neige », la « bisque »... Y figurent la première mention du bouquet garni, des fonds de cuisine, des réductions, ou encore la première recette de mille-feuille.

On associe désormais certaines spécialités à un lieu : jambon de Bayonne, moutarde de Dijon, câpres de Gênes. On déguste les mets dans la salle à manger et, en ville, dans un nouveau lieu : le restaurant. C'est l'âge d'or du service à la française (succession de plats déposés sur la table, vaisselle nombreuse), l'assiette plate remplace le tranchoir médiéval, le verre devient individuel. Dès le XVIIIe siècle apparaît, au sein de la noblesse et de la bourgeoisie, une pièce spécialement destinée à l'alimentation : la salle à manger.

3. Vers une alimentation mondialisée

Au XIXe siècle, la reprise de la colonisation ouvre l'Europe à de nouveaux mets qui, après les élites sociales, gagne une plus large part de la population. Cela a des **conséquences sur les agricultures asiatiques, africaines et latino-américaines avec le développement des cultures de rente (thé, cacao)**. Les ports évoluent pour accueillir ces produits et la navigation se modernise. On assiste à une reconfiguration de la géographie alimentaire : par exemple, le Venezuela abandonne la culture du cacao au profit du café. Chicago devient, en 1848, la capitale des marchés des matières premières agricoles.

Mais si des produits parviennent en Europe de l'ensemble du monde, les habitudes alimentaires évoluent peu. Seuls quelques plats gagnent en popularité hors de leur région d'origine, comme les pâtes.

2 L'alimentation depuis le XXe siècle : production agricole, industries agroalimentaires et uniformisation.

A. Produire de l'alimentation : les agricultures aujourd'hui

1. La production agricole aujourd'hui : des volumes croissants et suffisants

La production agricole n'a cessé d'augmenter depuis l'ère des chasseurs-cueilleurs. Depuis le XXe siècle, les agriculteurs et les pêcheurs ont continuellement augmenté leur production, à un rythme supérieur à celui de la croissance de la population et des revenus. Les activités agricoles (et de pêche) se sont d'abord étendues géographiquement. Puis, vers le milieu du XXe siècle, l'accroissement de la production alimentaire s'est peu à peu émancipé de l'agrandissement des superficies agricoles : **entre 1960 et aujourd'hui, la population mondiale a plus que doublé et la production alimentaire a plus que triplé alors que les surfaces agricoles ont crû de moins de 15 %.**

Population, surface agricole et production alimentaire mondiales

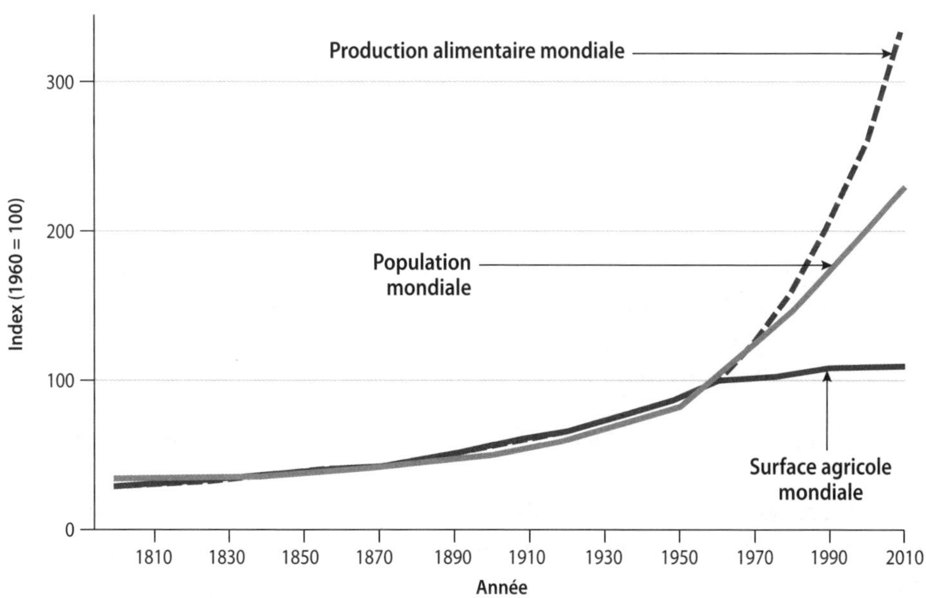

Source : OCDE.

2. Des transformations importantes depuis 1945

Les agricultures occidentales ont considérablement accru leurs rendements à deux périodes. Lors de la **première révolution agricole, à la fin du XVIIIe siècle**, d'abord en Angleterre, les nobles ont mis en place le système des « enclosures » : ils ont clôturé les terres communes pour les cultiver en utilisant du bétail. Cela a permis de supprimer la jachère (période pendant laquelle les paysans laissaient traditionnellement la terre se régénérer pendant un an), qui occupait environ un tiers de la superficie, grâce à l'utilisation d'engrais naturels issus des animaux. Ces derniers ont aussi apporté à la fois la force de traction dans l'agriculture et des protéines dans le régime alimentaire. En conséquence, les rendements ont augmenté et c'est aussi ce qui a permis de dégager de la main-d'œuvre et des capitaux, favorisant la première révolution industrielle.

Mais c'est après 1945 que les progrès agricoles ont été les plus importants, en Europe et en Amérique du Nord. La mécanisation se développe (utilisation des tracteurs et des moissonneuses-batteuses), ainsi que les techniques d'irrigation et l'utilisation d'« intrants », c'est-à-dire d'engrais chimiques et de pesticides (produits phytosanitaires). De la même façon, la recherche agronomique (création de l'INRA, Institut national de la recherche agronomique, en France en 1945) a permis la sélection des semences et l'hybridation des animaux afin d'utiliser uniquement les espèces les plus productives.

Actualité **LES SEMENCES SONT-ELLES EN VOIE DE DISPARITION ?**

« On estime aujourd'hui à 75 % la perte de la biodiversité dans le monde des plantes cultivées. [C'est] la révolution industrielle qui a brisé la dynamique de diversification. […]

Le développement de l'agriculture intensive et la standardisation des productions agricoles se sont accompagnés de la promotion de variétés dites à haut rendement que l'on retrouve dans la grande distribution. À partir des années 60, l'administration française devenue très proche de l'industrie semencière a interdit toute mise sur le marché de variétés qui n'auraient pas fait l'objet d'une autorisation administrative préalable […].

Non seulement nous avons perdu de la biodiversité et du patrimoine mais aussi le goût, le plaisir et la richesse de qualités nutritives issus de fruits et de légumes désormais interdits. C'est dans ce contexte de privatisation du vivant que des associations comme Kokopelli en France se battent pour revendiquer le droit de semer librement des variétés anciennes ou traditionnelles […]. La culture de ces semences n'est pas réglementée mais […] leur commercialisation est interdite. »

Mathieu Vidard, « La diversité des semences en voie de disparition », France Inter, 19 novembre 2019.

Dans les pays en développement, de gros progrès ont également été faits via la révolution verte. Cette politique vise à transformer, à accroître et à promouvoir l'agriculture dans les pays en développement. Elle repose sur trois facteurs principaux : l'utilisation de semences variées à haut rendement, comme le blé, le riz et le maïs ; l'utilisation de produits phytosanitaires et d'engrais minéraux pour redynamiser la productivité agricole ; le perfectionnement des systèmes d'irrigation.

En Inde, la révolution verte a commencé à prendre de l'ampleur à la fin des années 1970, en partie grâce à l'État indien et à la fondation Ford. Dès 1959, cette dernière appuie financièrement l'Inde : elle favorise la productivité en envoyant de l'engrais, elle envoie de l'argent pour aider à la construction d'infrastructures commerciales. De plus, la fondation Rockefeller et Norman Borlaug ont entamé des recherches visant à augmenter les rendements. Ils croisent pour cela différentes variétés de blés qui proviennent des États-Unis et des variétés locales. Parallèlement, l'État crée en 1963 la Corporation nationale des semences, qui doit promouvoir et distribuer des variétés hybrides. Il distribue aussi des subventions pour favoriser l'industrie productrice d'engrais et pour maintenir le prix de ceux-ci bas. À partir de 1970, le gouvernement indien met également en place un prix de prélèvement, ce qui lui permet de constituer des stocks destinés à être redistribués à bas prix soit aux populations, soit aux zones déficitaires. Il nationalise enfin les principales banques de dépôt pour faciliter l'accès au crédit.

Cette révolution verte fut incontestablement une réussite en Inde, parvenue à l'autosuffisance alimentaire dans les années 2000. Cela a permis l'arrêt des importations de nourriture et la croissance des stocks régulateurs. Cependant, quelques limites sont apparues : malgré la révolution verte, il reste encore beaucoup de populations pauvres qui ne disposent pas de terre. Enfin, sur le plan environnemental, on note des risques de perte de biodiversité liée à la destruction de certains milieux, des risques de pollutions à cause de l'utilisation de pesticides et d'engrais chimiques… Sur le plan économique, l'investissement massif de l'État indien dans la révolution verte a été remis en cause depuis la libéralisation de l'économie amorcée en 1991. La baisse des prix agricoles ainsi que celle des subventions étatiques ont également ruiné un très grand nombre de paysans. De plus, près de 300 millions d'Indiens n'ont toujours pas les moyens d'acheter leur nourriture au quotidien.

3. Des agricultures qui restent diverses

On trouve d'abord l'agriculture intensive : il s'agit d'une agriculture dont l'objectif est de produire beaucoup avec le moins de main-d'œuvre possible. Elle est spécialisée et, en général, produit une forte valeur ajoutée. C'est également souvent une agriculture d'exportation ou qui vend les produits en vue d'une transformation industrielle (tomates pour les concentrés, fruits pour le jus). On peut citer par exemple les haricots verts en Afrique du Sud, les kiwis et les avocats en Égypte. Les produits sont disponibles presque toute l'année et sont standardisés. Beaucoup parlent de « *food from nowhere* » (nourriture venue de nulle part). On peut également évoquer l'élevage intensif aux États-Unis ou en Bretagne en France : on parle de « *feed-lots* » ou d'« élevage en batterie ». Cette agriculture est même parfois informatisée, comme aux États-Unis.

À cela s'oppose l'agriculture extensive, qui produit sur des espaces très vastes et qui consomme moins de facteurs de production par unité de surface. Elle utilise moins d'intrants et sa productivité est donc plus faible. C'est le cas de l'élevage en Argentine ou au Brésil.

On oppose aussi traditionnellement agriculture commerciale (ou d'exportation) et agriculture vivrière (ou de subsistance). Dans ce dernier cas, l'objectif est de faire vivre toute une famille toute l'année et d'assurer la soudure (c'est-à-dire de satisfaire la demande entre deux récoltes).

Enfin, on pourrait opposer agriculture familiale et agriculture liée à de grandes entreprises. Aujourd'hui, à l'échelle mondiale, 70 à 80 % de la production (soit environ 500 millions d'exploitations) est assurée par une agriculture familiale qui est source d'emploi et de revenus pour environ 40 % de la population mondiale. Selon la FAO (Food and Agriculture Organisation of the United Nations), d'ailleurs, elles sont la clé de la sécurité alimentaire et du développement rural durable.

Actualité **LA CESSATION D'ACTIVITÉ DE LA FERME DES 1 000 VACHES EN FRANCE : UNE VICTOIRE CONTRE L'INDUSTRIALISATION DE L'AGRICULTURE ?**

« Le projet a fait couler beaucoup d'encre dès son lancement il y a dix ans. La ferme dite des "1 000 vaches", située près d'Abbeville dans la Somme, vient d'arrêter sa production laitière. »

Sylvain Eeckout, entrepreneur de travaux agricoles qui travaillait comme prestataire pour la ferme, explique : « Je suis petit-fils d'un agriculteur qui avait une trentaine de vaches laitières, une ferme familiale avec énormément de contraintes. [...] Ce modèle n'existera bientôt plus. Depuis quinze ans, on est arrivé à des systèmes où les gens se regroupent. C'est un peu le cas des 1 000 vaches. »

Mais de nombreux opposants ont fait péricliter le projet : notamment les collecteurs locaux ont été dissuadés d'acheter le lait. La collecte partait alors en Belgique, à la coopérative Milcobel qui vient d'annoncer qu'elle mettait fin à ses activités laitières. Cela a donné satisfaction à Francis Chastaner, porte-parole de l'association Novissen, qui a lutté contre le projet. Il affirme : « Attention, l'objectif, c'était d'en avoir dix ou vingt en France. Nous, on a toujours dit que c'était de l'agrobusiness. Quand vous avez un site où on produit 30 000 litres de lait par jour, qu'on envoie en Belgique chez Milcobel, une très grosse coopérative laitière en Belgique qui exporte son lait en Asie, en Afrique, avec les dégâts qu'on sait parce que c'est sous forme de lait en poudre amélioré, un peu avec de l'huile de soja. Les femmes africaines pensent que c'est du bon lait puisque ça vient d'Europe. Elles n'achètent plus le lait local, et elles mettent en difficulté les jeunes éleveurs là-bas, qui se retrouvent au chômage. [...] Et quand on lutte contre ce projet-là, on sait bien qu'on lutte contre un des maillons de l'agro-industrie internationale. »

D'après « La ferme dite des 1 000 vaches, symbole de l'agriculture industrielle, cesse son activité laitière », *Le Reportage de la rédaction*, reportage de Véronique Rebeyrotte, France Culture, le 7 janvier 2021.

B. L'alimentation, un secteur économique rentable ?

1. Les industries agroalimentaires (IAA) et les géants agricoles

Les IAA sont l'ensemble des activités industrielles qui transforment les productions alimentaires issues de l'agriculture ou de la pêche en aliments industriels destinés à la consommation humaine ou animale. Elles ne doivent pas être confondues avec l'agro-industrie qui comprend, outre l'agroalimentaire, la transformation des productions issues de l'agriculture, de la pêche et de la foresterie en produits non alimentaires, comme les biocarburants, les biomatériaux et les biotechnologies industrielles (« biotechnologies blanches »).

Plusieurs FTN dominent ainsi le marché comme Nestlé, Danone, Lactalis, Pernod-Ricard, Unilever, le groupe Bel, Mondelez-Internationale ou United Biscuits.

Focus **LES 10 PLUS GROSSES IAA SELON LEURS REVENUS 2019 (CLASSEMENT 2020)**

1. Cargill – 113,5 milliards de dollars.
2. Archer Daniels Midland Company – 64,65 milliards de dollars.
3. Nestlé – 63,8 milliards de dollars.
4. Sysco Corporation – 60,1 milliards de dollars.
5. JBS – 51,7 milliards de dollars.
6. George Weston – 50,1 milliards de dollars.
7. Tyson Foods – 42,4 milliards de dollars.
8. Bunge – 41,14 milliards de dollars.
9. PepsiCo – 36,26 milliards de dollars.
10. Mondelez – 25,9 milliards de dollars.

Certains pays font aussi figure de géants agricoles. On considère ainsi que l'UE est la première puissance agricole. En 2019, la production agricole du continent représentait environ 418 milliards d'euros. Viennent ensuite des pays comme les États-Unis et la Chine. Il existe d'autres géants agricoles comme le Brésil, l'Argentine, l'Australie ou l'Inde, de même que l'Ukraine.

2. Des inégalités importantes au sein de la paysannerie

À différentes échelles, le monde des paysans, c'est-à-dire de ceux qui produisent de l'alimentation, est très diversifié, au même titre que leurs revenus.

À l'échelle de la France par exemple, il existe des agriculteurs qui dégagent des bénéfices très importants : ce sont essentiellement des céréaliculteurs du Bassin parisien, qui mettent en place une agriculture intensive. Il s'agit aussi de certains producteurs viticoles de luxe, dans les appellations et les domaines les plus réputés (château d'Yquem, romanée-conti…). Certaines productions spécialisées (fleurs, fruits) apportent également un niveau de vie très confortable à leurs exploitants. À l'opposé, les producteurs de lait et de viande, surtout bovine, connaissent des difficultés importantes.

Le métier reste d'ailleurs peu attractif. Les agriculteurs travaillent en moyenne 55 heures par semaine, ce qui est bien supérieur, en France, aux 35 heures réglementaires. En témoigne aussi le fait que le taux de suicide chez eux est plus élevé que dans le reste de la population (chez les assurés de la MSA, la Sécurité sociale agricole, âgés de 15 à 64 ans, le risque de suicide est supérieur de 43,2 % à celui des assurés de l'ensemble des régimes de Sécurité sociale). C'est d'ailleurs pourquoi le gouvernement a lancé, en novembre 2021, une feuille de route pour enrayer ce fléau.

Dans son ouvrage *La Fin des paysans*, paru en 1965, Henri Mendras explique comment la paysannerie française a subi un choc au moment des Trente Glorieuses. Non seulement, le nombre des agriculteurs n'a cessé de diminuer, mais surtout leur métier s'est profondément transformé. **Le nouvel agriculteur doit être un entrepreneur de cultures, il a été formé dans des écoles (lycées agricoles) et il sait utiliser les produits phytosanitaires.**

Contrairement au paysan dont l'objectif était l'autosuffisance, il s'agit pour lui de vendre afin de dégager des revenus.

Actualité **DES REVENUS AGRICOLES INFÉRIEURS À CEUX DU RESTE DE LA POPULATION EN FRANCE**

« En France, les trois quarts des agriculteurs exploitants sont des hommes, et plus de la moitié ont 50 ans ou plus. Le niveau de vie médian des ménages agricoles est comparable à celui de l'ensemble des ménages ayant des revenus d'activité. Cependant, les disparités au sein des ménages agricoles sont plus fortes et ils sont plus souvent touchés par la pauvreté monétaire.

En moyenne, seul un tiers des ressources des ménages agricoles provient de l'activité agricole. La majorité de leurs revenus sont issus d'autres activités, en particulier celles du conjoint, et un cinquième sont issus du patrimoine [...].

Les revenus agricoles sont plus faibles dans les territoires d'élevage que dans ceux de production végétale. Ils sont particulièrement bas dans les territoires d'élevage de bovins [à] viande. En revanche, ils sont souvent plus élevés dans les territoires viticoles et dans ceux combinant diverses grandes cultures. »

INSEE Première, n° 1876, 11 octobre 2021.

À l'échelle mondiale, il existe de nombreux paysans sans terre qui demandent des réformes agraires afin que la terre soit mieux redistribuée. C'est particulièrement le cas en Amérique latine où les héritages coloniaux ont entraîné de très fortes inégalités. Le « Mouvement des sans-terre » (MST) désigne ainsi une organisation paysanne brésilienne militante qui œuvre pour une répartition plus équitable des terres : sur les 70 millions d'hectares cultivés au Brésil, près de 40 millions d'hectares sont détenus par un petit nombre de grands propriétaires terriens (environ 300), quand des millions de familles n'ont pas les moyens de posséder un lopin de terre. C'est ce qui explique aussi les révoltes paysannes. Traditionnellement dues à de mauvaises récoltes, les jacqueries avaient pu être nombreuses dans l'Ancien Régime en France.

Il en résulte donc ce paradoxe qui fait que des producteurs d'aliments, qui restent une nécessité vitale, peuvent ne pas réussir à vivre du fruit de leur travail.

3. Les agriculteurs au sein de la filière agroalimentaire

Aujourd'hui, les agriculteurs sont très insérés dans les « filières agroalimentaires », expression désignant toutes les activités qui contribuent à la production, à la transformation et à la commercialisation d'un type d'aliment. On y trouve des activités d'amont (production d'engrais, de machines...) et d'aval (grande distribution...).

Les filières mondialisées sont de plus en plus dominées par les secteurs d'aval : grossistes, industries de transformation et surtout centrales d'achat des supermarchés. En France, ces dernières sont particulièrement puissantes et ont permis de tirer, par exemple, le prix du lait vers le bas. Quatre d'entre elles (Intermarché-Casino, Carrefour-Dia, Auchan-Système U et Leclerc) détiennent 90 % du marché français de l'alimentation.

Face à elles, les 570 000 agriculteurs, les 2 800 coopératives agricoles et les 40 000 PME agroalimentaires pèsent peu. Elles ont aussi des exigences en matière de standardisation, de traçabilité, de respect des normes sociales et environnementales. Par exemple, les productions de fruits et légumes standardisés pour l'exportation dans les grandes chaînes de distribution doivent disposer de certifications très exigeantes, à l'image de Global GAP, créée en 1997 en Europe, qui atteste de bonnes pratiques dans les exploitations agricoles.

Il existe par ailleurs différents circuits de commercialisation. On parle de « circuit long » lorsqu'il y a au moins deux intermédiaires. En deçà, il s'agit d'un circuit court, où généralement la rémunération est accrue pour le producteur.

C. Les grandes puissances agricoles de la planète

1. Les États-Unis et l'Union européenne, géants agricoles

L'UE est la première puissance agricole du monde. En 2019, sa production agricole représente environ 418 milliards d'euros. L'État y contribuant le plus est la France (18 % du total de l'UE), suivie de l'Allemagne (14 %), l'Italie (14 %), l'Espagne (12 %), les Pays-Bas (7 %), la Pologne (6 %) et la Roumanie (4 %). Ensemble, ces sept États membres représentent plus des trois quarts de la production agricole totale de l'UE.

L'agriculture employait directement et indirectement 9,2 millions de personnes à travers l'Europe en 2019, soit 4,4 % de l'ensemble des emplois au sein des 27 États membres. En Roumanie, ce pourcentage grimpe à près d'un quart avec 23 % de la population employée dans ce secteur. **L'UE comptabilisait 10,3 millions d'exploitations en 2016, la surface agricole atteignant alors 156,7 millions d'hectares, soit environ 38 % du territoire européen.**

L'éventail des productions est très large. Les végétaux et les plantes horticoles représentent la première production agricole européenne avec 13,6 % de la valeur totale, devançant le lait (13,0 %) et les céréales (11,4 %). Pour cette dernière denrée, la France est de loin le plus important producteur (23,8 % de la production totale), suivie de l'Allemagne (14,8 %) et de la Roumanie (10,2 %). C'est également le cas pour la production de **bovins** (20,8 % de la production totale), tandis que l'Allemagne et l'Espagne comptabilisent le plus grand nombre de porcs. Enfin, dans l'UE, près d'un mouton sur quatre est élevé en Espagne.

L'agriculture européenne est puissamment soutenue par la politique agricole commune (PAC). En 2019, 38,2 milliards d'euros ont été consacrés aux paiements directs aux agriculteurs et 13,8 milliards au développement rural, tandis que 2,4 milliards supplémentaires ont soutenu le marché des produits agricoles. Ainsi, la balance commerciale de l'agriculture européenne reste positive de 5,3 milliards d'euros en 2021.

L'agriculture américaine est la deuxième du monde derrière la Chine, et la troisième si l'on compte l'UE comme une entité unique. Les États-Unis comptent 2,1 millions d'exploitations agricoles qui représentent une surface totale de 370 millions d'hectares, et 97 % d'entre elles sont des exploitations familiales (plus de 50 % du capital appartient à l'exploitant où à sa famille directe). Ces exploitations sont très diverses en matière de produits, de taille et de modes de production. Ainsi, dans le nord-est du pays, leur taille moyenne est de 48 hectares et il s'agit en majorité de fermes maraîchères, fruitières, horticoles, laitières et de polyculture-élevage ; tandis que dans le Midwest, zone de production de céréales et d'oléagineux située au centre du pays, les fermes ont une surface moyenne de 219 hectares. Les États dans lesquels les exploitations moyennes sont les plus grandes correspondent aux élevages extensifs des montagnes Rocheuses (Montana, Wyoming). Leur agriculture est soutenue par le Farm Bill, régulièrement révisé (pour la dernière fois en 2018), qui vise à aider les agriculteurs à produire.

Les États-Unis sont le premier exportateur mondial de produits agricoles, notamment de maïs, de blé et de viande porcine. Ces exportations ont augmenté de 90 % au cours des dix dernières années, en lien avec une stratégie d'adaptation de l'agriculture américaine aux marchés en croissance. La Chine demeure depuis 2011 le premier client agricole et agroalimentaire des États-Unis devant le Canada, le Mexique, l'UE et le Japon. La première source de revenus est, de très loin, le soja, qui pèse 26,4 milliards de dollars et dont la Chine, premier importateur mondial, est le premier consommateur.

2. L'agriculture des pays émergents

L'agriculture chinoise a fait des progrès considérables. Elle doit en effet nourrir 18,3 % de la population mondiale sur 8,5 % de la surface arable du globe ; ses ressources en eau, inégalement réparties entre les régions, ne représentent que 6,5 % du total disponible de la planète.

La Chine est l'un des premiers pays producteurs agricoles mondiaux : elle est notamment le premier producteur de blé, de porc, de volailles, et le deuxième de maïs. L'agriculture représente 7,2 % du PIB en 2018, mais la Chine est un pays importateur massif de produits agroalimentaires. Ainsi, la balance agroalimentaire chinoise a été déficitaire de 41 milliards d'euros en 2018 (son premier poste de déficit). Ce déficit se creuse (en particulier sur le soja), en raison notamment d'une évolution des habitudes alimentaires (augmentation de la consommation de produits carnés) à laquelle l'offre domestique ne répond pas.

Mais l'agriculture chinoise est en pleine transition. Si sa productivité reste modérée et ses coûts de production élevés, c'est parce qu'elle demeure **majoritairement constituée de petites exploitations familiales dont la taille moyenne est de 0,6 hectare et d'unités de transformation nombreuses et peu modernisées,** même si de très grandes structures (fermes de 10 000 vaches ou de plus de 1 000 truies) et d'importants groupes agroalimentaires se développent en parallèle.

Le gouvernement chinois accompagne cette transformation par des politiques volontaristes, mobilisant une panoplie d'aides publiques : il facilite l'émergence d'unités de production plus grandes et la restructuration de l'agriculture familiale (disparition du plus grand nombre, concentration sur des exploitations plus performantes). L'exode rural facilite cette évolution.

Les autres pays émergents sont aussi des géants agricoles. C'est le cas de l'Inde et surtout du Brésil. Les ressources naturelles du Brésil, sa superficie, ses conditions climatiques et ses efforts menés en matière de modernisation en font un des tout premiers producteurs agricoles au monde. **Le Brésil est aujourd'hui le quatrième agro-exportateur mondial** derrière les États-Unis, les Pays-Bas, l'Allemagne, et juste devant la France. Il fait partie des premiers producteurs et exportateurs mondiaux de nombreuses matières premières : premier en sucre, jus d'orange, café ; deuxième en éthanol et viande bovine ; deuxième producteur mais premier exportateur en soja ; troisième producteur et premier exportateur de viande de volaille ; troisième producteur et deuxième exportateur de maïs ; quatrième en viande porcine.

L'agriculture brésilienne est duale : d'un côté, on trouve l'agronégoce exportateur (800 000 exploitations) qui assure l'excédent commercial ; **de l'autre, l'agriculture familiale, qui fournit environ deux tiers de l'alimentation des Brésiliens**, emploie 14 millions de Brésiliens sur 4,3 millions d'exploitations. Cette dualité se traduit au niveau institutionnel par deux ministères distincts, le MDA pour l'agriculture familiale et le MAPA pour l'agronégoce.

Le Brésil connaît également un excédent commercial agricole. L'Union européenne est le deuxième client du Brésil pour les produits agricoles et alimentaires avec environ 22 % des exportations, juste derrière la Chine avec environ 23 %.

Le Brésil défend fortement une libéralisation accrue des échanges agricoles dans le cadre de l'OMC, et une ouverture du marché agricole européen dans le cadre de la négociation UE-Mercosur. Il a investi la scène multilatérale avec l'élection de Brésiliens à la tête de la FAO (José Graziano Da Silva, directeur général de 2012 à 2019) et de l'OMC (Roberto Azevêdo, directeur général de 2013 à 2020).

Pourtant, l'agriculture brésilienne fait face à des difficultés : problèmes d'infrastructures de transport (engorgement des ports en période de récolte, absence presque totale de chemins de fer...), une forte dépendance aux importations d'engrais qui influe sur les coûts de production, un fort endettement du secteur agricole et des problèmes de durabilité sociale et environnementale.

3 Le commerce alimentaire et ses conséquences

A. À l'échelle mondiale, un commerce des produits alimentaires toujours croissant mais qui pose problème

1. Un commerce toujours croissant mais concentré

Les échanges de produits agricoles, halieutiques (ressources vivantes aquatiques, le plus souvent issues de la pêche), aquacoles et alimentaires n'ont jamais cessé de croître.

Actuellement, un petit nombre de pays s'arrogent une grande partie des exportations de certains produits agricoles de base, leur production jouissant d'un net avantage comparatif. Par exemple, cinq pays représentent plus des deux tiers des exportations mondiales de blé et de viande bovine. En ce qui concerne le soja, la proportion dépasse 90 %. Même dans les cas où la part des cinq principaux exportateurs est plus modeste, il est fréquent qu'un seul pays occupe une place prépondérante : le Brésil représente 45 % des exportations mondiales de sucre, le Canada 54 % de celles d'oléagineux et la Thaïlande 56 % de celles de racines et tubercules. Et il en va de même de plusieurs produits laitiers.

Les importations agricoles sont dans l'ensemble moins concentrées que les exportations, car les échanges s'opèrent entre un petit groupe d'exportateurs et un grand nombre d'importateurs. Le soja et les autres oléagineux, les racines et tubercules, et les autres céréales secondaires constituent toutefois des exceptions notables, la demande de la Chine étant en l'occurrence prépondérante.

DONNÉES CLÉS

Les principaux exportateurs de denrées alimentaires de base en 2022 (en tonnes).

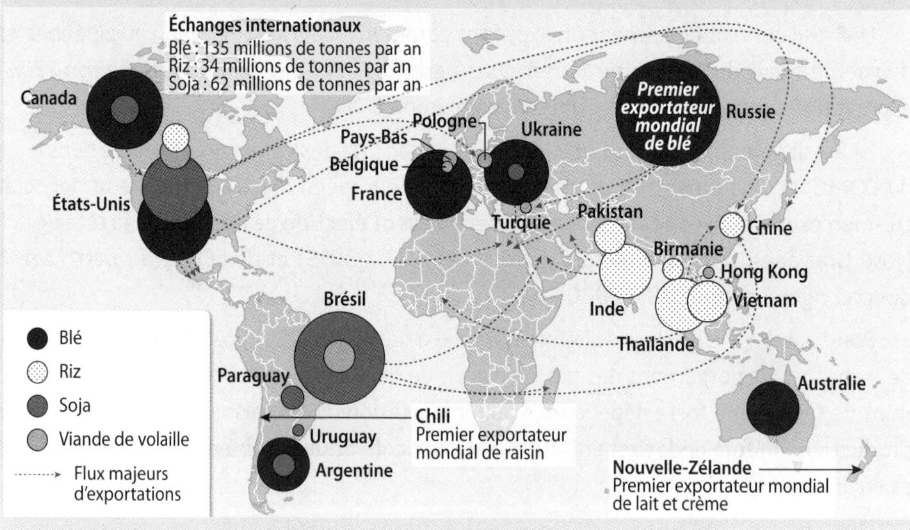

Source : Intracen.

2. Le problème de la concurrence déloyale

Malgré la volonté d'abaisser les barrières douanières, dans le cadre des accords du GATT (Accord général sur les tarifs douaniers et le commerce en vigueur jusqu'en 1994) puis de l'OMC, certaines puissances agricoles pratiquent le dumping, c'est-à-dire une concurrence déloyale.

La question s'est notamment posée à propos des subventions de l'UE et des États-Unis aux agriculteurs. **Or, cela touche directement les productions des pays en développement qui n'ont pas les moyens de suivre.** Si le Congrès américain a décidé, en 2014, de supprimer les aides directes aux agriculteurs, ces dernières sont toujours au cœur de la Politique agricole commune (PAC) de l'UE.

NOTION CLÉ

QU'EST-CE QUE LA PAC ?

La PAC est une politique mise en œuvre par l'UE dans le but de développer et soutenir les agricultures des États membres. Son fonctionnement et ses missions ont évolué depuis sa création en 1962.

Quels sont les objectifs de la PAC ?

La PAC est la plus ancienne et a été, jusqu'en 2006 inclus, la plus importante des politiques communes de l'UE en termes de budget. Créée par le traité de Rome en 1957, elle a été mise en place en 1962. Ses objectifs étaient alors :

- d'accroître la productivité de l'agriculture ;
- d'assurer un niveau de vie équitable à la population agricole ;
- de stabiliser les marchés ;
- de garantir la sécurité des approvisionnements ;
- d'assurer des prix raisonnables aux consommateurs.

Depuis s'y sont ajoutés les principes de respect de l'environnement, de sécurité sanitaire et de développement rural.

Quel est le mode de financement de la PAC ?

La PAC est financée par deux fonds qui font partie du budget de l'UE : le Fonds européen agricole de garantie (**FEAGA**) et le Fonds européen agricole pour le développement rural (**FEADER**).

Les agriculteurs bénéficiaient à l'origine :

- d'**aides indirectes** (les « **prix garantis** »), leur assurant un prix minimal pour leur production en comblant la différence entre prix du marché et prix garanti ;
- de **restitutions aux exportations**, c'est-à-dire de subventions, afin que les exportations européennes ne soient pas pénalisées par les prix garantis supérieurs aux prix mondiaux ;
- d'une **préférence communautaire** permettant de protéger le marché européen de la concurrence de produits importés à bas prix : il s'agit des **prélèvements agricoles**, qui constituent une taxe douanière spécifique à ce secteur.

Introduites en 1992, les **aides directes** (ou aides au revenu), visant à compenser la baisse des prix garantis et le gel partiel des terres mis en place pour lutter contre la surproduction, représentent aujourd'hui l'essentiel du soutien aux agricultures. La PAC comprend également des mesures de marché destinées à faire face à des situations de marché difficiles (chute de la demande due à une alerte sanitaire, chute de prix...). Les mesures de développement rural s'inscrivent dans le cadre des programmes nationaux à destination des zones rurales.

Source : www.vie-publique.fr/fiches/20381-quest-ce-que-la-politique-agricole-commune-pac

B. Vers une transformation de l'alimentation ?

1. Vers une certaine uniformisation des goûts

On a montré plus haut comment la colonisation avait pu être une première étape de cette mondialisation des aliments et des pratiques culinaires. L'alimentation européenne se répand dans le quotidien des colonies même après leur indépendance. Autre facteur, le développement des classes moyennes et la généralisation des magasins de grande distribution. **L'uniformisation est également liée aux industries alimentaires qui commencent à émerger dans la seconde moitié du XIXe siècle**, avec la naissance de la publicité et de l'empaquetage. Faite d'innovations techniques, l'industrie remplace peu à peu les activités artisanales tant dans la minoterie que dans la transformation des viandes. La mécanisation et le travail à la chaîne sont introduits là où les matières premières sont homogènes : distillerie, brasserie, meunerie, sucrerie. La main-d'œuvre féminine domine rapidement (conserveries). Le progrès technique est associé à l'hygiène.

Cette uniformisation des goûts est aussi liée à l'américanisation du monde. Et certaines images donnent l'impression qu'elle est réelle, comme la généralisation des fast-foods.

DONNÉES CLÉS

Carte des pays ayant des restaurants McDonald's dans le monde.

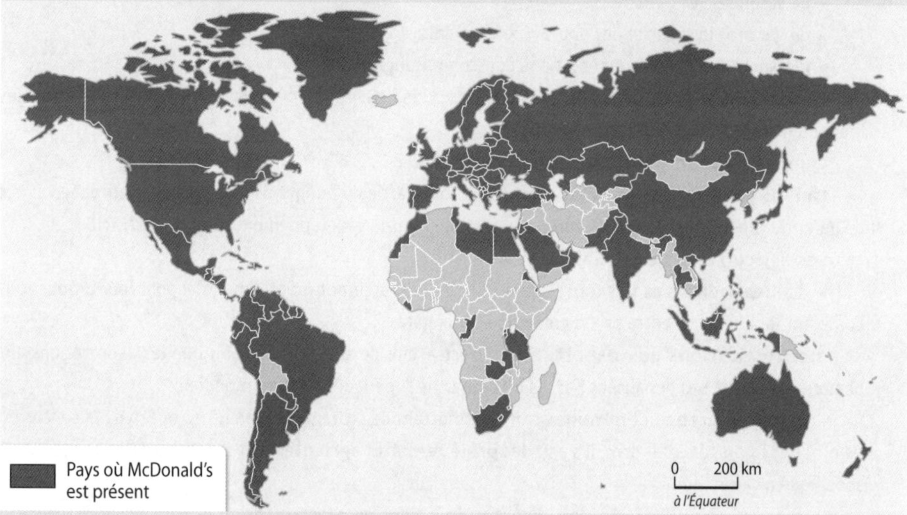

Il faut noter ici que la Bolivie avait 8 restaurants de cette enseigne mais qu'ils ont été fermés en 2002 faute de clients.

Source : http://worldpopulationreview.com/country-rankings/countries-without-mcdonalds

Autres exemples, le blé est entré dans l'alimentation de 97 % des pays du monde (91 % pour le riz) et, entre 1961 et 2009, la consommation de soja a augmenté de 284 %, celle de tournesol de 246 % et celle d'huile de palme de 173 %. Dans le même temps, la consommation de patates douces et de millet s'est réduite de 45 %, et de 52 % pour le sorgho. Il en va de même pour la consommation de café au détriment du thé par exemple.

Pourtant, on pourrait remettre en cause cette idée, ou du moins la nuancer. C'est ce que fait Gilles Fumey lorsqu'il affirme que manger, c'est incorporer un territoire et qu'on n'adopte pas de nouvelles pratiques alimentaires aussi rapidement que l'on veut bien le faire croire.

TEXTE CLÉ

« La mosaïque alimentaire et culinaire tient à un monde cloisonné où les échanges de biens, de produits et d'idées touchent peu de personnes », écrit gilles Fumey. Il montre par exemple comment les Américains ont transformé la pizza, autrefois mince galette napolitaine, en une tourte où les sauces et le fromage fondu abondent parce qu'on est dans une culture de l'élevage (lait et viande) et non potagère (comme celle de la Méditerranée).

De même, il n'y a pas de mondialisation de l'alimentation et des pratiques alimentaires dans les pays pauvres car les populations n'en ont pas les moyens. Gilles Fumey conclut : *« Les résistances à une mondialisation qui serait inéluctable sont grandes parce que les deux milliards de "pauvres" n'ont pas le choix de ce qu'ils mangent. Parce que les systèmes culinaires et alimentaires sont stables, ancrés dans des cultures lentes à se décanter, même en cas de migration puisqu'on sait qu'il faut trois générations à des migrants pour voir la cuisine changer au sein des sphères familiales. Parce qu'enfin, en recomposant leurs liens à l'espace et aux territoires du fait de l'urbanisation ou du développement économique, ils recomposent forcément leurs manières d'intégrer ces territoires-là, au plus intime d'eux-mêmes. »*

Gilles FUMEY, « La mondialisation de l'alimentation »,
in *L'Information géographique*, vol. 71, n° 2, 2007, p. 71-82.

2. Le marketing et les nouvelles modes alimentaires : de nouvelles façons de produire des aliments

De nouvelles formes de consommation alimentaire et de nouveaux régimes alimentaires se sont développés. La publicité est la première à favoriser de nouveaux modes de consommation alimentaires en vantant certains produits et leurs mérites.

D'autres transformations reposent plutôt sur des convictions idéologiques. Le véganisme en est un. Le terme « végan » a été imaginé en 1944 par Donald Watson, le cofondateur anglais de la plus ancienne association végane au monde, la Vegan Society. En 1951, l'association définit le véganisme comme *« une doctrine selon laquelle les humains doivent vivre sans exploiter les animaux »*. Bien que l'Homme semble omnivore, une personne végane modifie donc sa nutrition au quotidien pour supprimer sa consommation de viande et de poisson, mais aussi tout produit alimentaire d'origine animale comme les œufs, les produits laitiers, la gélatine de porc, le miel… En France, le mouvement végan s'est développé dans les années 2010 mais il ne concerne que 2,2 % de la population en 2021. Or, sans remettre en cause la volonté de ne pas exploiter les animaux, on peut se demander si, à l'instar du bio quelques décennies plus tôt, il ne s'agit pas d'une nouvelle forme de marketing mise en avant par les grandes firmes de l'agroalimentaire, d'autant plus que de nombreux produits estampillés « végan » sont issus de l'industrie.

De la même façon, l'industrie alimentaire s'adapte aux nouvelles idéologies. Afin d'éviter la souffrance animale, des entreprises effectuent des recherches pour fabriquer de la viande sans avoir à tuer des animaux. On parle alors de viande « cultivée » ou « de culture ». Winston Churchill, dans l'essai *Fifty Years Hence (Cinquante ans plus tard)*, en 1931, écrivait déjà, en imaginant le futur : « *Nous échapperons à l'absurdité de faire croître un poulet entier pour en manger la poitrine ou l'aile, en faisant pousser ces parties séparément dans un milieu approprié.* » Les recherches se sont développées et, en 2013, le docteur Mark Post dévoile au monde le premier hamburger dont le steak haché a été entièrement cultivé. Le problème reste aujourd'hui la réduction des coûts. Mais en 2020, la République de Singapour a été le premier État à autoriser la vente de nuggets de poulet fabriqués en laboratoire, en l'occurrence produits par la start-up californienne Eat Just. De même, la start-up parisienne Gourmey a pour but de développer de la viande de volailles ainsi que du foie gras sans gavage ni abattage et à 100 % éthique, à partir de cellules naturelles de canard.

3. Alicaments : des liens de plus en plus étroits entre alimentation et médecine

Le risque est pourtant de voir se mélanger pharmacopée et alimentation. Les « alicaments », terme qui reprend les mots « aliment » et « médicament », ou les « nutraceutiques », contraction des mots « nutrition » et « pharmaceutique », désignent des substances extraites d'un aliment ayant un effet positif sur notre santé. Ces substances peuvent se trouver sous forme de poudres, de comprimés ou de compléments alimentaires.

Leur consommation a augmenté, passant de 20 % à 29 % chez les adultes et de 12 % à 19 % pour les enfants entre 2006-2007 et 2014-2015. Le chiffre d'affaires de l'industrie du complément alimentaire tourne autour de 1,8 milliard d'euros en France en 2017.

Le problème est qu'ils peuvent être dangereux pour la santé, notamment pour ceux qui sont vendus en ligne. De plus, la plupart des effets mis en avant n'ont pas été scientifiquement prouvés ou alors on obtient des résultats contradictoires.

Au-delà, le risque est bien celui d'une confusion entre alimentation et médication.

C. La rupture du commerce alimentaire en périodes de crise

1. Les périodes de guerre

Les guerres entraînent des ruptures d'approvisionnement importantes. Dans l'histoire, d'ailleurs, le siège a pour but d'affamer les habitants des villes afin qu'ils réclament de se rendre. Pendant la Commune de Paris en 1871, le siège prussien est difficilement tenable pour les Parisiens, surtout lors de l'hiver très rude 1870-1871. Victor Hugo relate notamment dans *Choses vues* : « *Ce n'est même plus du cheval que nous mangeons. C'est peut-être du chien ? C'est peut-être du rat ? Je commence à avoir des maux d'estomac. Nous mangeons de l'inconnu.* » Les animaux des zoos (dont la ménagerie du Jardin des plantes) sont abattus.

REPÈRE CLÉ

LE MENU DU RESTAURANT VOISIN LE JOUR DE NOËL 1870, APRES 99 JOURS DE SIÈGE

Hors-d'œuvre : beurre, radis/tête d'âne farcie/sardines.

Potages : purée de haricots rouges aux croûtons/consommé d'éléphant.

Entrées : goujons frits/chameau rôti à l'anglaise/civet de kangourou/côte d'ours rôti sauce poivrade.

Rôts : cuisseau de loup, sauce chevreuil/chat flanqué de rats, salade de cresson/terrine d'antilopes aux truffes, cèpes à la bordelaise, petits pois au beurre.

Entremets : gâteau de riz aux confitures.

Dessert : fromage de Gruyère.

Lors de la Première et de la Secondes Guerre mondiale, l'État organise le rationnement de la population. En 1939-1945, la population française, dont le territoire est occupé par l'Allemagne, subit les longues files d'attente et les pénuries. On se nourrit soit au marché noir, en ville, en utilisant « le chemin des haricots », c'est-à-dire en allant visiter de la famille à la campagne, soit en faisant pousser des légumes (topinambours et rutabagas surtout) dans les jardinières sur les balcons ou en faisant du troc.

Sur le plan stratégique, l'Allemagne, pendant la Première Guerre mondiale, tente d'ailleurs de briser le blocus maritime organisé par le Royaume-Uni en utilisant ses sous-marins. Cela n'aboutira finalement, en 1917, qu'à l'entrée en guerre des États-Unis après le naufrage du *Lusitania*.

En URSS, les sièges de Léningrad (septembre 1941-janvier 1944) et de Stalingrad (juillet 1942-février 1943) furent particulièrement terribles et l'essentiel de la population est mort de faim ou de maladie.

2. Les périodes de troubles politiques, d'épidémies et de crises

En période de trouble politique, le réflexe de la population est souvent de constituer des réserves, ce qui aggrave les pénuries. Cela fut ponctuellement le cas en 2005 lors des grèves des routiers en France ou au début du premier confinement.

Aujourd'hui, on peut parler de famine dans quatre points chauds du globe, selon un rapport de la FAO en 2022 : Éthiopie, Nigeria, Soudan du Sud et Yémen. Le sud de Madagascar a aussi récemment connu des cas importants de famine.

Actualité

LA CRISE ALIMENTAIRE AU SRI LANKA, APRÈS LA CRISE DU CORONAVIRUS

Le 31 août 2021, le Sri Lanka, par la voix de son ancien président Gotabaya Rajapaksa (en fuite depuis juillet 2022 à Singapour), s'est déclaré en état d'urgence alimentaire. Le gouvernement a notamment alourdi les sanctions contre les stocks de denrées alimentaires, alors que de longues files d'attente se forment devant les magasins. Cette mesure fait suite à la forte hausse des prix du sucre, du riz, des oignons et des pommes de terre dans ce pays de 21 millions d'habitants qui souffre aussi de pénuries de lait en poudre.

Pour certains, cela est dû à la volonté de l'ancien président de passer brutalement à l'agriculture 100 % bio. En avril 2021, il avait en effet annoncé l'interdiction totale d'importer des engrais chimiques et des produits phytosanitaires. Certes cette mesure n'a pas fait l'objet d'un accompagnement de la part du gouvernement et il faut normalement au moins cinq ans pour passer des engrais chimiques au bio. Mais ce n'est pas la seule cause à la crise alimentaire. Ces facteurs se surajoutent aux conséquences de la crise sanitaire, à une forte dépendance alimentaire vis-à-vis des importations étrangères et à la pénurie mondiale actuelle.

D'après « Sri Lanka : le président Rajapaksa, en fuite à Singapour, annonce sa démission au Parlement par courriel », *Le Monde*-AFP, 14 juillet 2022.

Fiche de lecture

Pierre Raffard, *Géopolitique de l'alimentation et de la gastronomie*

Le Cavalier Bleu, 2021.

L'auteur part de l'idée que les confinements décidés lors de la crise de la Covid-19 ont soulevé des inquiétudes sur la sécurité alimentaire et sur la solidité du modèle alimentaire dominant et globalisé. Il constate que l'alimentation a été un des champs oubliés de la géopolitique jusqu'à la publication de *Sweetness and Power* par Sidney Mintz en 1985.

La première partie établit un état des lieux du système alimentaire. Il rappelle la complexité des itinéraires suivis par nos aliments. Cela montre une perte de repères du consommateur.

L'auteur parle ensuite de l'industrie agroalimentaire, et note une extrême concentration entre les mains d'un nombre réduit de firmes mondialisées comme Nestlé ou Unilever. Elle est la conséquence de l'imposition de normes et de réglementations de plus en plus contraignantes, ainsi que de l'influence grandissante des fonds spéculatifs dans ce secteur.

Il conclut sur le modèle agroalimentaire d'inspiration américaine, en affirmant qu'il entre en conflit avec le défi environnemental. Il a abouti à une situation mondiale ambivalente : la sous-nutrition et la surnitrition ont longtemps été vues comme distinctes, mais leurs frontières ont tendance à se brouiller tant d'un point de vue géographique (le surpoids touche de plus en plus les pays émergents et en développement) que social (le surpoids touche de plus en plus les populations vulnérables).

La seconde partie étudie le *food power* et la bataille pour le contrôle des bouches et des esprits. Lors de la Seconde Guerre mondiale, le IIIe Reich fait du *Hungerplan* (plan de lutte contre la faim) un enjeu central de sa lutte contre l'URSS. L'arme alimentaire continue à être utilisée dans des conflits contemporains (Kosovo, Yémen, Syrie...).

L'arme alimentaire est aussi un outil de pression diplomatique. Elle peut alors prendre la forme d'appel au boycott ou de sanctions économiques officielles (mise en place de taxes sur des produits, tentative de bloquer l'approvisionnement d'un pays).

Ensuite, Pierre Raffard met en avant que de nombreux États se sont appuyés sur la cuisine comme ferment identitaire. Elle peut aussi se transformer en champ de bataille symbolique ou idéologique comme c'est le cas entre l'Ukraine et la Russie sur la paternité du bortsch (soupe de betterave) ou entre Israël et le Liban autour du houmous.

Enfin, l'auteur rappelle que les relations internationales sont marquées par des repas qui mettent en scène la grandeur d'un État. Il revient sur le rôle précurseur de Talleyrand et de ses cuisiniers lors du congrès de Vienne devant décider du sort de l'ex-Empire napoléonien.

Dans la troisième partie, « L'assiette, arme de séduction massive », Pierre Raffard note que la notion de *soft power* alimentaire émerge vraiment dans les années 2010. La gastro-diplomatie est utilisée par plusieurs États modestement influents : la Thaïlande, la Corée du Sud, le Pérou ou l'Australie. Le tourisme culinaire représente désormais un secteur économique intéressant, mais aussi un vecteur d'influence. Enfin, Pierre Raffard s'intéresse au changement de statut des chefs et des cuisiniers qui sont désormais devenus des « ambassadeurs » d'un nouveau genre.

La quatrième partie s'attarde sur la globalisation alimentaire. Longtemps, cette question a été abordée par le biais des mobilités humaines : les migrations et les flux touristiques. Mais, cette approche est obsolète. L'évolution du marché mondial de la boulangerie-pâtisserie est symptomatique. De nombreux boulangers et pâtissiers français vont s'installer à la fin des années 1980 en Amérique du Nord et en Asie. Alors, dans ces régions, des entrepreneurs locaux vont élaborer une offre hybride entre inspiration française et particularités locales et vont imposer un modèle industriel à l'opposé de la figure de l'artisan boulanger français.

Le renforcement de modèles de consommation « communautaires » (viande halal, casher...) ou le rejet de régimes alimentaires carnés montrent que les pratiques alimentaires peuvent être porteuses de préoccupations éthiques, morales ou religieuses. Cette demande de modèles alimentaires alternatifs a attiré l'attention des acteurs économiques.

Pierre Raffard termine en s'intéressant à la *food tech* qui, en moins de dix ans, a profondément transformé nos pratiques et nos choix alimentaires.

Citations

« La crise sanitaire a aussi révélé au grand public la complexité parfois vertigineuse de nos systèmes alimentaires. »

« Miroirs des jeux de puissance à l'échelle globale, alimentations et cuisines représentent aussi depuis des siècles de puissants leviers d'influence aux mains d'États et d'acteurs parapublics désireux de trouver de nouveaux débouchés économiques ou de se singulariser dans le concert des nations. »

« Pour qui souhaite savoir d'où viennent les denrées stockées dans son réfrigérateur ou ses placards, la tâche s'annonce ardue. [...] Une étude menée en 2019 par le cabinet de conseil Accenture constatait, chiffres à l'appui, cette déconnexion progressive entre lieux de consommation et lieux de production : à l'exception des marques locales plaçant l'origine des produits au cœur de leurs stratégies commerciales, 48 % des produits alimentaires distribués à l'échelle nationale faisaient apparaître sur leur packaging le pays de production de l'ingrédient principal et seuls 7 % la ville ou la région d'origine. »

CHAPITRE 2

Géopolitique de l'alimentation : l'alimentation comme une arme

« Manger, c'est incorporer un territoire. »
Jean Brunhes, géographe français (1869-1930), cours au Collège de France en 1912.

Débat

Comment résoudre la faim et la malnutrition dans le monde ? Il apparaît d'abord un paradoxe qui réside dans le fait que la Terre semble pour l'instant avoir les moyens de nourrir 8 milliards d'habitants alors que 10 % ne mangent pas suffisamment, en quantité ou en qualité.

Les organisations internationales organisent des sommets, encouragent à l'aide alimentaire tandis que les ONG multiplient les projets d'assistance et de modernisation. Certains vont considérer qu'il s'agit d'une question d'argent essentiellement. D'autres au contraire affirment que le néocolonialisme qui joue à plein est par essence inefficace, tant qu'on ne laissera pas chaque espace développer le modèle qu'il souhaite et qui lui semble le plus adapté.

Introduction

Alors que le concept de *soft power* s'est popularisé avec Joseph Nye en 1990, mettant en avant la puissance culturelle, celle-ci a très peu pris en compte la dimension alimentaire autre que gastronomique. Pourtant, force est de constater que de nos jours, face à un risque accru de pénurie, le *food power* est bien réel.

1 La persistance de la faim et de la malnutrition dans le monde

On estime qu'un être humain adulte a besoin quotidiennement d'environ 2 400 à 2 500 calories par jour. En dessous, on parle de « sous-nutrition ».

A. La raréfaction des famines…

1. Des famines anciennes

Les famines ont jalonné l'histoire et sont essentiellement dues alors à de mauvaises récoltes ou à des guerres.

DATES CLÉS

LES PRINCIPALES FAMINES DANS L'HISTOIRE

1031-1033 – Une famine liée à de mauvaises récoltes et à de fortes pluies estivales frappe la France et l'Allemagne. Les historiens évoquent des cas d'anthropophagie et la présence de viande humaine sur les étals des marchés.

1314-1318 – Après les années de disette de la fin du XIIIe siècle qui débouchent sur une flambée du prix du blé, une grande famine dévaste l'Europe du Nord-Ouest.

1347 – Une crise alimentaire touche l'ensemble du continent européen et décime les campagnes. Avec l'épidémie de peste noire déclenchée une décennie plus tôt, elle causera la mort de millions de personnes.

1693-1694 – Une pénurie alimentaire tue plus de 1,5 million de personnes en France, sur une population totale d'environ 22 millions d'habitants à l'époque.

1845-1851 – La famine provoquée par la « maladie de la pomme de terre » (mildiou), combinée à la politique foncière du gouvernement britannique, entraîne la mort de plus de 1 million d'Irlandais (sur 8 millions d'habitants) au pays du Trèfle.

1876-1879 – Entre 5 et 10 millions d'Indiens, en particulier dans le sud du sous-continent, meurent de faim des suites de la grande sécheresse et de l'inaction des autorités coloniales anglaises. Une nouvelle famine de grande ampleur aura lieu au Bengale en 1943.

1931 – Début d'une série de famines meurtrières dans les régions ou républiques du Kazakhstan, de la Volga, du Kouban, et surtout en Ukraine. La famine ukrainienne fera près de 5 millions de victimes entre 1932 et 1933.

1958-1961 – La famine qui ravage la Chine après que le Grand Bond en avant a déstabilisé le système agricole tue entre 15 et 30 millions de personnes.

Années 1970-aujourd'hui – Les continents asiatique et africain connaissent des famines et des crises alimentaires à répétition – Biafra (1968-1970), Éthiopie (1973-1974 ; 1984-1985), Corée du Nord (1997), Soudan (1998), etc. – dues aux aléas climatiques, aux conflits armés et à l'incurie des autorités.

D'après le Olivier Pironet, « Manière de voir. Ce que manger veut dire », *Monde diplomatique*, août-septembre 2015.

On peut prendre l'exemple de la famine qui a sévi au Bengale en 1943. Le contexte de la colonisation et de la Seconde Guerre mondiale joue à plein. Avant 1943, 46 millions de Bengalis étaient en insécurité alimentaire car beaucoup de familles ne possédaient pas assez de terre pour nourrir leur famille. Surtout, l'Empire britannique finançait l'effort de guerre par l'inflation et a perturbé l'économie en prenant des mesures de surveillance et de réquisitions de certains produits. Cela a abouti à une augmentation importante des prix, notamment des denrées alimentaires. De plus, les Japonais avaient progressé en Asie du Sud-Est et conquis la Birmanie, qui fournissait de grandes quantités de riz au Bengale. Dernière cause, un cyclone a ravagé une partie du territoire en 1942, rendant impossible toute culture.

Plusieurs débats ont lieu pour savoir quelle cause a joué le plus grand rôle. Pour l'auteure bangladaise Madushree Mukerjee, dans son ouvrage *Le Crime du Bengale*, la famine a été principalement provoquée par les réquisitions de l'armée britannique. Pour Amartya Sen, qui a reçu le prix Nobel pour ses travaux sur la famine, il n'y avait pas de pénurie globale de riz au Bengale en 1943. La famine a été provoquée par la peur de la pénurie, ce qui a causé une thésaurisation et une flambée des prix, favorisée par la situation de guerre qui faisait des denrées alimentaires, et du riz en particulier, un excellent investissement. Churchill a enfin été tenu pour responsable dans la mesure où il a continué la politique d'approvisionnement du Royaume-Uni en nourriture depuis l'empire des Indes. Quoi qu'il en soit, 2 à 4 millions de Bengalis sont morts de faim en 1943.

2. Des famines de plus en plus rares

« Le temps de lire ces mots, quatre personnes, essentiellement des enfants, seront mortes de faim dans le monde. » Tel était le message accrocheur qui barrait la couverture du livre de Paul Ehrlich, *La Bombe P*, paru en 1968 et vendu à plus de 2 millions d'exemplaires. Rejoignant les thèses de Malthus, il pensait que la croissance démographique devenait suicidaire. Il reprenait alors à son compte la prédiction, au final non avérée, de William et Paul Paddock dans leur livre de 1967, *Famine 1975 !* Selon eux, des centaines de millions d'êtres humains allaient mourir de faim dans les années 1970-1980. Pourtant, il n'en a rien été.

Sylvie Brunel établit d'abord une différence entre famine et malnutrition.

- **La famine est une rupture absolue de nourriture pour des populations entières, entraînant la mort à brève échéance.** Elle touche en réalité surtout les minorités, pas nécessairement les plus pauvres. Ainsi, une population considérée comme relativement riche peut être touchée par la famine. Ce fut le cas des Ukrainiens en 1930 ou des Nubas, au Soudan, en 1998. **La famine est ainsi exceptionnelle, localisée dans le temps et dans l'espace.**
- **La malnutrition est un déséquilibre de la ration alimentaire en quantité et en qualité.** On parle souvent de « faim silencieuse » parce qu'on peut être mal nourri et ne pas ressentir la faim. **La malnutrition touche les plus pauvres et les moins éduqués, elle est permanente et diffuse dans certains endroits.**

« Les famines sont aujourd'hui le produit de la géopolitique, la malnutrition celui du sous-développement », écrit ainsi Sylvie Brunel dans *Famines et politique* (2002).

Force est de constater que les famines ont presque disparu, en tout cas elles se font de plus en plus rares. Cela est dû, à partir des années 1950, à une véritable révolution des techniques agricoles dans les pays du Nord puis, à partir des années 1960, dans les pays du Sud (révolution verte). C'est ce qui a permis à de nombreux pays de devenir autosuffisants, comme l'Inde, alors qu'elle était confrontée au défi d'une population nombreuse. Nehru avait ainsi affirmé, au lendemain de l'indépendance, en 1947 : *« Tout peut attendre, sauf l'agriculture. »*

La baisse du nombre de famines dans le monde résulte aussi des progrès en matière de transport ou encore en matière de secours. C'est notamment le rôle du PAM (Programme alimentaire mondial), décrit plus bas, qui développe une certaine expertise et qui intervient rapidement en cas d'apparition de signes avant-coureurs.

3. Des famines essentiellement d'origine politique

Sylvie Brunel, dans *Famines et politique*, estime que les famines ont des causes essentiellement politiques. **On ne meurt plus de faim car il n'y aurait plus de quoi nourrir la population, mais parce qu'on ne peut pas acheminer la nourriture.** Le problème alimentaire ne relève donc plus de la disponibilité, c'est-à-dire du niveau de production, mais de l'accessibilité, c'est-à-dire de la répartition géographique de l'offre.

Fondamentalement optimiste sur le potentiel alimentaire de la planète (qui devrait permettre de nourrir jusqu'aux 11 milliards d'humains prévus dans un siècle), Sylvie Brunel est, au contraire, très pessimiste quant à la volonté des sociétés de lutter contre la malnutrition et la famine. Critiquant les estimations alarmistes souvent fausses, elle montre aussi comment les sociétés ont appris, depuis longtemps, à lutter contre les famines (la France dès Louis XIV). Pourtant, alors même que les sociétés apprenaient à juguler les famines, s'affirmait l'idée qu'il existait des « *starving sections* » : des peuples ou des classes que leur comportement nataliste et leur imprévoyance exposait aux famines et qu'il était inutile de secourir puisque la mort par faim constituait un correctif naturel inévitable.

Sylvie Brunel explique également que le xxe siècle connaît deux parties dans l'histoire des famines : un premier xxe siècle où la famine fait partie de la logique d'extermination des grands massacres et génocides, et un second xxe siècle où, sans disparaître (famine au Cambodge liée au génocide de Pol Pot à la fin des années 1970), cette logique est dépassée par **l'instrumentalisation de la famine par les pouvoirs et les groupes militaires**. Ainsi, des famines sont exposées médiatiquement pour détourner l'aide humanitaire et renforcer le pouvoir sur un territoire. La distribution d'aide alimentaire permet, pour le pouvoir politique, de contrôler la population et de s'assurer de son soutien. Après 1991 d'ailleurs, ces famines se multiplient.

La géographie de la famine change alors et ne correspond plus désormais à celle de la malnutrition. Les famines n'apparaissent plus dans les traditionnels « pays de la faim » (Asie du Sud, Sahel, Nordeste du Brésil, Andes en Amérique Centrale), pourtant souvent confrontés à une malnutrition chronique massive. Au contraire, les nouvelles famines frappent même parfois des pays au potentiel agricole important : ainsi la région dite du « Pool » près de Brazzaville, le grenier du pays. Cela est possible parce que les chefs de guerre bénéficient de l'intérêt bien compris de certaines compagnies (pétrolières) et que les grands organismes internationaux, comme certaines ONG, rentrent dans ce jeu du financement de la guerre civile par l'aide humanitaire.

Le constat s'impose, en effet, qu'aujourd'hui la carte des famines épouse celle des conflits. C'est le cas au Yémen par exemple.

B. La persistance de la malnutrition

1. Des chiffres qui tendent à réaugmenter

La malnutrition est un problème d'abord quantitatif récurrent. Le nombre de mal-nourris avait cependant eu tendance à baisser ces dernières années. Alors que la population mondiale a crû d'environ 1,9 milliard entre 1990 et 2015, le nombre d'affamés est passé de 1,0 milliard en 1990-1992 à 795 millions en 2014-2016, soit alors 11 % de la population mondiale. Cela représentait 216 millions de personnes de moins, soit une baisse de 21 %. Cette tendance à la baisse était liée en particulier à la réduction de la sous-alimentation dans les deux principales puissances démographiques mondiales, la Chine et, dans une moindre mesure, l'Inde. Si la Chine et l'Inde totalisaient à elles deux 499 millions de personnes sous-alimentées en 1990-1992, soit 49 % du total mondial, elles n'en regroupent plus que 328 millions en 2014-2016, avec 41 % du total mondial. Cela signifie par conséquent que 79 % de la réduction de la faim dans le monde est imputable à la baisse de la sous-alimentation dans ces deux seuls pays.

Pourtant, depuis 2015, ce chiffre augmenter de nouveau : 815 millions en 2017, 821 millions en 2019, 828 millions en 2021. Après avoir bondi de 8,0 % à 9,3 % de la population mondiale entre 2019 et 2020, la sous-alimentation a poursuivi sa hausse en 2021. Désormais, 9,8 % de la population mondiale est touchée, soit près d'une personne sur dix.

En 2021, selon le dernier rapport de l'ONU sur l'état de la sécurité alimentaire et de la nutrition dans le monde, quelque 2,3 milliards de personnes (29,3 % de la population mondiale) étaient en situation d'insécurité alimentaire modérée ou grave, soit 350 millions de personnes de plus qu'avant la pandémie de Covid-19. Près de 924 millions de personnes (11,7 % de la population mondiale) étaient confrontées à une insécurité alimentaire grave, soit une augmentation de 207 millions de personnes en deux ans.

En 2020, près de 3,1 milliards de personnes ne pouvaient pas se permettre une alimentation saine. Ce chiffre, supérieur de 112 millions à celui de 2019, s'explique par l'inflation des prix à la consommation des produits alimentaires provoquée par les répercussions économiques de la pandémie de Covid-19 et des mesures mises en place pour l'endiguer.

On estime que 45 millions d'enfants de moins de 5 ans souffraient d'émaciation, la forme la plus mortelle de malnutrition, qui peut multiplier par 12 le risque de décès chez les enfants. En outre, 149 millions d'enfants de moins de 5 ans présentaient un retard de croissance et de développement en raison d'un manque chronique de nutriments essentiels dans leur alimentation, et 39 millions étaient en surpoids.

En 2030, on s'attend à ce que près de 670 millions de personnes (8 % de la population mondiale) souffrent toujours de la faim, même en cas de redressement économique mondial.

La faim dans le monde en 2020

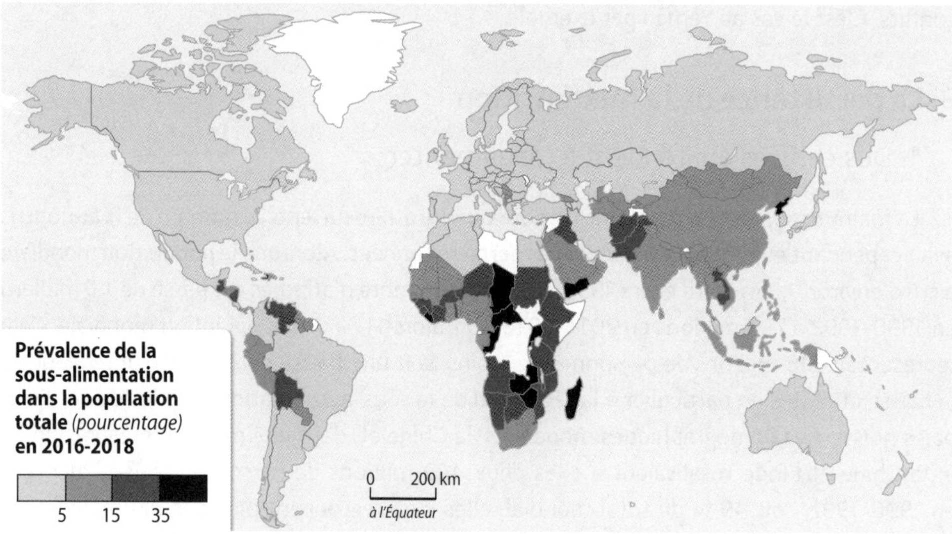

Source : ONU, Programme alimentaire mondial (PAM).

2. Des facteurs aggravants récents et de fortes inégalités entre les zones du monde

La crise du coronavirus en est une cause puisqu'il a mis à l'arrêt une partie des économies mondiales, et notamment le secteur informel dont dépendent les populations les plus précaires. Les restrictions mises en place ont ainsi eu pour conséquence d'augmenter le nombre de personnes sous-alimentées de 150 millions en deux ans (103 millions de personnes en plus en 2020, et 46 millions en 2021).

Si l'impact de la guerre en Ukraine est encore difficile à évaluer, l'ONU et ses agences estiment que le conflit pourrait entraîner une hausse du nombre de personnes affectées par la faim de 8 à 19 millions de personnes selon les scénarios envisagés et la réponse internationale apportée.

Mais ces deux événements internationaux majeurs ont en réalité exacerbé des difficultés structurelles qui les précèdent : multiplication des conflits, crise climatique, chocs économiques (multiplication des crises, développement récent de l'inflation…).

« *Le Covid-19 a renforcé les inégalités béantes entre régions, entre pays, et au sein même des pays. Lorsque les économies ont repris, en 2021, dans les pays à haut niveau de revenus, la demande a pu être soutenue par différentes politiques monétaires et de soutien. Cela a conduit à une hausse des prix. Les pays à faible niveau de revenu n'ont pas pu suivre, d'autant que leur endettement s'est accru* », affirme ainsi Maximo Torero, économiste en chef à la FAO.

Le continent africain est de loin le plus vulnérable à ces tensions : 20 % de sa population est affectée par la sous-alimentation (la proportion étant de 9,1 % en Asie et de 8,6 % en Amérique latine).

Les inégalités entre continents face à la faim dans le monde

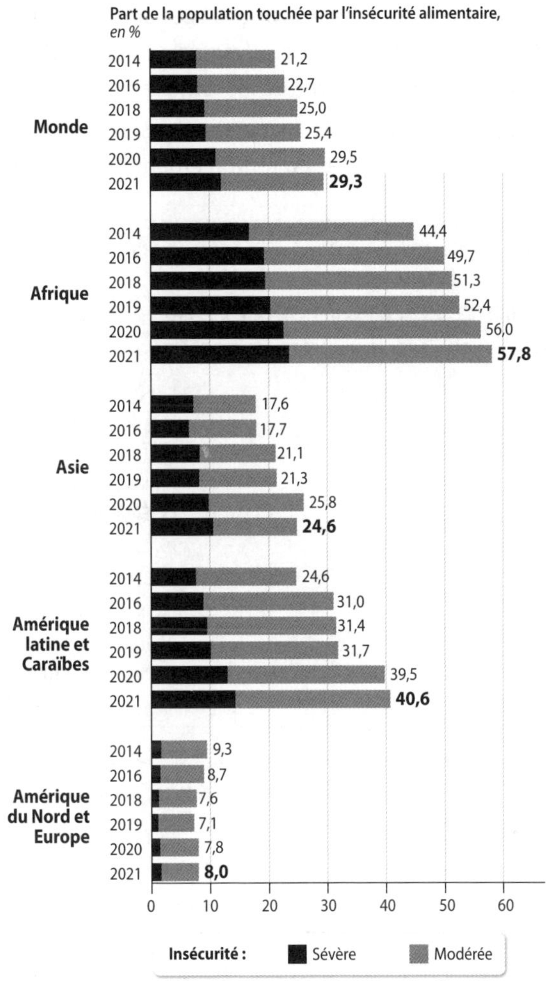

Source : FAO.

Mais le vieillissement de la population mondiale devrait permettre de baisser progressivement les rations alimentaires.

3. De la sous-nutrition à la surnutrition : la question de l'obésité

Aujourd'hui, 2,2 milliards de personnes souffrent de surpoids, soit 30 % de la population mondiale. Parmi eux, 650 millions d'obèses.

Les pays les plus touchés en valeur absolue sont les États-Unis : il y a désormais 16 États américains sur 50 où la proportion d'obèses dépasse les 35 % contre 9 en 2018 et 12 en 2019. Ils se situent essentiellement dans le Sud et le Midwest. La Chine affiche aujourd'hui 57 millions d'obèses, soit 5 % de la population. **On constate également que les pays émergents sont de plus en plus touchés par le phénomène des excès alimentaires et par la sédentarité. L'uniformisation des régimes alimentaires doit ici être mise en cause.**

On parle d'ailleurs de « transition alimentaire » pour désigner ce passage constaté partout, mais à des rythmes différents et avec des exceptions liées aux traditions religieuses, d'une alimentation fondée surtout sur des calories d'origine végétale (céréales et féculents) à une alimentation surtout carnée provenant d'une nourriture industrielle plus riche en sucres et en graisses.

Cela a deux conséquences majeures : une recrudescence de certaines pathologies (maladies cardiovasculaires et diabète) et un renforcement de la tension sur les ressources.

CHIFFRES CLÉS

LES PAYS OÙ L'OBÉSITÉ EST LA PLUS FORTE EN 2016

Classement par taux de prévalence (pourcentage de la population).

1. Nauru : 61 %
2. Belau : 55 %.
3. Tuvalu : 52 %.
4. Tonga : 48 %.
5. Samoa : 47 %.
6. Kiribati : 46 %.
7. Koweït : 38 %.
8. États-Unis : 36 %.
9. Jordanie : 36 %.
10. Arabie saoudite : 35 %.
11. Qatar : 35 %.
12. Libye : 33 %.
13. Turquie : 32 %.
14. Liban : 32 %.
15. Égypte : 32 %.
16. Émirats arabes unis : 32 %.
17. Bahamas : 32 %.
18. Nouvelle-Zélande : 31 %.
19. Irak : 30 %.
20. Îles Fidji : 30 %.

Source : www.indexmundi.com

Actualité **OBÉSITÉ ET MONDIALISATION AUX ÎLES TONGA**

« Plus de 90 % des adultes de cette nation insulaire de 107 000 habitants sont obèses ou en surpoids [...]. L'espérance de vie moyenne a baissé de 72,5 ans en 2012 à 67 ans aujourd'hui. Cet ancien protectorat britannique est en proie à une épidémie de maladies non transmissibles (MNT), notamment des maladies cardiovasculaires et respiratoires liées au diabète [...].

La mondialisation a été un facteur contributeur majeur dans la crise de l'obésité. [En 2005], le pays a accédé à l'Organisation mondiale du commerce, réduit ses droits d'importation et ouvert son marché intérieur aux investisseurs étrangers. S'ensuivit une dépendance [...] forte aux importations alimentaires, notamment de viandes bon marché et grasses, de glucides raffinés et autres aliments industriels préemballés à haut contenu de sucre et de sel. En substance, beaucoup de familles ont renoncé au régime traditionnel, sain et consistant de poisson, de fruits et de légumes frais en faveur d'une malbouffe importée. »

David Browne, « Les Tonga : un bout de paradis troublé par une épidémie d'obésité », www.equaltimes.org, 21 juin 2017.

C. La difficulté à éradiquer la faim dans le monde

1. De nombreux espoirs

L'augmentation de la population mondiale, qui devrait atteindre 11 milliards de personnes entre 2050 et 2100, ne devrait a priori pas poser de problème. Il ne devrait pas y avoir de retour des famines naturelles. Il existe en effet des réserves importantes de terres cultivables : sur les 13 milliards d'hectares de terres émergées, seul 1,5 milliard est dévolu à l'agriculture. Il existe donc des réserves malgré les 15 millions d'hectares de terres perdues chaque année en raison de l'étalement urbain. De plus, des terres sont volontairement laissées en jachère, en Europe par exemple.

DONNÉES CLÉS

LES TERRES ARABLES DANS LE MONDE

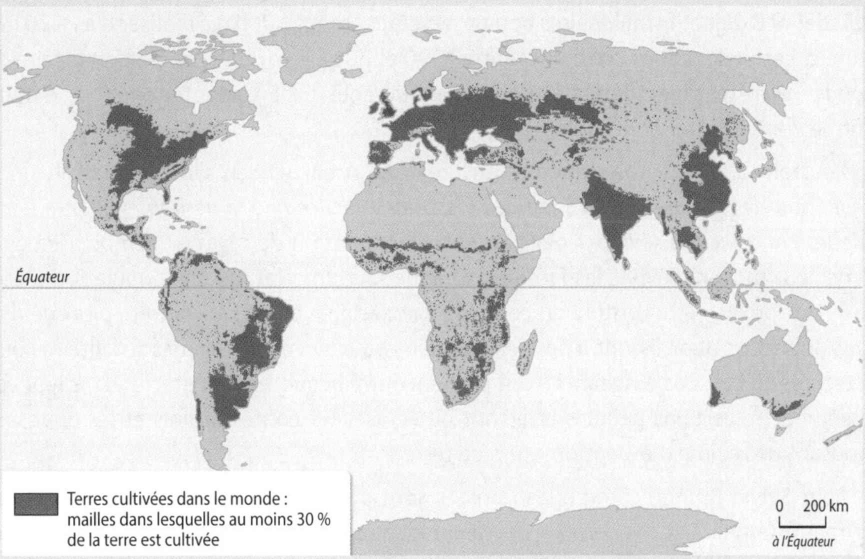

Source : Millennium Ecosystem Assessment (MEA).

En outre, **en vertu de la loi de King, on s'efforce de limiter les quantités produites pour maintenir des prix rémunérateurs pour les producteurs.** On sait par ailleurs qu'il est possible d'intensifier les productions, notamment dans les pays du Sud.

NOTION CLÉ

LA LOI DE KING : UN MARCHÉ DES DENRÉES ALIMENTAIRES PARTICULIER

En vertu de cette loi, un excès d'offre, même minime sur les marchés alimentaires, peut provoquer un effondrement des prix. En retour, un excès de demande, même minime, peut provoquer une envolée des prix. Les bonnes récoltes ne sont donc pas toujours souhaitables pour les producteurs, car elles se traduisent par des prix bas alors que mauvaises récoles engendrent de l'inflation par crainte de pénurie.

Cette loi montre que le marché des denrées alimentaires n'est pas un marché classique où la loi de l'offre et de la demande s'applique, car les biens alimentaires sont vitaux et périssables. Cela favorise les spéculateurs, qui n'hésitent pas à stocker des quantités importantes de nourriture dans l'espoir de générer des profits. Les pouvoirs publics comme l'UE instaurent des quotas pour limiter la production agricole et ainsi maintenir des prix rémunérateurs pour les agriculteurs.

La FAO distingue donc le seuil alimentaire physiologique, c'est-à-dire la quantité de nourriture nécessaire à la survie d'un être humain en bonne santé (2 500 calories par personne et par jour) et le seuil alimentaire économique, c'est-à-dire la quantité de nourriture disponible nécessaire pour que les prix ne s'emballent pas (2 700 calories par personne et par jour).

2. Lutter contre la faim à différentes échelles

La communauté internationale tente de prendre en charge le problème. En 2000, l'ONU avait défini 8 objectifs millénaires pour le développement (OMD) à réaliser d'ici à 2015. L'axe numéro 1 était de réduire de moitié, entre 1990 et 2015, l'extrême pauvreté et la faim dans le monde. Parmi les objectifs de développement durable (ODD), adoptés en 2015, le numéro 2 affirme vouloir lutter contre la faim.

Pourtant, ces objectifs peinent à être réalisés. Amartya Sen s'interroge d'ailleurs : « *La prévention des famines met en jeu des mesures si faciles que la véritable énigme tient à ce qu'elles continuent à sévir.* » Pour l'auteur, l'instauration de régimes démocratiques serait le meilleur moyen d'éviter les famines. Chaque fois, en effet, qu'une population a été délibérément privée de nourriture au cours du XXe siècle, le désastre avait été précédé d'évolutions politiques aboutissant à donner les pleins pouvoirs à des régimes totalitaires ou à des dictatures de fait. Ces dirigeants n'ont pas rencontré beaucoup d'obstacles dans leur volonté de soumettre certains peuples et ils ont pu écraser les contestataires et les opposants en imposant un régime d'exception, voire de terreur.

Pour Sylvia Brunel, comme les famines sont politiques, il faut cesser d'encourager les régimes affameurs et ces derniers devraient être sanctionnés par la Cour pénale internationale, qui tarde à réagir. Elle estime également qu'« *on ne résoudra pas la faim dans le monde avec des milliards de dollars* », alors que le PAM réclamait 6 milliards de dollars à des milliardaires comme Elon Musk.

TEXTE CLÉ

LA SOLUTION À LA FAMINE NE PASSE PAS PAR L'ARGENT

« Quand un milliard de personnes souffrent de la faim parce qu'elles n'ont pas accès, faute de pouvoir d'achat, à une nourriture qui, pourtant, existe en quantités suffisantes à l'échelle mondiale pour nourrir le monde [...], les distributions alimentaires d'une institution onusienne, si efficaces soient-elles, ne peuvent résoudre le problème de fond. Aucun être humain ne se réduit à un estomac sur pattes qu'on satisferait par un entonnoir calorique ! »

« Le climat a d'ailleurs souvent bon dos pour masquer les problèmes de fond [...]. En sommant les pays riches de "réparer" les drames causés par leur faute dans les pays pauvres, [ces derniers] ont trouvé un nouvel argument de choix pour s'exonérer de leurs propres responsabilités. La dénonciation du changement climatique et l'écologisme se sont substitués à la mise en accusation de la colonisation, de l'échange inégal et de l'impérialisme, mais ce sont toujours les mêmes ficelles. »

Sylvie Brunel dénonce enfin la multiplication des sommets internationaux, pour lesquels beaucoup d'argent est dépensé et qui n'aboutissent qu'à des résultats limités voire nuls.

Tribune de Sylvie Brunel, parue dans *Le Figaro* le 3 novembre 2021.

3. La guerre en Ukraine et le risque de famine

En un an, entre mars 2021 et mars 2022, les prix de l'alimentation ont augmenté de 30 %, hausse essentiellement due à la guerre en Ukraine. Or, la Russie et l'Ukraine sont de gros exportateurs de produits agricoles : l'Ukraine participe au commerce mondial à hauteur de 13 % pour le maïs, de 10 % pour le colza, de 11 % pour l'orge, de 9 % pour le blé et de 36 % pour l'huile et les graines de tournesol. La Russie, quant à elle, représente 12 % du commerce mondial d'orge, 18 % de celui du blé et 17 % de celui des huiles et graines de tournesol. À eux deux, ces pays représentent donc 27 % du commerce mondial de blé. Or, les bateaux ukrainiens ne peuvent plus sortir des ports de la mer Noire, principalement à cause des mines qui y sont disséminées et des blocages de la Russie. Les exportations en train restent minces, car l'écartement des rails entre l'Ukraine et les pays européens est différent. Parallèlement, la Russie est frappée par des sanctions internationales qui restreignent son accès au marché mondial.

De plus, la production agricole de 2022 va diminuer. La guerre a limité la production : on estime qu'en Ukraine un tiers des superficies agricoles n'a pas pu être ensemencé. Surtout, la Russie est un gros fournisseur d'engrais et les restrictions sur son commerce font que ces produits sont plus rares.

Pourtant, cela fait deux ans que le prix des produits alimentaires était à la hausse. En cause, d'abord, un été 2021 particulièrement chaud en Europe qui a limité les productions. Ensuite, la sortie du confinement de la Chine qui a entraîné une augmentation des importations. **Enfin, la situation est très liée au prix de l'énergie : la reprise de l'économie mondiale post-Covid a fait grimper le prix du pétrole.** Or, le pétrole joue un rôle capital dans la production et le transport de la nourriture. De même, le gaz sert à fabriquer des engrais. Comme son prix a augmenté, celui des engrais également.

Ainsi, 36 pays sont particulièrement à risque car ils importent plus de 50 % de leur blé d'Ukraine et de Russie. C'est notamment le cas de l'Égypte, du Soudan, de la Libye, de Madagascar, de la Namibie... En Égypte, 80 % du blé provient d'Ukraine et de Russie. L'augmentation des prix est aujourd'hui similaire à celle de 2011, qui avait provoqué une révolution et le départ de Moubarak. Le Liban est également très dépendant des fluctuations des prix, suite à l'explosion du port de Beyrouth en 2020 qui a détruit les espaces de stockage. Enfin, le Yémen, pays en guerre, est très dépendant de l'aide alimentaire. On estime aujourd'hui que 1,7 milliard de personnes sont en danger à cause de cette crise.

Pour les experts, il faut s'attendre à des perturbations jusqu'en 2023.

2 L'alimentation, une arme politique et géopolitique

A. Les États entre dépendance et recherche de la souveraineté alimentaire

1. Indépendance alimentaire et rendements

Il existe d'abord de fortes disparités entre les rendements des différentes agricultures du monde. En 2010, Hubert Cochet compare la Corn Belt des États-Unis et la zone sahélienne. D'un côté, on trouve des agriculteurs très bien équipés, qui peuvent cultiver 450 ha de maïs ou de soja par actif avec des machines et l'utilisation d'OGM. Les rendements sont de l'ordre de 100 quintaux/ha pour le maïs. Un travailleur peut donc produire 22 500 quintaux par an. À l'opposé, les conditions pédologiques (la qualité du sol) et climatiques sont plutôt défavorables dans la zone sahélienne. Il n'y a pas vraiment de capacité d'innovation et la production est insuffisante. Au nord du Burkina Faso, par exemple, les agriculteurs sont seulement équipés d'une houe et d'instruments de sarclage : ils ne peuvent pas mettre en culture plus de 0,6 ou 0,7 ha par actif. En conséquence, les rendements restent faibles et dépassent rarement les 3 quintaux/ha.

L'Afrique subsaharienne est ainsi particulièrement dépendante sur le plan alimentaire et la situation devrait s'aggraver d'ici à 2050. La population de la zone va en effet croître pour atteindre les 2 milliards d'habitants en 2050. Et la demande en produits agricoles va être multipliée par 2,6.

Certains espoirs existent. Il semble possible de doubler la productivité de la terre, qui est très faible, comme cela a été fait en Asie ou en Europe. L'Afrique peut également compter sur la mise en culture de 51 millions d'hectares supplémentaires, selon la FAO. L'irrigation pourrait aussi être développée afin d'accroître les rendements. Il faudrait enfin pouvoir limiter les pertes agricoles. On estime que près de 15 % de la production est perdue entre la récolte et la consommation – sans oublier, ni minimiser, le gaspillage alimentaire qui n'épargne pas le continent.

Mais de nombreux défis existent. En passant à plus de 2 milliards d'habitants, l'Afrique subsaharienne verra la pression sur la terre croître fortement. La surface agricole par actif agricole tomberait de 1,2 ha à environ 0,8 ha par actif agricole. À cela s'ajoutent encore les risques liés au changement climatique. Selon le Groupe d'experts sur l'évolution du climat (GIEC), le phénomène « *aura très probablement un effet négatif sur les rendements de la majorité des céréales en Afrique avec une variabilité régionale très grande dans l'ampleur des réductions de ces rendements* ». Certaines simulations tendent à accréditer l'idée d'une baisse de 8 % pour l'ensemble des cultures, liée à une diminution des rendements ou des surfaces. Pour l'Afrique de l'Ouest, les auteurs évoquent des baisses de 25 % pour le maïs, et le mil et allant jusqu'à 50 % pour le sorgho. Autrement dit, loin de stagner, la dépendance alimentaire de l'Afrique risquerait de se renforcer.

Les pays du Proche et du Moyen-Orient connaissent aussi une forte dépendance alimentaire compte tenu de leurs conditions naturelles. C'est le cas aussi de pays comme le Japon, la Papouasie-Nouvelle-Guinée ou d'un territoire comme le Groenland.

DONNÉES CLÉS

L'INSÉCURITÉ ALIMENTAIRE DANS LE MONDE EN 2017

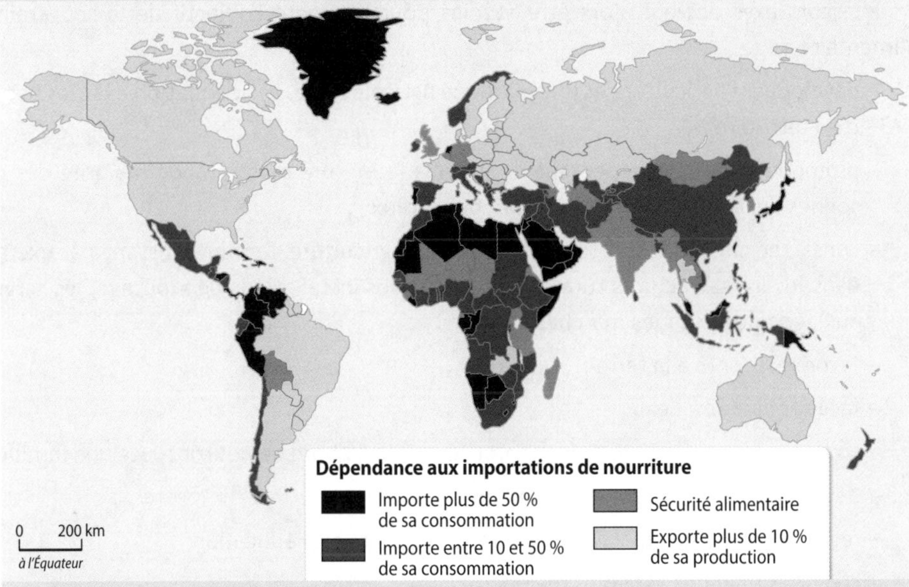

Source : USDA Foreign Agricultural Service et Eurostat.

2. La souveraineté alimentaire

La notion de souveraineté alimentaire est apparue dans l'arène internationale avec la déclaration de la Via Campesina en marge du Sommet mondial de l'alimentation de 1996. Ce texte précise que « *se nourrir est un droit humain de base. Ce droit ne peut être assuré que dans un système où la souveraineté alimentaire est garantie. La* ***souveraineté*** *alimentaire est le droit de chaque pays à maintenir et développer sa propre* ***capacité*** *de produire son alimentation de base, en respectant la diversité des cultures et des produits. Nous avons le droit de produire notre propre alimentation sur notre propre territoire. La souveraineté alimentaire est une condition préalable d'une véritable sécurité alimentaire* ».

À partir de cette définition, on peut donc dire que la souveraineté alimentaire inclut les éléments suivants :

- le droit des populations et des pays à concevoir et élaborer, en toute autonomie, leurs politiques publiques agroalimentaires conformément aux normes écologiques, sociales, économiques et culturelles ;
- le droit à une alimentation saine, nutritive et adéquate ;
- le droit aux ressources et aux moyens (techniques, institutionnels et financiers) nécessaires pour la production alimentaire.

La sécurité alimentaire repose, elle, sur quatre piliers : la disponibilité des produits alimentaires, l'accessibilité des denrées alimentaires, la qualité des aliments et la stabilité (des disponibilités, des capacités d'accès et de la qualité des aliments).

Plusieurs axes doivent alors être étudiés pour atteindre l'objectif de la souveraineté alimentaire :

- développer l'agriculture et une politique agricole forte, en adéquation avec les besoins d'un territoire ;
- promouvoir le développement rural, dans la mesure où la grande majorité des personnes qui souffrent de la faim sont des ruraux ;
- consacrer plus de ressources publiques à l'agriculture – en investissant par exemple dans les infrastructures rurales, l'irrigation, les installations de stockage, les services aux agriculteurs et les marchés agricoles ;
- favoriser l'accès à la terre ;
- faciliter l'accès à l'eau ;
- soutenir une agriculture paysanne, susceptible d'abord de nourrir toute une famille ;
- développer la recherche agronomique ;
- redonner de l'importance aux politiques de santé et d'éducation ;
- créer des marchés agricoles régionaux.

DONNÉES CLÉS

Les taux d'autosuffisance alimentaire les plus forts et les plus faibles dans le monde (2012)

NB : le taux d'autosuffisance alimentaire est l'indice permettant de mesurer l'importance de la production alimentaire d'un pays par rapport à sa consommation intérieure. On le calcule en faisant l'opération suivante : (production alimentaire domestique/consommation domestique) x 100.

Pays avec les plus forts d'autosuffisance alimentaire :

1. Argentine : 273 %.
2. Uruguay : 232 %.
3. Australie : 207 %.
4. Ukraine : 193 %.
5. Nouvelle-Zélande : 185 %.
6. Canada : 183 %.
7. Bulgarie : 171 %.
8. Hongrie : 162 %.
9. Lituanie : 149 %.
10. Malaisie : 145 %.

Pays avec les plus faibles d'autosuffisance alimentaire :

1. Norvège : 50 %.
2. Belgique : 51 %.
3. Haïti : 51 %.
4. Somalie : 52 %.
5. République dominicaine : 54 %.
6. Zimbabwe : 54 %.
7. Arménie : 54 %.
8. Pays-Bas : 54 %.
9. Panama : 54 %.
10. Syrie : 56 %.

Source : FAO, 2012.

3. Le cas de la France

La France dispose d'une autonomie alimentaire de 60 %, plus forte sur les produits agroalimentaires (72 %) que sur les produits agricoles (43 %), mais très inégale selon les denrées. Par exemple, la France peut s'appuyer sur des filières solides, comme la filière laitière, bien ancrée de la production à la transformation, avec des taux d'autonomie dépassant les 60 %. Mais d'autres, bien qu'essentielles, sont plus fragiles. La filière céréalière, pourtant excédentaire, exporte largement et affiche une autonomie finale de 25 % à peine. Certains produits, comme les fruits (48 %), les légumes (22 %) ou la pêche, sont, en valeur absolue, insuffisants pour couvrir la consommation nationale.

Pourtant, la France pourrait faire bien mieux. Elle pourrait atteindre une autonomie de 98 % pour les produits agricoles et de 114 % pour les produits agroalimentaires.

B. La question du *food power,* ou pouvoir alimentaire

1. Définition et histoire

Le *food power* est la capacité d'un État, d'un groupe d'États ou de grandes entreprises à imposer leur domination en usant de moyens de pression dans le domaine agroalimentaire.

Focus **LE RÔLE DE LA UNITED FRUIT COMPANY EN AMÉRIQUE CENTRALE**

« Le massacre de Ciénaga, en 1928 – plusieurs centaines de grévistes colombiens tués par l'armée –, c'est elle ; le coup d'État organisé en 1954 contre le président du Guatemala, Jacobo Arbenz, dont la politique foncière lésait directement ses intérêts, c'est encore elle [...] Premier producteur mondial de bananes, l'United Fruit Company – Ufco, aujourd'hui Chiquita Brands International – fit des décennies durant la pluie et le beau temps en Amérique centrale, le plus souvent avec l'accord tacite de Washington. Dans les années 1950, elle comptait même parmi ses actionnaires John Foster Dulles, secrétaire d'État du président Eisenhower et frère du premier directeur de la CIA. [...] Si la firme a aujourd'hui rompu avec ces pratiques – le dernier scandale auquel elle fut mêlée remonte à 1997, date à laquelle elle fut fortement soupçonnée de financer des groupes paramilitaires en Colombie pour éliminer des dirigeants paysans et des syndicalistes "gênants" –, elle resta longtemps l'incarnation de la multinationale "sans foi ni loi", uniquement préoccupée de ses intérêts et capable, pour les sauvegarder, de piétiner allégrement le droit des peuples. »

Tristan Gaston-Breton, «United Fruit, la mère des républiques bananières», *Les Echos*, juillet 2009.

Le *food power* américain semble le plus important. En 1977-1978, par exemple, si l'Égypte tend à faire la paix avec Israël (signature des accords de Camp David), c'est sur la pression des États-Unis qui, en pleine période de sécheresse, conditionnent leur aide alimentaire à cette démarche pacifique. Aujourd'hui, le *food power* américain passe par la production et l'exportation de produits alimentaires indispensables comme le maïs, le soja ou aussi la viande. En amont, les entreprises américaines dominent aussi le marché du tracteur avec des marques comme John Deere ou Massey Ferguson. En aval, l'omniprésence de firmes agroalimentaires comme Coca-Cola ou McDonald's, mais aussi dans le domaine de la collecte et du négoce des grains avec ADM, Bunge, Cargill ou Dreyfus.

Mais certains affirment que cette puissance est en perte de vitesse face à l'arrivée sur le marché agricole d'autres géants, par exemple le Brésil en ce qui concerne le soja.

2. Le blé, instrument du *food power*

La production de blé reste aujourd'hui concentrée dans très peu de pays puisque 85 % de la production mondiale de blé provient de 10 puissances, essentiellement situées dans l'hémisphère Nord : États-Unis, Russie, Chine, UE, Australie. En parallèle, de nombreux États sont dépendants des importations de blé : Afrique du Nord, Proche et Moyen-Orient, Brésil…

Dans l'histoire, le blé est également un facteur de puissance. Dans l'Antiquité, il occupe une place majeure dans l'alimentation des Grecs. Mais Athènes connaît des pénuries et doit donc trouver de nouvelles sources d'approvisionnement : la Sicile, la Syrie, l'Égypte, le pourtour de la mer Noire deviennent les greniers à blé d'Athènes. De même, sous le IIIe Reich, la préoccupation vis-à-vis du blé est importante. L'opération Barbarossa en juin 1941 a pour objectif de s'emparer des mines du charbon du Donbass en Ukraine, mais aussi du blé.

Pendant la guerre froide, les États-Unis ont considérablement accru leur production de blé. Ils utilisent l'aide alimentaire pour freiner l'expansion soviétique et accompagner le déploiement militaire américain d'Asie du Sud au Moyen-Orient, mais aussi en Europe.

Mais la Russie a réussi à prendre la tête des exportations de blé. Elle a réinvesti les « terres noires » du sud du pays, particulièrement fertiles. Le changement climatique et le dégel des terres en Sibérie pourraient d'ailleurs augmenter les surfaces utiles. **La Russie utilise ses exportations de blé pour étendre son influence.** Elle vend surtout en Égypte, en Libye, en Turquie, en Iran et en Syrie. En 2015, la Russie a volé au secours de Bachar el-Assad en envoyant des avions et des armes, mais aussi du blé. L'objectif était de nourrir la population qui était sous domination du clan el-Assad. Toujours dans la guerre en Syrie, le contrôle du blé a été important. Daesh a cherché à contrôler les terres à blé au moins autant que les ressources en pétrole.

Parallèlement, l'Afrique du Nord est la première région importatrice de blé, ce qui la rend très vulnérable. Elle dispose de peu de capacités agricoles et sa population augmente. En conséquence, **le blé joue le rôle de détonateur social lorsqu'il vient à manquer. C'est l'origine du Printemps arabe dans certains pays comme l'Égypte ou la Libye.** On observe également des changements d'influence en Algérie. Alors que la France fournissait l'essentiel du blé importé au pays, la concurrence du blé russe, moins cher, se fait sentir.

Enfin, la Chine produit 130 millions de tonnes par an et est le premier producteur mondial. Le président Xi Jinping recherche donc l'autosuffisance, mais elle semble impossible à réaliser en l'état car la population augmente et ses pratiques alimentaires s'occidentalisent. Pékin est donc obligé d'acheter des céréales au Canada, à l'Ukraine ou à la Russie. La Chine a, en 2021, importé 10 millions de tonnes de blé, au point de contribuer à l'augmentation des cours. C'est notamment ce que montre Sébastien Abis dans *Géopolitique du blé. Un produit vital pour la sécurité mondiale*, paru en 2015.

DONNÉES CLÉS

LES PLUS GRANDS PRODUCTEURS DE BLÉ DU MONDE EN 2020 (EN TONNES)

Rang	État ou territoire	Production en 2020
1	Chine	134 250 000
2	Inde	107 590 000
3	Russie	85 896 326
4	États-Unis	49 690 680
5	Canada	35 183 000
6	France	30 144 110
7	Pakistan	25 247 511
8	Ukraine	24 912 350
9	Allemagne	22 171 100
10	Turquie	20 500 000
11	Argentine	19 776 942
12	Iran	15 000 000
13	Australie	14 480 217
14	Kazakhstan	14 257 950
15	Pologne	12 433 210
16	Royaume-Uni	9 658 000
17	Égypte	9 000 000
18	Espagne	8 143 510
19	Roumanie	6 754 530
20	Italie	6 716 180

Source : FAO, ONU.

3. Les effets négatifs de l'aide alimentaire

L'aide alimentaire a donc des effets négatifs. Elle favorise le néocolonialisme puisque les pays donateurs attendent un retour sur investissement de la part du pays qui a reçu l'aide. L'aide alimentaire, donnée aux gouvernements, sert aussi à maintenir au pouvoir des États souvent autoritaires.

C. L'alimentation, une arme politique

1. Le banquet, une fonction politique importante

TEXTE CLÉ

LE RÔLE POLITIQUE DES BANQUETS ROYAUX EN FRANCE AU MOYEN ÂGE ET À L'ÉPOQUE MODERNE

« Les repas sont depuis très longtemps un lieu de communication par excellence, d'ailleurs souvent ritualisé. En France, les banquets officiels des princes et rois en sont un exemple : sur un même territoire, à l'époque médiévale composé de plusieurs cours puissantes (France, Berry, Bourgogne), et qui, sous le règne des Bourbons, était devenu un royaume unifié, on constate une certaine permanence dans une volonté communication propagandiste.

L'époque médiévale est celle des entremets, a priori scènes de divertissement jouées devant les convives, qui animent le repas, dont les XIVe et XVe siècles marquent l'apogée. Quant au XVIIe siècle, avec le règne de Louis XIV qui en est le point culminant, on assiste à des repas de fêtes somptueux dans lesquels le faste est prépondérant. »

Sandrine Krikorian, « De l'entremets médiéval aux festins louis-quatorziens : propagande politique et faste royal », *in* Jean Dumas, *Le Rituel des cérémonies*, CTHS, 2015, pages 34-41.

La table est un moyen, parmi les fastes, d'impressionner ses invités et de montrer sa puissance à son peuple. Sandrine Krikorian montre ainsi comment, dans les almanachs, la représentation des festins du Roi-Soleil, en soulignant le luxe et la majesté du monarque, transmet une image optimiste de sa puissance et sert à légitimer et à renforcer l'action du roi dans d'autres domaines. Cela est valable à l'intérieur du royaume, mais aussi à l'extérieur. La sophistication des recettes de cuisine tend également à montrer et à marquer un plus haut degré de civilisation par rapport aux autres pays.

Les repas officiels à l'Élysée, aujourd'hui, ont également cette fonction, même si les citoyens sont de plus en plus attentifs aux dépenses faites par l'État aux frais du contribuable. François de Rugy a dû démissionner de son poste de président de l'Assemblée nationale car il avait été mis en cause par Mediapart pour avoir organisé des dîners très fastueux qui n'avaient aucun lien avec sa fonction. L'intéressé s'en était défendu en affirmant que ces dépenses étaient « *liées à l'exercice de sa fonction auprès de la société civile* ».

Le banquet a aussi eu une fonction politique au profit de la République et des républicains. Sous l'Empire, la Restauration et la monarchie de Juillet, alors que les réunions politiques sont interdites (sauf si elles ont été déclarées et autorisées par le préfet), les Républicains pratiquent le banquet : ils se réunissent mais affirment qu'il s'agit simplement d'un repas amical. Ainsi, « *la campagne des banquets* » désigne une série d'environ 70 réunions organisées dans toute la France entre 1847 et 1848 par des réformateurs pour demander un élargissement du corps électoral et s'opposer aux décisions prises par le gouvernement conservateur de François Guizot. C'est l'interdiction de ces repas qui va finalement provoquer la révolution de 1848 qui chasse Louis-Philippe Ier et installe la Seconde République.

2. La gastronomie, un instrument du *soft power*

La France brille à l'étranger par sa gastronomie, et c'est un instrument de son influence mondiale. En 2010, l'Unesco classait ainsi le repas à la française au patrimoine mondial de l'humanité.

On parle alors de « gastrodiplomatie ». Ce terme utilisé par le chercheur Paul Rockower désigne les *« formes particulières de diplomatie publique qui mêlent diplomatie culturelle, diplomatie culinaire et construction d'une image de marque nationale pour rendre palpable au goût et au toucher une culture étrangère »*. Pour Pierre Raffard, la France part avec un avantage certain sur les autres nations : *« La France demeure la première puissance agricole européenne tandis que, dans le sillon d'entreprises globales comme Danone, Lactalis ou Bel, le secteur agroalimentaire national représente le quatrième secteur contributeur à la balance commerciale française.* ***Parallèlement à leur importance économique incontestable, alimentation, cuisine et gastronomie sont aussi de puissants outils de communication, d'attractivité et d'influence.*** *»* Le rayonnement des chefs français à l'étranger est aussi un signe du *soft power* français.

Pourtant, d'autres cuisines se distinguent également. Selon le magazine *Géo*, qui a classé les cuisines du monde les plus populaires sur Instagram, la cuisine italienne arrive en tête alors que la cuisine française n'est que 14e. Elle a détrôné la cuisine japonaise. Cela dit, il s'agit de cuisine et non pas de gastronomie, et Instagram ne concerne pas toutes les générations de manière équitable.

Focus **LES CUISINES LES PLUS POPULAIRES SUR INSTAGRAM EN 2022**

1. Italie.
2. Inde.
3. Japon.
4. Corée du Sud.
5. Mexique.
6. Chine.
7. Thaïlande.
8. Indonésie.
9. Vietnam.
10. Grèce.
11. Philippines.
12. Turquie.
13. Nigeria.
14. France.
15. Liban.
16. Pérou.
17. Jamaïque.
18. Espagne.
19. Malaisie.
20. États-Unis.

Stéphanie Bascou, « Classement : quelles sont les cuisines du monde les plus populaires sur Instagram ? », www.geo.fr, 18 février 2022.

3 Crises et tensions liées à l'alimentation

A. La recrudescence des crises alimentaires mondiales

1. La crise alimentaire de 2008-2009

Entre février 2007 et février 2008, l'indice FAO des prix des produits alimentaires est passé de 139 à 219, les plus fortes augmentations concernant les céréales (indice passé de 152 à 281). Les origines de la crise sont multiples. Parmi les causes structurelles, on peut citer la consommation croissante de viandes et de laitage notamment, dans les pays émergents, la dégradation (désertification et épuisement) et le recul des sols arables (la Chine a perdu 1 million d'hectares de terres arables à cause de l'urbanisation entre 2005 et 2008), l'augmentation du prix du pétrole et la baisse des prix agricoles (qui a fait diminuer l'investissement en matière d'agriculture). Parmi les causes conjoncturelles, on peut avancer le développement des agrocarburants, la crise financière qui a vu les matières premières agricoles devenir des valeurs refuges, la baisse des stocks, des phénomènes climatiques (sécheresses en Roumanie, en Somalie, au Ghana ; inondations en Équateur, en Bolivie, au Sri Lanka ; hiver rude au sud de la Chine, en Argentine). Les conséquences de la crise ont été importantes : des émeutes ont éclaté dans de nombreux pays d'Afrique (Burkina Faso, Cameroun, Sénégal, Côte d'Ivoire, Égypte), d'Asie (Bangladesh, Pakistan) ou d'Amérique (Mexique, Bolivie). C'est l'abondance de la récolte de 2008 qui a finalement mis fin à la crise, mais en 2010 la situation a été sensiblement similaire.

2. Des causes préoccupantes

CHIFFRES CLÉS

L'ÉVOLUTION DU PRIX DU BLÉ DEPUIS 2007

Prix du blé tendre : les explications des hausses et des baisses depuis quinze ans

Source : La Dépêche LPM/Commoprices.

Si, traditionnellement, la hausse du prix des matières premières était liée aux conditions météorologiques, elle est de plus en plus le résultat de tendances lourdes. Du côté de la demande, on retrouve l'accroissement de la population, l'augmentation du niveau de vie dans de nombreux pays et les carburants élaborés à partir de céréales. **Du côté de l'offre, sont en cause l'érosion des sols, l'épuisement des aquifères (sols se prêtant à l'emmagasinement et à la circulation de l'eau), l'utilisation non agricole des terres cultivables, le détournement des eaux d'irrigation vers les villes, la stagnation du rendement des cultures dans les pays disposant d'une agriculture développée, ainsi que le changement climatique** (récoltes desséchées par des vagues de chaleur, fonte des glaciers et des calottes glaciaires).

On peut s'attarder notamment sur le problème des agrocarburants. Sur les 416 millions de tonnes de céréales récoltées en 2009 aux États-Unis, 119 millions ont servi à la fabrication d'éthanol, soit assez de céréales pour nourrir 350 millions de personnes pendant un an. Les investissements massifs des États-Unis dans les distilleries d'éthanol commencent donc à provoquer une concurrence directe entre hommes et véhicules pour l'accès aux récoltes de la planète. En conséquence, la consommation de céréales a doublé, passant de 21 millions de tonnes par an pour la période 1990-2005 à 41 millions pour les années 2005-2010.

Les terres cultivables perdent également de plus en plus leur couche arable trop vite pour avoir le temps de la reconstituer, d'où une perte de productivité. Deux immenses déserts de poussière sont ainsi en train d'apparaître, l'un dans le nord-ouest de la Chine, la Mongolie occidentale et l'Asie centrale ; l'autre en Afrique centrale.

La surface des zones irriguées tend également à diminuer au Moyen-Orient, notamment en Arabie saoudite, en Syrie, en Irak et peut-être au Yémen. L'autosuffisance en blé de l'Arabie saoudite dépendait entièrement d'un aquifère fossile, aujourd'hui épuisé ; la production nationale est alors en chute libre. La production de blé a baissé de plus de deux tiers de 2007 à 2010. Les rendements ont également cessé de progresser en Europe.

L'une des conséquences en a été les Printemps arabes, qui ont entraîné de forts bouleversements politiques.

B. Des tensions dues aux ressources alimentaires

1. La guerre de l'eau aura-t-elle lieu ?

Aaron Wolf considère que, depuis 4 500 ans, il n'y a jamais eu de guerre de l'eau et que cette ressource est plutôt un outil de coopération. Thomas Homer-Dixon et Peter Schwartz s'opposent à lui et voient dans l'eau un facteur de conflit. **La compétition pour le contrôle des ressources naturelles déclinantes est susceptible d'alimenter des conflits armés ou d'exacerber des tensions déjà existantes, qu'elles soient ethniques, religieuses ou sociales.** Ainsi, les confrontations militaires pourraient être plus facilement déclenchées par un besoin important d'eau. Il faut alors insister sur le lien entre l'eau et la stabilité politique pour comprendre ces facteurs de tension.

En Iran, la source de certains troubles politiques récents semble devoir être trouvé dans les pénuries d'eau dont certaines régions sont victimes. Les Iraniens pointent assez souvent du doigt la gestion incompétente et corrompue de l'eau par les différents gouvernements, dans un pays où les précipitations n'atteignent qu'entre un tiers et un quart de la moyenne mondiale.

En Éthiopie, la construction du barrage de la Renaissance, en cours d'achèvement, d'une capacité de 174 milliards de mètres cube d'eau, exacerbe les tensions avec l'Égypte. Alors qu'Addis Abeba estime que ce projet est indispensable pour le développement du pays, Le Caire et Khartoum mettent en avant la restriction des ressources du Nil qui vont arriver sur leur territoire et dont elles ont un besoin impérieux.

L'ONU met d'ailleurs en avant une hausse significative des conflits liés à l'eau. Entre 2000 et 2009, on en recensait 94, contre 263 entre 2010 et 2018.

DONNÉES CLÉS

L'eau et la guerre dans le monde

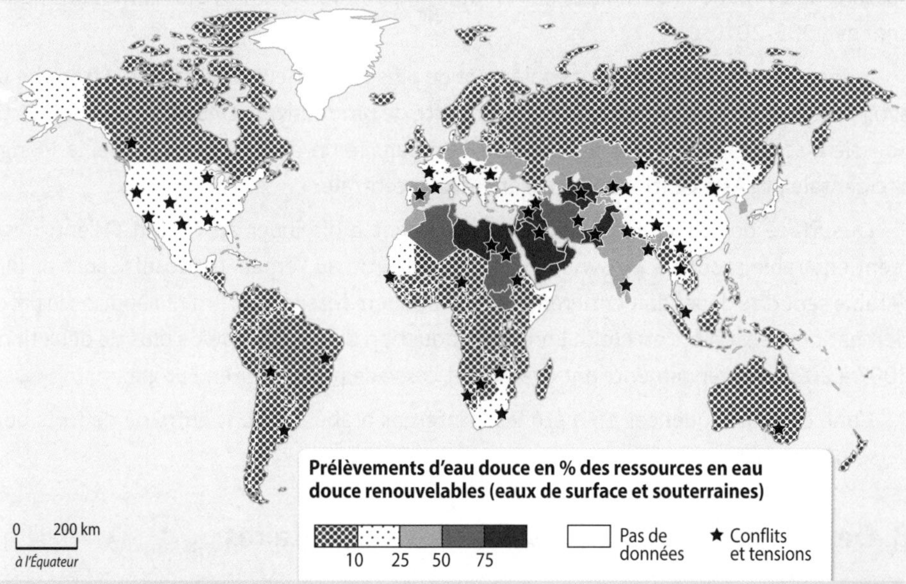

Source : FAO (prélèvements) ; F. Lasserre et E. Conon, *Manuel de géopolitique*, Armand Colin, 2008 (conflits et tensions).

2. Des tensions pour les ressources halieutiques

La plupart des ressources halieutiques se trouvent près de la surface et proches des côtes. D'autres espèces, comme le thon, évoluent plus au large. Ces ressources sont variées. Si la pêche artisanale demeure, les techniques sont devenues majoritairement industrielles pour accroître les rendements. Le nombre de poissons pêchés a ne cesse d'augmenter : près de 108 millions de tonnes de poissons et de crustacés sont pêchés ou élevés chaque année dans le monde (contre 20 millions de tonnes seulement en 1950). **À l'échelle mondiale, cette pêche assure à plus de 1,5 milliard de personnes 20 % de leur apport moyen en protéines animales. Le quart de l'humanité dépend directement des produits de la mer pour son alimentation.** Les principales zones de pêche sont concentrées dans le Pacifique et l'Atlantique Nord (au large de la côte ouest de l'Amérique et au nord-ouest de l'Europe). Les ressources halieutiques représentent donc un autre enjeu majeur, malgré la mise en œuvre de solutions alternatives, comme l'aquaculture (élevage commercial d'espèces aquatiques) qui se développe aussi près des littoraux.

Cela occasionne des tensions. C'est le cas de la « guerre de l'anchois » entre les pêcheurs français et espagnols dans le golfe de Gascogne ou de la « guerre du turbot » entre le Canada et l'Espagne près de Terre-Neuve.

Il existe aussi des tensions à propos de bateaux de pêche chinois qui outrepassent régulièrement, accompagnés d'escortes militaires, les zones économiques exclusives (ZEE) d'autres pays. C'est notamment le cas en Amérique latine.

3. Le *land grabbing* et l'*ocean grabbing*

Ce phénomène d'acquisition ou de jouissance des terres « disponibles » à des fins principalement agricoles n'est pas nouveau, notamment dans les pays du Sud. Au début du XXe siècle, l'United Fruit Company, une société américaine, possédait ainsi près de 25 % des terres cultivables au Honduras. Mais le phénomène prend aujourd'hui une ampleur considérable, surtout depuis la crise alimentaire de 2008. Les acteurs se sont également diversifiés puisque de nombreux État participent à cet accaparement, même s'il est quasiment impossible de quantifier le phénomène.

Actuellement, 50 % des terres accaparées se situeraient en Afrique, 25 % dans la zone Europe et Asie centrale, 20 % dans la région Asie-Pacifique et 10 % en Amérique latine. Les opérateurs, qu'il s'agisse d'États ou d'acteurs privés, se trouvent dans les pays qui manquent de ressources agricoles mais qui disposent de capitaux disponibles. C'est le cas au Japon, en Corée du Sud, en Arabie saoudite, au Qatar, au Koweït, aux Émirats arabes unis ou en Chine, par exemple. L'accaparement prend le plus souvent la forme de baux (entre 25 et 99 ans), mais aussi d'achats. Selon l'observatoire d'acquisition des terres Landmatrix, **34 millions d'hectares de terres auraient été accaparés (chiffre de 2013) et d'aucuns parlent de phénomène d'« enclosures » à l'échelle mondiale, ce qui a pour conséquence une véritable dépossession des populations rurales notamment**.

Les opérateurs de l'accaparement sont mus par des logiques différentes : souhait de répondre aux futurs besoins alimentaires de leur population, mais aussi développement d'investissements et volonté de faire du profit en commercialisant des produits alimentaires destinés à l'exportation ou des agrocarburants.

De la même façon, on parle d'*ocean grab* ou de *global ocean grabbing* pour désigner le processus d'accaparement des mers et océans. Cela porte atteinte aux droits d'accès ainsi qu'aux modèles de production des personnes et des groupes qui dépendent de la pêche et des activités associées à la mer. Ce phénomène est essentiellement le fait de la pêche industrielle. Certains affirment même que l'extension de la taille des aires marines protégées encourage ce processus par l'intermédiaire de la science et de la protection de l'environnement.

C. Risques économiques et droits de l'Homme

1. La maladie hollandaise et le risque de volatilité des prix

On parle souvent, à propos du risque de tout miser sur l'exportation d'une matière première, quelle qu'elle soit, de « maladie hollandaise », en référence à ce qui s'est produit aux Pays-Bas dans les années 1960 alors que toute l'économie du pays était orientée vers le seul pétrole. À la suite de la baisse des cours dans les années 1970, de nombreuses difficultés sont apparues.

La production de matières premières, notamment agricoles, se révèle dangereuse pour certains pays, si leur économie est uniquement fondée sur cette rente. Tous les investissements sont en effet dirigés vers ce secteur économique, à l'exclusion des autres. Le risque est donc important lorsqu'on assiste à une chute des prix agricoles, comme ce fut le cas à la fin du supercycle des matières premières, en 2015.

La Côte d'Ivoire a pu en faire les frais dans les années 1980-1990. Le « miracle ivoirien » est ainsi le nom donné à une période de grande prospérité économique, dans les années 1960-1970, fondée sur le commerce du cacao et du café, dont la Côte d'Ivoire était le premier producteur mondial. Mais dans les années 1980, les cours s'effondrent. Le pays refuse de céder et de vendre ses productions agricoles, espérant que les prix vont remonter. En réalité, d'autres producteurs, notamment en Amérique latine, se sont développés et ont raflé le marché. La fin de la prospérité a exacerbé les tensions ethniques et a été à l'origine de nombreux troubles politiques, notamment en 2004.

2. La question de l'accès aux ressources agricoles en lien avec les droits de l'Homme

Selon le rapport mondial des Nations unies sur la mise en valeur des ressources en eau de 2019, 2 milliards d'habitants n'ont pas encore accès à l'eau potable et à l'assainissement. Or, il s'agit d'un droit de l'Homme et d'un des ODD. En Afrique subsaharienne, seulement 24 % de la population a accès à une source d'eau sûre et potable tandis que les installations sanitaires de base, non partagées avec d'autres foyers, ne sont accessibles qu'à 28 % de la population. La question de l'accès à l'eau se pose également cruellement pour les personnes réfugiées et les personnes déplacées, dont le nombre est en constante augmentation.

L'accès à la terre et sa propriété voient également de fortes inégalités. Le Mouvement des sans-terre au Brésil, créé en 1985, milite ainsi pour que les paysans aient accès à des terrains à cultiver. Ils luttent contre l'accaparement des terres par de grandes organisations dans le cadre des latifundia, ces immenses exploitations héritées de la colonisation.

Les ONG tentent d'alerter afin que les ressources soient préservées et mieux partagées. L'ONG Vision du monde alerte sur le caractère indispensable de l'accès à tous à l'eau, rappelant que le 28 juillet 2010, l'Assemblée générale des Nations unies a adopté la résolution faisant de l'accès à l'eau potable et à l'assainissement un droit humain fondamental.

3. L'absence de régulation des marchés de l'alimentation

Le droit de l'alimentation s'est construit avec l'idée d'un marché libre et concurrentiel. En cela, il tourne le dos au droit à l'alimentation. En droit du commerce international, l'aliment est perçu principalement comme une marchandise comme les autres. Les règles fixées dans le cadre de l'OMC visent à assurer sa libre circulation. L'Accord sur l'agriculture de l'OMC, qui régit spécifiquement le commerce des denrées alimentaires, fait référence au principe de non-discrimination. Sauf à démontrer la nécessité d'une limitation de la circulation des denrées alimentaires sur des considérations d'ordre sanitaire ou environnemental, les discriminations entre États membres sont proscrites en application de la clause de la nation la plus favorisée et de celle du traitement national interdisant une discrimination entre produits nationaux et étrangers.

En cela, il n'y a donc que peu de régulation des marchés de l'alimentation.

Fiche de lecture

Jean Ziegler, *Destruction massive. Géopolitique de la faim*

Seuil, 2011.

Pour Jean Ziegler, la faim dans le monde est essentiellement liée au capitalisme, parce qu'il accapare les terres des pays du Sud pour y produire des agrocarburants et que la spéculation boursière a investi de domaine des denrées alimentaires. Il qualifie d'ailleurs de « *crime contre l'humanité* » le fait d'abandonner les cultures vivrières au profit des agrocarburants.

Dans la première partie, intitulée « Massacre », il explique que, toutes les cinq secondes, un enfant meurt de faim. Ils sont des dizaines de millions victimes de la malnutrition, avec d'atroces séquelles physiques et psychologiques. Il explique également comment **les pays du Sud qui ont cherché à s'intégrer dans le marché mondial sont aujourd'hui les plus durement frappés**.

Dans la deuxième partie, « Le réveil de la conscience », il aborde la question de l'Occident et de son attitude devant le drame de la famine. Ce réveil doit beaucoup à une figure du tiers-mondisme des années 1950, le médecin brésilien Josué Apolônio de Castro. Il explique que, aujourd'hui, les institutions de l'ONU ne suscitent plus l'intérêt de l'opinion publique. **Certaines organisations intergouvernementales auraient même trahi leur mission, notamment le FMI, l'OMC et la Banque mondiale, surnommés *« les trois cavaliers de l'Apocalypse »*, derrière lesquels se profilent sournoisement les 200 FTN de l'agroalimentaire, dont la plus influente et la plus omniprésente, Cargill.** Il insiste sur la position oligopolistique de quelques grands exportateurs (10 États dans le monde assurent en 2011 60 % des exportations agroalimentaires mondiales), ce qui explique la grande volatilité des prix, dans un contexte marqué par **l'abandon depuis vingt ans des politiques de régulation des marchés et de protection agricoles**.

Dans la troisième partie, « Destruction massive », il démontre que l'opinion occidentale semble totalement indifférente au problème de la faim dans le monde. Les conférences internationales, les réunions d'experts, les séances de négociation se multiplient. Jean Ziegler évoque le chiffre de 10 000 réunions en 2010 sur les droits de l'homme et en particulier le droit à l'alimentation. Les « *ennemis du droit à l'alimentation* » sont désormais trop puissants au sein de l'ONU.

Dans le chapitre suivant, « Les ennemis du droit à l'alimentation », il évoque les méfaits du libéralisme qui met en concurrence, sur un même ring de boxe, Mike Tyson et un chômeur bengali sous-alimenté. Le libéralisme affirme qu'il y a égalité de confrontation puisque les deux combattants ont les mêmes gants de boxe, qu'ils ont le même temps de combat et que ses règles sont identiques. Dans le chapitre suivant, « La ruine du PAM », l'auteur explique qu'il ne parvient que difficilement à assurer ses missions d'urgence. La FAO, quant à elle, est dépourvue de moyens et semble impuissante. Elle a des frais de fonctionnement exorbitants et son budget ne fait qu'une part très mince aux projets.

L'avant-dernier chapitre s'intitule « Les vautours de l'or vert ». Jean Ziegler y décrit l'accaparement des terres et dénonce les agrocarburants en développant le cas du programme Pro-alcool au Brésil pour dénoncer l'esclavage dont sont victimes les coupeurs de canne à sucre. Le dernier chapitre aborde enfin les « *spéculateurs* », que sont les sociétés de l'agrobusiness et les *hedge funds* qui spéculent sur les prix des denrées alimentaires.

Citations

« Non seulement les agrocarburants dévorent chaque année des centaines de millions de tonnes de maïs, de blé et autres aliments, non seulement leur production libère dans l'atmosphère des millions de tonnes de dioxyde de carbone, mais, en plus, ils provoquent des désastres sociaux dans les pays où les sociétés transcontinentales qui les fabriquent deviennent dominantes. »

« La cupidité illimitée des oligarchies prédatrices du capital financier globalisé l'emportent – dans l'opinion publique et auprès des gouvernements – sur toute autre considération, faisant obstacle à la mobilisation mondiale. »

CHAPITRE 3

L'alimentation, un marqueur identitaire

> « *Dis-moi ce que tu manges, je te dirai ce que tu es* ».
> Aphorisme de Jean Anthelme Brillat-Savarin.

Débat

Les hommes préhistoriques étaient-ils anthropophages ? Quelle signification ce cannibalisme pouvait-il avoir ? Pour certains spécialistes, l'anthropophagie semble avoir été pratiquée à la préhistoire, dès le paléolithique. Mais les preuves ne sont pas irréfutables. Il existe des traces de dépeçage qui ont pu être observées sur des ossements humains, mais elles pourraient aussi bien être des rites funéraires. Certaines cultures avaient cependant des pratiques cannibales socialement instituées.

José María Bermúdez de Castro, qui a réétudié les ossements de la grotte de Gran Dolina (Espagne actuelle), a trouvé des os portant des traces de découpe faites par des outils en pierre ou brisés comme pour en extraire la moelle, ainsi que des crânes avec des marques de décapitation. Tuer des membres jeunes de tribus rivales pour limiter la concurrence sur un même territoire, et consommer leur chair pour satisfaire les besoins en protéines, lui semble une stratégie répandue chez *Homo antecessor*.

S'il semble avéré que l'anthropophagie a existé à la préhistoire, quoique certaines preuves semblent douteuses, le sens de cette pratique peut interroger. Elle pouvait être occasionnelle en cas de pénurie grave (famine ou de perte des réserves de nourriture), symbolique lorsqu'une tribu a été vaincue, mais aussi peut-être courante, voire habituelle selon certains paléontologues.

Introduction

Réponse à un besoin vital, l'alimentation n'en possède pas moins une portée symbolique manifeste. « *Il ne suffit pas qu'un aliment soit bon à manger, encore faut-il qu'il soit bon à penser* », écrivait Claude Lévi-Strauss dans *Mythologiques, Le Cru et le Cuit* (1964). Et plus loin : « *La cuisine d'une société est un langage dans lequel elle traduit inconsciemment sa structure, à moins que, sans le savoir davantage, elle ne se résigne à y dévoiler ses contradictions.* » Il sous-entend par là que l'alimentation s'offre comme un objet d'étude pour la sociologie et l'anthropologie, mais revêt aussi une dimension religieuse et symbolique.

1 Pour une anthropologie et une sociologie de l'alimentation

A. L'alimentation : un acte naturel devenu culturel par excellence

1. Un objet d'étude longtemps ignoré

« *Manger, cet acte qui pourrait sembler anodin et banal, constitue pourtant une pratique culturelle dont la compréhension est une porte d'entrée idéale pour saisir l'organisation d'une société* », écrit Thibaut de Saint-Pol dans un article paru dans *L'Année sociologique* en 2017. Les scientifiques ont ainsi longtemps considéré qu'il n'était pas utile d'analyser un acte banal, presque primitif, qui ne faisait que satisfaire les besoins primaires de l'Homme. Selon la pyramide de Maslow, en effet, manger appartient aux besoins premiers, physiologiques.

Ce n'est qu'à partir du XIXe siècle que l'alimentation commence véritablement à être étudiée. Une certaine attention a été portée aux inégalités alimentaires depuis les premiers travaux sociologiques sur l'alimentation, en particulier ceux de Frédéric Le Play et de Maurice Halbwachs sur les budgets ouvriers. On peut également citer les descriptions que fait Norbert Elias des manières de table et de leur transmission dans la société ou les analyses de Pierre Bourdieu des consommations alimentaires comme marqueurs de l'espace social.

À partir des années 1960, les comportements alimentaires vont être peu à peu considérés comme des objets sociologiques, et l'étude des différenciations sociales reste très présente dans les travaux des sociologues, des recherches de Christiane et Claude Grignon sur l'alimentation des classes populaires aux études de Nicolas Herpin sur les consommations alimentaires.

Roland Barthes a été l'un des pionniers de telles études. Dans *Pour une psychosociologie de l'alimentation contemporaine*, paru en 1961, il regrette que, pour le chercheur, le thème de l'alimentation soit un thème « *futilisé* » et « *culpabilisé* ». Il commence en montrant comment à son époque, aux États-Unis, le sucre est beaucoup plus consommé qu'en France et n'est pas que du sucre. Surtout, l'alimentation est signe et communication. Il écrit : « *Qu'est-ce que la nourriture ? Ce n'est pas seulement une collection de produits, justiciables d'études statistiques ou diététiques. C'est aussi et en même temps un système de communication, un corps d'images, un protocole d'usages, de situations et de conduites.* » Il montre ainsi les différences de goût entre les classes populaires (qui aiment les chocolats doux) et les classes supérieures (qui préfèrent l'amer). Il termine en parlant du café et de son changement de perception : si au début il était considéré comme un excitant, il est désormais associé à l'idée de pause, de repos, voire de relaxation. Il l'explique en affirmant que le café est moins considéré comme une substance que comme une circonstance : « *c'est une occasion reconnue de suspendre le travail* », écrit-il. Il conclut que la nourriture va perdre en substance et gagner en fonction.

Trois facteurs principaux ont, après lui, contribué au renouveau de la sociologie de l'alimentation en France ces dernières années : le premier relève de **l'apparition de nouveaux enjeux en matière de santé publique**, avec le développement de maladies chroniques, en particulier l'obésité. Ensuite, **la multiplication des crises alimentaires**, souvent très médiatisées, rappelle que l'alimentation peut venir à manquer et que les circuits mondialisés peuvent générer de la pénurie. (Cela a aussi alerté le consommateur sur la notion de traçabilité et d'origine de ce qu'il mange, à l'heure où la mondialisation brouille les repères.) Enfin, en France, on assiste à la construction d'**un imaginaire nouveau de la gastronomie française, élément majeur de l'identité individuelle et collective**. Le classement par l'Unesco du repas gastronomique à la française comme patrimoine immatériel mondial de l'humanité est le symbole de cette dynamique et traduit d'ailleurs bien l'ambiguïté entre une vision relativement élitiste de la gastronomie, qu'on retrouve à l'origine chez les défenseurs du projet, et une conception plus populaire de ce patrimoine, qui est la vision défendue par l'Unesco.

2. L'alimentation, un symbole de la civilisation par rapport à la barbarie.

Claude Lévi-Strauss, dans son ouvrage *Le Cru et le Cuit*, aborde la question des mythes. Parmi ceux concernant le feu dans son rapport avec la cuisson des aliments, il évoque en premier celui du dénicheur d'oiseaux, issu de la tribu des Bororos au Brésil. Parce qu'il le suspecte d'avoir violé sa mère, un père confie à son fils une mission dangereuse. Mais celui-ci s'en acquitte grâce à un oiseau-mouche. Le père décide alors de l'envoyer dénicher des oiseaux. Le père enlève l'échelle alors que son fils est monté sur un rocher si bien que ce dernier est prisonnier, en proie à la pourriture. Mais il est finalement sauvé par des vautours et rentre chez lui. La nuit de son retour, une pluie orageuse éteint tous les feux du village, sauf celui de sa grand-mère, qui l'avait aidé. C'est en venant chercher de la braise chez elle que les habitants le reconnaissent. On donne une grande fête en son honneur et, au cours d'une partie de chasse, déguisé en cerf, il tue son père et jette son cadavre dans un lac. Dans une autre version, celle du groupe des Gés, le jeune dénicheur d'oiseaux est sauvé par un jaguar, maître du feu. Le héros va le lui dérober pour en faire don à son village. Furieux de cette ingratitude, le jaguar reste plein de haine envers les hommes. Seul le reflet du feu brille encore dans ses prunelles. Mais il renonce à la viande grillée et ne mange plus que de la viande crue.

L'un des sens de ce mythe est donc que la cuisine marque l'avènement de la civilisation, la différence entre l'humanité et l'animalité. « *Les animaux se repaissent ; l'homme mange ; l'homme d'esprit seul sait manger* », affirmait ainsi Brillat-Savarin au XIXe siècle. La cuisine marque la possibilité de transformer les aliments, de les rendre plus digestes, de transformer un besoin primaire en plaisir.

NOTION CLÉ

***LE CRU ET LE CUIT* DE LÉVI-STRAUSS : UNE ANALYSE**

« Ainsi la cuisine est l'équivalent de la notion de médiation. Elle marque le passage de la nature à la culture. Dans tel cas la culture débute avec le vol du feu du jaguar, et dans un autre avec l'introduction des plantes cultivées. Mais partout c'est l'idée que la vie brève est liée à l'avènement de la vie civilisée, qu'elle soit conçue comme culture ou comme société. Le foyer de cuisine est médiateur entre ciel et terre. Et cette médiation s'exerce de deux façons. D'une part elle évite une disjonction totale, elle unit le soleil et la terre et préserve l'homme du monde pourri qui serait son lot si le soleil disparaissait vraiment ; mais cette présence est aussi interposée, ce qui revient à dire qu'elle écarte le risque d'une conjonction totale, d'où résulterait un monde brûlé. »

Jean Lacroix, « Le cru et le cuit », *Le Monde*, 2 janvier 1965.

Dans une démarche structuraliste, Lévi-Strauss remarque que la pensée primitive de l'homme s'est en partie structurée d'après l'utilisation de produits que celui-ci considère comme bons ou mauvais à manger. Par ailleurs, les manières de table qu'un groupe s'attribue désignent rapidement un état de culture qui doit le distinguer des autres communautés susceptibles d'entrer en contact avec lui. Des écoles néofonctionnalistes ont plutôt pensé que la culture dépend de l'écosystème proche et de ses limites, et que l'Homme a toujours essayé de s'y adapter.

Le mythe de Prométhée, volant le feu et trompant les dieux au profit des hommes, montre bien aussi la dimension culturelle de l'alimentation. À l'origine, selon la théogonie d'Hésiode, pendant l'âge d'or, les hommes n'avaient pas besoin de travailler pour manger. Mais avec le règne de Zeus, il y eut des contestations sur la part respective des pouvoirs des hommes et des dieux, qui jusque-là vivaient ensemble. Pour couper court à ces querelles, on sacrifia un taureau lors d'un banquet à Mékonè et Zeus dut choisir la part qu'il préférait. Mais Prométhée cacha sous la peau et les entrailles les chairs comestibles, et sous de la graisse blanche les os. Zeus, choisit la seconde part, la plus belle en apparence, et se trouva donc trompé. Il décida alors de priver les hommes du feu, en leur interdisant de faire cuire les aliments, les renvoyant à leur animalité. Ils ne pouvaient plus non plus faire cuire la viande pour les sacrifices, ce qui était un moyen essentiel de communication avec les dieux. On voit donc comment la possibilité de cuire est un élément essentiel de l'humanité et de la civilisation. Ce récit symbolise aussi la séparation entre les hommes et les dieux. Les premiers consomment des éléments périssables, les chairs, alors que les seconds se délectent finalement des os, qui ne se périment pas, signe de leur immortalité.

Prométhée, par ailleurs, décide à nouveau d'aider les hommes. Il vole l'étincelle divine du feu, à la roue du char du soleil, et l'apporte aux hommes pour leur rendre leur humanité. Eschyle insiste d'ailleurs sur le caractère civilisateur de Prométhée. Avant qu'il ne leur donne le feu, les hommes vivaient dans le désordre et la confusion, réfugiés sous terre ou dans des grottes, ils faisaient tout sans jugement. Avec le feu et la cuisine, le Titan apporte aux hommes la raison : ils étaient comme des enfants et ils sont devenus doués de raison. Prométhée permet ainsi à l'humanité d'accéder à sa conscience : de bêtes, ils deviennent des êtres raisonnables C'est pourquoi Eschyle fait aussi de Prométhée l'inventeur des arts. Avant lui, les hommes ne savaient pas se diriger dans le temps et l'espace : il leur donne l'astronomie (l'espace) et la divination (l'avenir).

Zeus alors exécute une double vengeance : Prométhée est enchaîné sur le Caucase où un vautour lui dévore le foie ; et Pandore, la femme, est envoyée aux mortels. Ce don du feu va au demeurant, selon Hésiode, avoir des conséquences sur l'alimentation. Il est le point de départ pour les hommes de la nécessité du travail pour se nourrir. Et Pandore, la femme, qui va assurer la postérité aux hommes, est considérée comme un mal car elle est paresseuse et gourmande.

3. L'anthropophagie, signe suprême de la barbarie

Il faut d'abord distinguer cannibalisme (le fait de manger des individus de sa propre espèce) et anthropophagie (le fait de manger des membres de l'espèce humaine).

L'histoire regorge d'exemples de l'un ou de l'autre : dans ses *Histoires*, Hérodote décrit les traditions funéraires de plusieurs peuples, parmi lesquels les Massagètes, les Padéens, les Issédons, les Scythes et les Thraces, dont certains sont nécrophages et dont d'autres sacrifient les vieillards et les malades avant de les faire cuire et de les consommer. Il faut cependant prendre avec distance ces témoignages, dans la mesure où taxer l'autre de cannibalisme, c'est aussi le ranger au rang de barbare.

On trouve également, au-delà de la volonté de marquer sa cruauté, des cas d'anthropophagie par nécessité, en période de famine. Au Moyen Âge, le chroniqueur Raoul Glaber décrit dans ses *Histoires* la famine qui sévit en Bourgogne en 1030-1033, et évoque comment des voyageurs sont égorgés et servent de nourriture à ceux qui les ont accueillis. Il signale d'ailleurs qu'on vend de la chair humaine grillée sur le marché de Tournus. Des cas d'anthropophagie de survie se déroulent aussi durant les Croisades, selon la *Chronique anonyme de la première croisade* (environ 1100). L'objectif est alors sans doute de montrer comment l'ampleur des difficultés entraînent ponctuellement l'homme hors de la civilisation.

D'autres exemples montrent comment une civilisation cherche à rabaisser l'autre en insistant sur le cannibalisme. Dans la société aztèque, il semblerait que la chair humaine n'était consommée que par les plus puissants, et occasionnellement. Dans *Très brève relation de la destruction des Indes* (1552), Bartolomé de Las Casas rapporte que certains chefs espagnols, alliés avec les indigènes pour conquérir le pays, toléraient qu'ils emmènent des prisonniers destinés à nourrir la troupe. Lorsque les campements étaient installés, une boucherie se mettait en place, et des hommes, des femmes et des enfants étaient abattus, découpés et vendus. Certains autres peuples semblaient également la pratiquer en Amérique du Sud (Tupinambas et Tupinikims), dans les îles du Pacifique (Fidji)... **Mais beaucoup de chroniqueurs occidentaux ont insisté sur ces pratiques, occultant souvent le caractère symbolique ou religieux, pour marquer la nécessité de coloniser et donc de « civiliser », en les christianisant notamment, ces peuples.**

Au xixe siècle, où la colonisation européenne reprend, on tend même à présenter les cannibales dans des zoos humains. Ce fut notamment le cas lors de l'Exposition coloniale de 1931 à Paris. L'objectif reste bien ici de déshumaniser le colonisé, de le rendre inférieur en lui prêtant des pratiques barbares et en niant la portée symbolique de certains de ces actes.

Pourtant, le cannibalisme se retrouve aussi au xxe siècle lors des pires famines : lors de la grande famine en Ukraine dans les années 1930, en République populaire de Chine à la suite de l'échec du Grand Bond en avant entre 1958 et 1960, au Cambodge à l'époque des Khmers Rouges. Il est le signe de temps particulièrement difficiles, sur lequel l'Occident a également insisté, notamment pendant la guerre froide, pour marquer l'inhumanité du camp communiste.

4. La cuisine et la gastronomie : des thèmes artistiques

La cuisine et la gastronomie sont aussi des thèmes artistiques à part entière. Guy de Maupassant affirmait : « *Il n'y a que les imbéciles qui ne soient pas gourmands. On est gourmand comme on est artiste, comme on est instruit, comme on est poète.* » L'évocation ou la représentation de scènes de repas dans l'art sont très anciennes. Au-delà de leur portée symbolique, certaines témoignent déjà de la dimension sociale de l'alimentation.

Dès l'Antiquité, on trouve des scènes de repas, funéraires, religieux ou quotidiens dans les représentations artistiques et notamment sur les vases grecs. On peut aussi citer, bien plus tard, les peintures d'Arcimboldo représentant des bustes humains au moyen de fruits, de légumes voire de fleurs. Le genre de la nature morte fait aussi la part belle aux produits alimentaires. Rembrandt peint ainsi un bœuf écorché en 1655.

De nombreux tableaux représentent par ailleurs des scènes de repas. On peut citer *Le Repas d'Esther et d'Assuérus* par Jean-François de Troy, peint en 1740, *Les Romains de la décadence*, peint par Thomas Couture en 1840, ou *Les Noces de Cana* de Véronèse, peint en 1563. Certains tableaux représentent plutôt des scènes de la vie quotidienne : dans *Le Déjeuner* de François Boucher, peint en 1739, le spectateur assiste à une scène quotidienne et familière. On y remarque notamment la vaisselle qui évoque la vie de tous les jours de cette famille bourgeoise. Le chocolat et le café, récemment importés des colonies, y semblent également visibles. Une telle scène du quotidien se retrouve avec *Le Déjeuner sur l'herbe* de Monet, peint en 1866 (ou celui de Manet en 1863). À ce titre, on pourrait considérer que la représentation des repas et **l'utilisation de thèmes alimentaires dans l'art constituent un premier éclairage, un préalable aux études sur l'alimentation**.

Parallèlement, à partir du xxe siècle, **le café devient un lieu de sociabilité au même titre que le restaurant à partir du xviiie siècle et surtout du xixe siècle et fait son apparition dans la littérature**. Dans *Garçon, un cent d'huîtres ! Balzac et la table*, paru en 2012, Anka Muhlstein note que Balzac est le premier écrivain à prendre son temps pour décrire un restaurant, un souper. La table permet d'établir le statut social du héros, son caractère, d'évaluer son ambition ; le fumet d'une soupe nous aide à sentir l'atmosphère qui règne dans une maison. Dans l'ensemble de *La Comédie humaine*, ce sont au moins 40 restaurants qui sont cités. Mais il est aussi question des repas dans l'intimité de la vie privée. « *La table en famille constitue le plus sûr thermomètre de la fortune des ménages* », écrit Balzac dans *La Cousine Bette*. Anka Muhlstein explique que cette préoccupation vient peut-être du fait que l'auteur du *Père Goriot* a souffert de la faim dans sa jeunesse, lorsqu'il était au pensionnat. Il considérait d'ailleurs que la frugalité était une condition pour écrire un roman. Mais dès que l'ouvrage était fini, il se livrait à des excès importants. « *Le bon à tirer signé, il filait au restaurant, avalait une centaine d'huîtres en hors-d'œuvre, arrosées par quatre bouteilles de vin blanc, puis commandait le reste du repas : douze côtelettes de pré-salé au naturel, un caneton aux navets, une paire de perdreaux rôtis, une sole normande, sans compter les fantaisies telles qu'entremets, fruits, poires de doyenné* », écrit Anka Muhlstein. Balzac était enfin un grand amateur de café.

Les romans de Balzac nous permettent également de saisir l'histoire des restaurants : avant la Révolution française, on mange très mal à Paris. Il n'existe que 4 ou 5 restaurants, où l'on mange un petit plat rapide pour apaiser sa faim, sans cérémonie. Cela s'explique par les lois très restrictives sur les corporations et les guildes qui ont régi la vente de nourriture pendant des siècles. Seuls les nobles disposent d'une véritable cuisine avec sa brigade. Avec l'exil de la noblesse, des équipes entières de cuisiniers se retrouvent sans travail et, en parallèle, il faut nourrir tous ces députés de province qui séjournent à Paris. Ils ont ouvert des restaurants ou ils se sont fait embaucher dans des restaurants préexistants, dont la réputation a crû.

B. Alimentation et religion

1. Interdits et tabous alimentaires

La plupart des grandes religions ont édicté des normes alimentaires, qui vont de l'interdiction de certains aliments aux périodes d'abstinence et de jeûne, en passant par les rites qui doivent entourer l'abattage et la consommation d'animaux ou les aliments qui doivent accompagner les fêtes et célébrations. Cela est lié à la dialectique du pur et l'impur.

C'était déjà le cas dans certaines religions antiques, par exemple dans le druidisme. Ainsi, la chasse et la consommation de lièvre, de poule ou d'oie étaient interdites par les collèges druidiques. Le lièvre était un animal sacré, lié à la divinité Lug et au culte de la lune, comparée à un œuf pondu par la déesse Corre, représentée par une poule. Ces divinités étaient au cœur des mythes du cycle des saisons et des rites de fertilité, ce qui explique ces interdits.

Dans le judaïsme, les interdits alimentaires sont contenus dans un véritable code alimentaire, la cacherout. Parmi eux, on peut citer l'interdiction de consommer le sang et le nerf sciatique des animaux licites et l'interdiction du mélange carné-lacté (en vertu du principe de la Torah : « *tu ne cuiras pas le chevreau dans le lait de sa mère* »). Il s'agit pour quelques-uns de l'interdiction de certains mélanges énoncés dans la Torah, comme celui d'accoupler des bêtes d'espèces différentes. Cet interdit se rapproche également de celui d'abattre le même jour une mère et son petit, rejoignant ainsi l'interdiction de cruauté envers les animaux. Enfin, une interprétation plus récente est d'ordre symbolique : le refus de mélanger la vie (le lait) et la mort (la viande).

La tradition catholique n'a pas repris ces interdits alimentaires (en dehors de l'interdiction, en 732 par le pape Grégoire III, de l'usage de la viande de cheval) mais a instauré des jeûnes : d'abord deux jours dits « maigres » (sans viande), le mercredi et le vendredi, ainsi qu'un jeûne total pour le premier jour du Carême, appelé « mercredi des Cendres » et pour le Vendredi saint (même si l'on peut boire et qu'une collation est aujourd'hui autorisée). Il existe également le jeûne eucharistique : il est interdit de manger avant d'avoir reçu la communion, les jours où l'on va à la messe. Depuis 1962, ce jeûne a été réduit à une heure avant la messe. Enfin, on peut citer le jeûne du Carême, qui doit durer quarante jours (avant Pâques) : les chrétiens s'alimentent en faible quantité en mémoire des quarante jours que le Christ a passés dans le désert. C'est d'ailleurs en réaction à cette interdiction qu'une fête profane a été créée la veille du Carême, à savoir le Mardi gras où a lieu le carnaval (dont l'étymologie est « *carne vale* », soit l'autorisation de manger de la viande).

Dans l'islam, la nourriture doit être halal : les musulmans ne peuvent pas consommer de porc (sauf si c'est la seule nourriture disponible et qu'ils risquent de mourir de faim) ni d'alcool. Les animaux licites doivent avoir été tués par un musulman et égorgés pour pouvoir être consommés. Enfin, pendant le mois de ramadan, qui commence à la neuvième nouvelle lune du calendrier lunaire islamique, les personnes pubères et matures doivent s'abstenir de manger et de boire du lever au coucher du soleil. L'obligation s'interrompt en cas de maladie ou de long voyage, sous réserve que les jours soient rattrapés dans l'année qui suit.

Il existe de nombreux autres interdits alimentaires dans d'autres religions : dans l'hindouisme, si le végétarisme n'est pas une prescription obligatoire, il est fortement répandu en lien avec l'observance de l'Ahimsâ, la non-violence hindoue. À défaut, les hindouistes ne mangent pas de vache, animal sacré.

Ces interdits alimentaires avaient originellement plusieurs fonctions : tout d'abord, **il s'agissait de règles d'hygiène à respecter à des époques où la conservation des aliments n'était pas aisée. Ensuite, chaque religion veut établir une opposition entre pur et impur.** L'idée est de montrer que ce qui est comestible n'est pas nécessairement mangeable. Enfin, **il s'agit aussi de marquer l'autorité religieuse par des lois et des normes**. Dans la religion chrétienne, par exemple, le Nouveau Testament semble supprimer tous les interdits religieux. Mais par la suite, les autorités religieuses ont cherché à en imposer d'autres.

TEXTE CLÉ

INTERDITS ALIMENTAIRES ET AUTORITÉ RELIGIEUSE

« Au sein de chacune des grandes religions, des autorités se sont ainsi imposées qui affirment fournir la bonne interprétation, fixer la norme orthodoxe, apporter une réponse évidente et indiscutable aux questions posées en matière d'alimentation. Il en résulte une ambiguïté qui pèse sur tous les débats et limite la liberté d'interprétation des croyants. Au-delà de la définition du permis et de l'interdit, indissociable de celle du pur et de l'impur en dehors du christianisme, c'est l'autorité religieuse et sa légitimité qui se trouvent mises en jeu. La question des règles alimentaires n'est pas seulement décisive pour la manière dont un groupe religieux se situe au sein d'une société pluraliste. Elle est aussi un test sur la capacité d'un courant et de chefs religieux à incarner l'orthodoxie et à exercer une influence. Discuter une interprétation devient alors mise en cause de l'institution »

Claude Prudhomme, « Interdits alimentaires, religions, convivialité, Dis-moi ce que tu manges, je te dirai qui tu es », in *Histoire, monde et cultures religieuses*, 2010, vol. 39, n° 3.

2. La célébration des rites religieux et la morale religieuse

La nourriture est présente dans de nombreux passages des textes sacrés, notamment de la Bible. La nourriture est ainsi présentée comme un don de Dieu : « *Ainsi la terre fournit aux hommes de quoi vivre : du vin pour les rendre gais, de l'huile pour leur donner bonne mine, du pain pour leur rendre des forces* » (Psaumes, 104, 15). Le Deutéronome annonce la Terre promise comme un pays d'abondance et de richesse, où le peuple élu mangera « *à satiété* » et bénira Dieu « *pour le bon pays qu'il lui a donné* » (Deutéronome, 8,10). C'est d'ailleurs Jésus qui multiplie les pains et transforme l'eau en vin lors des noces de Cana. Il le fait au bénéfice des disciples qui ont cru en lui.

Ainsi est soulignée la dépendance de l'homme par rapport à la nature sans laquelle il ne peut vivre. Et si l'Homme exerce son autonomie, à la différence de l'animal, en se nourrissant du fruit de son travail, il doit réguler ses appétits et s'exercer à une morale de la tempérance. Devant une table débordante, l'homme risque d'oublier que toute nourriture vient de la main de Dieu et qu'elle est donc partage avant d'être possession. C'est ce que l'on peut lire dans le Siracide (31, 12) : « *As-tu pris place à une table bien servie, n'ouvre pas la bouche devant elle, et ne dis pas : "Il y a sur elle bien des mets."* »

C'est de là que viennent les rites religieux et notamment les sacrifices. Les Hommes doivent partager leur repas avec les dieux, faire une offrande culinaire. Le sacrifice témoigne aussi du fait que les divinités sont différentes des Hommes. Dans le polythéisme grec, elles boivent le nectar et se nourrissent des fumées sacrificielles, qui doivent monter jusqu'à l'Olympe, suite à la ruse de Prométhée. C'est justement le sujet de la comédie *Les Oiseaux* d'Aristophane : ceux-ci, ligués contre les dieux, les empêchent de se nourrir en bloquant les fumées sacrificielles. Le sacrifice crée donc un lien entre l'Homme et les divinités, mais aussi avec la nature. L'Homme, pour survivre, doit consommer les produits qu'il récolte ou les animaux qu'il domestique, mais il doit en plus partager sa consommation avec les dieux.

L'alimentation peut aussi être un moyen pour parvenir au paradis, après la mort. Dans de nombreux rites funéraires, on fait aussi accompagner le mort, dans sa tombe, de nourriture pour qu'il puisse survivre dans l'au-delà. Dans la civilisation mésopotamienne, on croyait que, au moment du passage dans l'au-delà, le mort entamait un long voyage vers l'extrémité occidentale du monde, « *le lieu où le soleil se couche* », là où se trouvait la Grande Porte de l'Enfer. Or, ce grand voyage du mort à travers la steppe exigeait des provisions de route. Celles-ci incluaient notamment de l'eau, de la bière, des céréales (du gruau, de l'orge, du pain) et du miel. On les plaçait dans de la vaisselle près du tombeau. Après avoir traversé le fleuve infernal et être parvenu au terme du voyage, le mort ne trouvait pas pour autant le repos. Dans l'Enfer, séjour sans clarté, où tout était couvert de poussière, où l'on manquait d'air, de boisson et de nourriture, il n'avait que les offrandes funéraires pour s'alimenter. Parmi celles-ci, l'eau et le pain étaient les plus importantes.

La nourriture est enfin le signe de la morale religieuse. Chez les chrétiens, la gourmandise est considérée comme l'un des sept péchés capitaux. Parallèlement, le péché originel réside dans l'acte d'Ève qui croque une pomme. La nourriture est alors symbole de connaissance.

3. La nourriture, au cœur de la symbolique religieuse

Dieu peut lui-même se faire nourriture, sur un plan symbolique. Dans le christianisme, l'eucharistie désigne ainsi un rite chrétien, institué par Jésus-Christ la veille de sa Passion (c'est-à-dire de sa crucifixion) en distribuant du pain et du vin aux apôtres, et en leur disant : « *Ceci est mon corps [...], ceci est mon sang [...]. Vous ferez cela en mémoire de moi.* » Dans le rite chrétien, cela se traduit par la **« transsubstantiation » du pain et du vin, qui deviennent le corps et le sang du Christ** ; le pain et le vin changent de « substance » tout en conservant leurs caractéristiques physiques. Il s'agit donc bien de la présence réelle du Christ pendant la messe, qui commence au moment de la consécration et dure aussi longtemps que les espèces eucharistiques (le pain et le vin) subsistent. Cela aboutit à la communion, au moins celle du prêtre qui boit le vin et mange le pain (il communie sous les deux espèces). La communion des fidèles n'est pas obligatoire (ils peuvent ne communier qu'en mangeant le pain, c'est-à-dire l'hostie).

NOTION CLÉ

LA CÈNE OU LE DERNIER REPAS DU CHRIST

Il s'agit du dernier repas du Christ avec ses douze apôtres le soir du Jeudi saint, avant la Pâque juive, peu de temps avant son arrestation, la veille de sa crucifixion et trois jours avant sa résurrection. C'est là qu'il institua l'eucharistie. Selon Jean, c'est aussi à cette occasion qu'il aurait prononcé ces paroles : « *Aimez-vous les uns les autres, comme je vous ai aimés.* » Jésus y annonce également que l'un des apôtres va le trahir. C'est alors que Judas quitte la table.

Cet événement a fait l'objet de nombreuses représentations artistiques. Le tableau de Léonard de Vinci, peint entre 1495 et 1497, en est l'exemple le plus connu.

Le vin et la religion chrétienne entretiennent donc des liens étroits, y compris sur le plan symbolique. **On prête ainsi souvent au vin un caractère divin. Le raisin serait comme Jésus qui, foulé aux pieds, meurt puis ressuscite sous une forme supérieure, le vin.** Il faut également ajouter que les établissements religieux du Moyen Âge possédaient des terres sur lesquelles ils faisaient croître la vigne pour produire du vin. L'Église catholique est donc fortement liée à la production et à la consommation de cet alcool, quoiqu'elle condamne fermement l'ivresse.

Le vin est en effet associé dans la Bible à la débauche. Le premier personnage biblique à produire du vin est Noé. Après le Déluge, sa première action fut de planter une vigne pour en boire le vin. Mais il s'enivre et se dénude au milieu de sa tente. Cham, père de Chanaan, voit la nudité de son père, et il va le rapporter à ses frères. Alors Sem avec Japheth prend le manteau de Noé et, l'ayant mis sur leurs épaules, ils marchent à reculons et couvrent la nudité de leur père... Lorsque Noé se réveille de son ivresse, il apprend ce que lui a fait son plus jeune fils et il maudit Canaan, fils de Cham. Pourtant, l'ivresse de Noé n'est pas véritablement condamnée, car il ignorait largement les effets et la force de la boisson alcoolisée. Quoi qu'il en soit, le vin est symbole de perte de contrôle de soi. Toujours dans la Genèse, les filles de Loth vont elles aussi enivrer leur père pour coucher avec lui. L'Apocalypse parle enfin du vin pour évoquer la prostitution et la séduction de l'idolâtrie.

Mais **le vin est aussi synonyme de joie et d'alliance.** Signifiant la bénédiction de Dieu, il est utilisé pour symboliser l'alliance entre Dieu et son peuple. On offre à Dieu du vin sur l'autel lors des sacrifices. Le vin évoque le banquet avec Dieu à la fin des temps : « *Sur le mont Sion, le Seigneur de l'univers offrira à tous les peuples un banquet de viandes grasses arrosé de vins fins, des viandes tendres et grasses, des vins fins bien clarifiés.* » (Isaïe, 25,6.) Dans le Nouveau Testament, le vin nouveau qu'il faut mettre dans de nouvelles outres est une image de l'Évangile, de la Bonne Nouvelle à proclamer et, pendant la cène, boire le vin symbolise le renouveau. Dans l'Évangile de Marc (14, 23-26) on peut lire : « *Il prit ensuite une coupe de vin et après avoir remercié Dieu, il la leur donna, et ils en burent tous. Jésus leur dit : Ceci est mon sang, le sang qui garantit l'alliance de Dieu et qui est versé pour une multitude de gens. Je vous le déclare, c'est la vérité : je ne boirai plus jamais de vin jusqu'au jour où je boirai le vin nouveau dans le Royaume de Dieu. Ils chantèrent ensuite les psaumes de la fête.* »

C. Alimentation et société

1. Les codes alimentaires

Pendant longtemps, notamment à partir du Moyen Âge, le fait de manger était perçu comme peu noble, voire trivial. En témoigne le fait que, au théâtre, la règle des bienséances imposait, dans le classicisme, de ne pas représenter de scènes de guerre ni de repas.

C'est surtout l'invention de codes et de règles de comportement à table qui le montre. La volonté de se distinguer des autres est très présente. En 1565, Calviac explique que deux ou trois couteaux mis sur la table servent au convive à découper dans le plat commun un morceau qu'il saisit ensuite avec sa fourchette individuelle. Il constate avec fierté que les Italiens disposent chacun d'une fourchette, que les Allemands ne lampent pas les aliments liquides à même l'écuelle mais utilisent une cuillère et que les Français se servent des deux instruments.

Focus — HISTOIRE DES COUVERTS : ENTRE ÉVOLUTION PRAGMATIQUE ET ÉTIQUETTE SOCIALE

En France et en Europe, pendant très longtemps, on ne mangeait qu'avec ses doigts. Un seul couvert était utilisé, le couteau, qui servait pour le plat principal. Comme il n'y avait pas d'assiette, on utilisait le couteau pour se servir, voire pour couper un morceau de viande.

Mais au début du XVIe siècle, la fourchette est apparue, peut-être à Venise, exclusivement réservée à la noblesse et à la haute société. Elle était faite de deux pics, avec un long manche. Toutefois, on ne la portait pas encore à la bouche et elle ne servait qu'à prendre les mets depuis le plat commun. La nourriture était toujours mise à la bouche avec les doigts. La légende veut qu'en France elle ait été instaurée par Henri III en 1574, juste après son voyage à Venise.

En réalité, elle était connue bien avant puisque certains, notamment à la cour de François Ier ou à celle de Charles Quint, en Espagne, l'utilisaient. Elle était souvent considérée comme un objet extrêmement précieux, même si beaucoup l'ont d'abord refusée, notamment des opposants à Henri III, arguant du fait qu'il s'agissait d'une dégénérescence.

Finalement, la fourchette va quand même se développer au cours des XVIIe et XVIIIe siècles, mais n'acquiert vraiment sa popularité qu'au XVIIIe siècle, lorsqu'elle atteint les tables de la bourgeoisie.

La cuillère quant à elle, qui n'était pratiquement pas utilisée jusqu'à la fin du XVe siècle, va être l'instrument principal des paysans, des classes populaires qui, outre le fait qu'ils boivent souvent et longtemps leur soupe directement au bol, se mettent à l'utiliser par la suite pour manger les plats un peu plus consistants.

Le couteau se transforme alors. À partir du moment où il est arrivé sur la table, près de l'assiette, avec la fourchette, on a estimé que son bout pointu était inutile pour piquer dans un plat, et c'est pourquoi il est devenu rond.

Quoi qu'il en soit, l'évolution de l'usage des couverts ne peut s'expliquer sans une histoire des représentations mentales liées au rapport que nos ancêtres pouvaient entretenir avec la mise de la table et la nourriture en général.

L'apparition des fourchettes, des cuillères et des couteaux est d'abord liée à une invention culturelle et sociale qui s'est progressivement imposée et généralisée à l'ensemble de la population quelle que soit sa condition : l'objectif n'était pas de manger grâce à ces ustensiles, mais de se servir directement grâce à eux en passant du plat général à sa propre place sans s'empêcher de manger avec les doigts. Dès le départ, ces premiers couverts à usage collectif répondent à une considération hygiénique, certes, mais qui correspond à celle de l'époque.

Selon l'historien Didier Le Fur, en France, leur usage est d'abord diffusé par la haute sphère de la société pendant la période de la Renaissance. Mais la fourchette, le couteau et la cuillère sont avant tout des objets d'apparat, d'ornementation, de mode domestique chargés de faire ressortir tout le prestige et la puissance d'une maisonnée, son rang et d'impressionner par là les potentiels convives.

La transformation usuelle de ces ustensiles est indissociable de l'évolution du rapport que la population entretient avec l'alimentation. Leur usage s'est peu à peu démocratisé. C'est aux XVIIIe et XIXe siècles que chaque personne autour de la table commence à se servir pleinement de ses propres couverts pour porter les aliments de son assiette à sa bouche.

Les codes alimentaires sont avant tout une façon de se distinguer des autres. Dès le XIIe siècle, des éducateurs ont essayé d'établir des règles de civilités qui permettaient aux membres d'un même groupe de se reconnaître entre eux et de se distinguer des autres. C'est aux XVIe et XVIIe siècles que se multiplient ce type d'ouvrages. En 1530, Érasme publie ainsi *La Civilité puérile*, un manuel à destination des enfants de notables, qui a eu un énorme succès. Les règles énoncées varient parfois, mais elles témoignent toujours d'une volonté d'améliorer l'hygiène et de respecter autrui. Un ouvrage comme *Les Contenances de la table*, au XVe siècle, suggère une distinction entre nappe et serviette.

Toutes ces bonnes manières témoignent aussi de la volonté de s'arracher au monde de la nature. Les repoussoirs utilisés sont ainsi empruntés au monde animal : ne pas se comporter comme des « *loups affamés* », des « *bêtes* ». Ceux qui sont au bas de l'échelle sociale, qui sont les plus proches de l'animalité par leur fonction et leur condition, servent aussi de repoussoir. Le « vilain », c'est-à-dire le paysan, apparaît dès le Moyen Âge et encore à l'époque classique comme celui dont on veut se distinguer, se séparer ; ce terme est remplacé au XVIIe siècle par celui d'« homme du village », tout aussi péjoratif. **Apparaît aussi l'idée que manger correctement, c'est acquérir une meilleure manière de vivre avec les autres, un comportement acceptable par tous.**

Le problème reste cependant que, avec l'étiquette et la multiplication des règles de civilité, le repas en commun perd son caractère joyeux. Mais l'historienne Janine Garrisson s'interroge tout de même sur ce point : la multiplication des traités sur les bonnes manières ne témoigne-t-elle pas du fait que, malgré des règles de plus en plus strictes, celles-ci ne sont pas toujours bien respectées et que l'on peut s'en affranchir peu ou prou ?

2. L'alimentation comme marqueur social

Flaubert met en avant, dans *Madame Bovary*, l'extrême raffinement des codes et rituels d'un dîner d'apparat, la sophistication des arts de la table dans l'aristocratie. La qualité gustative époustouflante des mets (dignes d'un repas de fête, de réveillon) montre bien que le bien-être est érigé en valeur cardinale. Il développe le thème de l'égarement de la jeune provinciale, Emma Bovary, dans le miroir aux alouettes d'un milieu qui n'est pas le sien. Elle s'ennuie ferme dans sa vie étriquée et trop bien réglée et elle rêve d'ascension sociale, considérant que le luxe est le vrai sel de la vie. Ce dîner va bouleverser sa vie.

TEXTE CLÉ

UN DÎNER DE LA NOBLESSE ÉBLOUISSANT EMMA

« À sept heures, on servit le dîner. Les hommes, plus nombreux, s'assirent à la première table, dans le vestibule, et les dames à la seconde, dans la salle à manger, avec le marquis et la marquise. Emma se sentit, en entrant, enveloppée par un air chaud, mélangé du parfum des fleurs et du beau linge, du fumet des viandes et de l'odeur des truffes. Les bougies des candélabres allongeaient des flammes sur les cloches d'argent ; les cristaux à facettes, couverts d'une buée mate, se renvoyaient des rayons pâles ; des bouquets étaient en ligne sur toute la longueur de la table ; et, dans les assiettes à large bordure, les serviettes, arrangées en manière de bonnet d'évêque, tenaient entre le bâillement de leurs deux plis chacune un petit pain de forme ovale. Les pattes rouges des homards dépassaient les plats ; de gros fruits dans les corbeilles à jour s'étageaient sur la mousse ; les cailles avaient leurs plumes, des fumets montaient ; et, en bas de soie, en culotte courte, en cravate blanche, en jabot, grave comme un juge, le maître d'hôtel, passant entre les épaules des convives les plats tout découpés, faisait, d'un coup de sa cuillère, sauter pour vous le morceau qu'on choisissait. Sur le grand poêle de porcelaine à baguettes de cuivre, une statue de femme, drapée jusqu'au menton, regardait immobile la salle pleine de monde. Mme Bovary remarqua que plusieurs dames n'avaient pas mis leurs gants dans leurs verres. [...] On versa du vin de Champagne à la glace. Emma frissonna de toute sa peau, en sentant ce froid dans sa bouche. Elle n'avait jamais vu de grenades ni mangé d'ananas. Le sucre en poudre même lui parut plus blanc et plus fin qu'ailleurs. Les dames, ensuite, montèrent dans leurs chambres s'apprêter pour le bal. »

Gustave Flaubert, *Madame Bovary*, 1857.

Chez Zola, les régimes alimentaires diffèrent d'une classe à l'autre. Dans la description du casse-croûte préparé par la Maheude, on perçoit la précarité alimentaire des ouvriers mineurs. Les ingrédients de ce « *briquet* » sont méticuleusement décrits par le narrateur, pour prouver que les mineurs ne font pas la fine bouche.

TEXTE CLÉ

LE « BRIQUET » DES MINEURS

« Devant le buffet ouvert, Catherine réfléchissait. Il ne restait qu'un bout de pain, du fromage blanc en suffisance, mais à peine une lichette de beurre ; et il s'agissait de faire les tartines pour eux quatre. Enfin, elle se décida, coupa les tranches, en prit une qu'elle couvrit de fromage, en frotta une autre de beurre, puis les colla ensemble : c'était "le briquet*", la double tartine emportée chaque matin à la fosse. Bientôt, les quatre briquets furent en rang sur la table, répartis avec une sévère justice, depuis le gros du père jusqu'au petit de Jeanlin. »

*Briquet : expression de la Wallonie désignant le casse-croûte des mineurs, soit un quignon de pain en forme de petite brique composé de deux tranches de fromage blanc et de beurre.

Émile Zola, *Germinal*, 1885.

En revanche, plus loin dans *L'Assommoir*, on peut voir l'intérieur étouffant d'un milieu très aisé. Le déjeuner chez les Hennebeau est le comble du luxe. En outre, Zola montre des bourgeois effrayés par l'idée que la « *bande de meurt-de-faim* » (le prolétariat) puisse réclamer sa place à la « *table* ».

3. L'alimentation, un marqueur national

Le repas « à la française », par exemple, obéit à des codes qui se transmettent de façon orale ou écrite. Il a ainsi été défini par l'Unesco qui, en 2015, l'a inscrit au patrimoine immatériel de l'humanité.

NOTION CLÉ

LE REPAS À LA FRANÇAISE

« Le repas gastronomique des Français est une pratique sociale coutumière destinée à célébrer les moments les plus importants de la vie des individus et des groupes [...]. Il s'agit d'un repas festif où les convives pratiquent, pour cette occasion, l'art du "bien-manger" et du "bien-boire" [...]. Parmi ses composantes importantes figurent : le choix attentif des mets parmi un corpus de recettes qui ne cesse de s'enrichir ; l'achat de bons produits, de préférence locaux, dont les saveurs s'accordent bien ensemble ; le mariage entre mets et vins ; la décoration de la table ; et une gestuelle spécifique pendant la dégustation (humer et goûter ce qui est servi à table). [Il] doit respecter un schéma bien arrêté : il commence par un apéritif et se termine par un digestif, avec entre les deux au moins quatre plats, à savoir une entrée, du poisson ou de la viande avec des légumes, du fromage et un dessert. Des personnes reconnues comme des gastronomes [...] veillent à la pratique vivante des rites et contribuent ainsi à leur transmission [...]. Le repas gastronomique resserre le cercle familial et amical et, plus généralement, renforce les liens sociaux. »

D'après : https://ich.unesco.org/fr/RL/le-repas-gastronomique-des-francais-00437

Dans *Mythologies*, Roland Barthes a publié « Le bifteck et les frites » mais aussi « Le vin et le lait ». Il en fait des aliments-totems, représentatifs de la francité. Il écrit ainsi : « *Manger le bifteck saignant représente donc à la fois une nature et une morale. Tous les tempéraments sont censés y trouver leur compte, les sanguins par identité, les nerveux et les lymphatiques par complément. Et de même que le vin devient pour bon nombre d'intellectuels une substance médiumnique qui les conduit vers la force originelle de la nature, de même le bifteck est pour eux un aliment de rachat, grâce auquel ils prosaïsent leur cérébralité et conjurent par le sang et la pulpe molle, la sécheresse stérile dont sans cesse on les accuse.* »

Pour lui, le vin ne doit pas être considéré comme de l'alcool. Ainsi, il écrit sur le vin : « *Mais ce qu'il y a de particulier à la France, c'est que le pouvoir de conversion du vin n'est jamais donné ouvertement comme une fin : d'autres pays boivent pour se saouler, et cela est dit par tous ; en France, l'ivresse est conséquence, jamais finalité ; la boisson est sentie comme l'étalement d'un plaisir, non comme la cause nécessaire d'un effet recherché : le vin n'est pas seulement philtre, il est aussi acte durable de boire : le geste a ici une valeur décorative, et le pouvoir du vin n'est jamais séparé de ses modes d'existence (contrairement au whisky, par exemple, bu pour son ivresse "la plus agréable, aux suites les moins pénibles", qui s'avale, se répète, et dont le boire se réduit à un acte-cause).* »

2 Alimentation : du plaisir au corps

A. L'alimentation, le corps et la santé

L'alimentation, besoin vital, est censée nous apporter une bonne santé. Des carences alimentaires favorisent des maladies, à l'image du scorbut (dû à une carence en vitamine C) qui touchait fréquemment les marins.

1. L'alimentation, la maladie et la santé.

Très tôt, alimentation et santé ont été liées. **« *Que ton aliment soit ta seule médecine !* » affirmait ainsi Hippocrate pendant l'Antiquité grecque.** La théorie des humeurs, une des bases de la médecine ancienne, exposait que le corps humain produisait quatre humeurs responsables de l'état de la personne : le sang, la pituite (ou lymphe), la bile jaune et la bile noire (ou atrabile). La médecine préconisait parfois d'agir par l'alimentation pour rééquilibrer ces humeurs. On pouvait ainsi faire boire du vin aux vieillards pour vaincre leur froideur.

De nos jours, on peut évoquer les **troubles des conduites alimentaires (TCA)**. Ils se présentent généralement sous trois formes. L'anorexie mentale touche 0,6 % de la population adulte caucasienne, avec une nette prédominance de femmes. Sa mortalité annuelle est estimée à 1 %. La boulimie touche davantage les 10-19 ans, en zone urbaine. Sa prévalence est estimée à 1,5 % chez les femmes et 0,5 % chez les hommes tandis que l'hyperphagie boulimique (qui se distingue de la boulimie par l'absence de comportement compensatoire inapproprié comme le vomissement volontaire) concernerait entre 3 et

5 % des personnes, avec une prédominance féminine moins importante que pour les deux autres troubles. Selon certaines sources, environ 40 % des personnes souffrant d'obésité seraient atteintes de ce trouble.

Plusieurs facteurs sont ici en cause, sans que l'on puisse dire si ces maladies sont en augmentation ou si on leur accorde simplement aujourd'hui une plus grande attention. La mode de la minceur (bien que certaines marques tendent à mettre en avant des mannequins qui ne sont plus exclusivement maigres ou minces, dans le cadre d'une stratégie marketing), surtout imposées aux femmes, les mauvaises habitudes alimentaires, les phénomènes d'imitation entre adolescents, l'influence des médias jouent en tout cas un rôle certain. Cela dit, un facteur social joue à plein : l'anorexie mentale est ainsi plus fréquente dans les classes moyennes et élevées.

2. L'alimentation et la mort

Une bonne connaissance des aliments est nécessaire. Certains peuvent en effet être mauvais et provoquer la mort. Au Japon, le fugu, ou poisson-globe, est un poisson haut de gamme, consommé tout au long de l'année. Toxique, il ne peut être servi que dans les restaurants disposant d'un maître fugu qualifié, qui peut le préparer sans toucher les parties empoisonnées (le foie, les viscères et les gonades). Cette caractéristique en fait d'ailleurs un poisson très recherché.

L'histoire regorge aussi d'empoisonneuses. Agrippine permet ainsi à son fils Néron (37-68 de notre ère) d'accéder au pouvoir grâce à ses intrigues et aux empoisonnements qu'elle commandite, notamment en faisant tuer l'empereur Claude (elle lui fait apporter un plat de cèpes mélangé à des amanites phalloïdes). Durant tout son règne, Néron a fait appel lui-même à l'empoisonneuse Locuste pour exécuter ses basses œuvres, testant les poisons sur les esclaves.

Cela nécessite souvent, pour les souverains et personnes d'influence, des goûteurs. Marc Antoine, Henri VIII, Napoléon ou Staline ont eu les leurs. Hitler, de la même façon, faisait goûter ses plats à 14 femmes, dont Margot Wolk.

Mais l'alimentation peut aussi servir à se donner la mort. Emma Bovary se suicide ainsi par le poison dans le roman de Flaubert. Exemple plus atypique, le film *La Grande bouffe*, sorti en 1973 et réalisé par Marco Ferreri, évoque aussi le lien entre nourriture et mort. Quatre hommes, au beau milieu de l'hiver, fatigués de leurs vies ennuyeuses et de leurs désirs inassouvis, décident de s'enfermer dans une villa pour un « *séminaire gastronomique* ». Ils se livrent en fait à un suicide collectif en mangeant jusqu'à ce que mort s'ensuive. Le film se veut ici une satire du consumérisme et de la décadence de la bourgeoisie.

3. L'alimentation et l'idéal de la beauté

L'alimentation est directement liée à l'aspect physique du corps, en lien d'ailleurs avec les connexions étroites qu'elle entretient avec la médecine. Traditionnellement, notamment au Moyen Âge et à l'époque moderne, être en surpoids était plutôt considéré comme le signe d'une bonne santé, économique et corporelle. L'idéal de la beauté féminine a ainsi pu être, au moins jusqu'au XIXe siècle, fait de rondeurs et de formes voluptueuses, comme celles qu'exhibe le tableau d'Auguste Renoir, *Après le bain*, peint en 1847.

De nos jours, l'idéal de beauté tend plutôt là la minceur, du moins en Occident. En témoignent les myriades de régimes et d'entreprises qui promettent de faire maigrir, notamment à l'approche de l'été, en proposant certains types d'aliments ou de diètes.

Le problème est qu'on lie trop souvent l'aspect physique à l'alimentation. L'image de la personne en surpoids a souvent été dévalorisée. Elle est accusée de ne pas faire attention à son corps, de manger trop, ce qui correspond parfois peu à la réalité. Cela est issu d'un vieil imaginaire où le « gros » est souvent présenté comme un profiteur, qui se gave au détriment des autres. C'est l'image qu'on en perçoit dans un tableau comme *Le Glouton*, de Geord Emanuel Opiz, peint en 1804. C'est aussi l'idée que veut faire passer Honoré Daumier dans ses caricatures de Louis-Philippe Ier.

On les accuse aussi de n'être pas en mesure de se contrôler. Pour Esther Rothblum, psychologue américaine et professeure experte en discrimination, les personnes en surpoids sont en effet perçues comme manquant d'autocontrôle, alors que le poids dépend de l'interaction entre différents facteurs physiologiques, comportementaux, psychologiques, socio-économiques et culturels. Elles sont également jugées moins efficaces au travail, plus lentes, moins dynamiques.

Les personnes obèses font donc l'objet de discriminations à l'embauche. Elles ont généralement 50 % de chances en moins d'être recrutées. La même discrimination les touche de la part du personnel médical, qui passe généralement moins de temps avec elles.

Focus LA JURISPRUDENCE CONTRE LA « GROSSOPHOBIE »

En 2007, le tribunal de grande instance de Bobigny a donné raison à un passager d'environ 160 kilos qui s'était vu refuser l'embarquement dans un avion et forcer d'acheter un second billet pour pouvoir voyager. La compagnie de vol a été condamnée à payer une amende de 8 000 euros.

Cela dit, l'alimentation joue un rôle important dans l'accroissement de l'obésité dans le monde. Des firmes comme Coca-Cola ou McDonald's sont régulièrement accusées d'en être responsables, surtout lorsqu'elles cherchent à séduire toujours plus de jeunes.

Il en résulte tout de même, à partir de l'idée que tout le monde peut et doit faire attention à son corps, une certaine « grossophobie », une dictature de la norme, de ce que doit être un corps humain. On sait par ailleurs que Roland Barthes pouvait être obsédé par son corps et par la minceur, à cause de ses variations de poids. C'est peut-être pour cela qu'il faisait l'apologie de la cuisine japonaise. Brillat-Savarin a créé au contraire un néologisme : « gastrophore », ce qui signifie porter fièrement son ventre.

B. Alimentation et hédonisme

1. L'apologie de la frugalité

Si l'on revient aux bonnes manières, la retenue semble de mise lors des repas. Il s'agit de ne pas montrer trop d'avidité devant les plats. Au XVe siècle, on déconseille de fixer avec une attention gourmande les meilleurs morceaux ou de regarder ce que les autres mangent. Lorsque la nourriture arrive, on ne doit pas avaler de trop grosses bouchées. Toujours avec la volonté de se distinguer des rustres, Hardy conseille à son élève d'utiliser une cuillère ou une fourchette « *sans choisir dans le plat de tous côtés à la mode des friands* ». Molière, reprenant Socrate, faisait également dire à l'avare, dans la pièce éponyme : « *Il faut manger pour vivre et non pas vivre pour manger.* » La frugalité se retrouve aussi dans des modes de consommation plus respectueux de l'environnement dont nous reparlerons plus bas.

Pourtant, avoir de l'appétit peut être signe de bonne santé, voire être une qualité. Si l'on en croit la princesse Palatine, Louis XIV avait fort bon appétit. Elle écrit dans ses mémoires : « *J'ai vu souvent le roi manger quatre pleines assiettes de soupes diverses, un faisan entier, une perdrix, une grande assiette de salade, deux grandes tranches de jambon, du mouton au jus et à l'ail, une assiette de pâtisserie, et puis encore du fruit et des œufs durs.* » Cependant, elle ignorait que le roi était rongé par le ver solitaire. Cette gloutonnerie a d'ailleurs eu des répercussions sur sa santé, provoquant notamment des coliques ou de graves crises de goutte à la fin de son règne.

L'hygiénisme est ainsi un concept relativement nouveau qui apparaît au XIXe siècle, lié en partie aux travaux de Pasteur. **Il prône l'idée qu'un mode de vie sain, et donc une nourriture saine et moins riche, entraîne une amélioration de la santé.** De nos jours, les discours hygiénistes sont récurrents malgré l'omniprésence de la « malbouffe » ou de la « *junk food* ». Certains parlent de révolution alimentaire.

CONCEPT CLÉ

RÉGIME ALIMENTAIRE ET ESPÉRANCE DE VIE

Une étude de 2022 a révélé qu'un régime plus sain pouvait prolonger la durée de vie de six à sept ans chez les adultes et d'environ dix ans chez les jeunes adultes. En adoptant une alimentation saine dès l'âge de 20 ans, les femmes et les hommes des États-Unis, de Chine et d'Europe pourraient augmenter leur espérance de vie de plus de dix ans. Les chercheurs ont également constaté que le passage, même à l'âge de 60 ans, d'un régime occidental à un régime optimal pouvait accroître l'espérance de vie de huit ans. De plus, ils ont calculé qu'avec un régime à mi-chemin entre le régime optimal et le régime occidental typique, l'espérance de vie des personnes de 20 ans serait prolongée de six ou sept ans.

Selon ces recherches, le régime optimal comporte plus de céréales complètes (avoine, orge et riz brun) de légumineuses (haricots, pois et lentilles), et de noix, ainsi que moins de viande rouge et de viande transformée.

D'après Laura Brown, « On peut prolonger sa vie de dix ans en changeant son alimentation, selon une nouvelle recherche », www.theconversation.com, 18 février 2022.

La révolution alimentaire serait justement la prise de conscience que l'alimentation de type occidental utilise trop de viande rouge, de produits transformés, de sucre, de gras et de sel, puis le changement en matière d'alimentation. Si l'on prend la consommation mondiale de viande, elle semble désormais stagner, voire diminuer dans le monde : en 2020, pour la deuxième année consécutive, elle a diminué de 1,7 % par rapport à l'année précédente, après avoir diminué, en 2019 de 1 % par rapport à 2018. C'est la première fois que la production se contracte deux années consécutives. Certains n'y voient que des causes conjoncturelles, liées à la Covid et à la peste porcine. D'autres, au contraire, veulent plutôt y voir le début d'une baisse définitive, d'autant plus que la tendance semble se confirmer pour 2021 et 2022.

2. Le plaisir de bien manger

S'alimenter, ou plutôt manger, est source de plaisir, car cela éveille presque tous les sens : la vue, le toucher, l'odorat, le goût surtout, voire l'ouïe dans une moindre mesure.

Les physiologistes définissent le plaisir alimentaire comme ***« un état de bien-être transitoire provoqué par l'anticipation de la consommation d'un aliment ou par la consommation d'un aliment »***. Or, il a longtemps été considéré comme inconciliable avec une alimentation saine, avec d'un côté des aliments « plaisir » et de l'autre des aliments « santé ».

Chez Rabelais, dans *Pantagruel* et *Gargantua*, c'est la stimulation détraquée de l'appétit qui est montrée. Les pulsions animales sont présentées comme positives. Le plaisir est mis en avant, sans subtilité. On peut y voir un pied de nez aux interdits religieux (restrictions et abstinences alimentaires, jeûne du Carême).

Le plaisir peut aussi venir d'une expérience culinaire originale. On considère en effet qu'il y a quatre principaux goûts de base : sucré, salé, acide, amer. Un cinquième goût est souvent ajouté : l'umami. Il a été identifié en 1907 par un scientifique japonais en dégustant un bol de tofu bouilli dans du kombu dashi (un bouillon fait à partir d'une sorte de varech). Le Dr Kikunae Ikeda a alors été convaincu qu'il existait un autre goût de base tout à fait différent du sucré, du salé, de l'acide et de l'amer. Certains ajoutent même un sixième goût, une nouvelle nuance gustative appelée « kokumi », également découverte au Japon. On le retrouverait, par exemple, lorsqu'une soupe ou un ragoût a mijoté pendant plusieurs heures et qu'il prend une saveur plus riche et plus profonde. De même, lorsque le fromage s'affine, sa saveur devient plus complexe et durable.

Le repas est aussi lié à la fête, elle-même corrélée à une volonté de rupture par rapport au quotidien. Pour marquer la célébration d'un événement, la routine est rompue. En cela, la fête et l'alimentation qui l'accompagne sont aussi partage.

3. Retrouver le plaisir de manger

Plusieurs obstacles peuvent nous couper de nos repères alimentaires et nous entraîner dans des comportements qui nous détournent du plaisir de manger : il y a ceux qui finissent systématiquement leur assiette, ceux qui ne peuvent s'empêcher de se resservir, ceux qui comptent les calories. Dans ces cas-là, les premiers sont formatés par de mauvaises habitudes éducatives, les autres cherchent à « se remplir » par la nourriture, les derniers sont dans l'hypercontrôle. Mais tous partagent un point commun : ils ne sont à l'écoute ni de leur corps ni de ses besoins et ils perdent contact avec leurs sensations alimentaires.

Le psychiatre et psychothérapeute Gérard Apfeldorfer explique comment les régimes font passer les critères diététiques et restrictifs avant notre plaisir, de sorte que nous négligeons nos sensations alimentaires. Nos émotions sont aussi parfois difficiles à gérer, et nous pouvons compenser en mangeant, car cela nous apaise, notamment si ce sont les aliments les plus riches, plus réconfortants.

Il conclut sur le fait que bien repérer le rassasiement gustatif nécessite d'être à l'écoute de notre corps lorsque nous mangeons, ce qui demande d'être pleinement à ce que nous faisons (être assis, sans regarder la télévision ni lire en même temps, prendre le temps de bien mâcher, de respirer profondément entre chaque bouchée…) et de nous interroger. Cela demande d'être attentif à ses sensations, mais surtout d'éprouver du plaisir dès le début du repas, sans quoi, la fin de ce plaisir ne pourra jamais arriver.

TEXTE CLÉ

L'HÉDONISME CULINAIRE, PARTIE PRENANTE DU CONSUMÉRISME EFFRÉNÉ

« Face à un engouement quasi planétaire pour la cuisine, nous sommes relativement démunis pour en comprendre la signification et en mesurer la portée de fond. Il y a bien quelques explications courantes : on évoque une réaction salvatrice aux travers industriels, une réappropriation des gestes alimentaires oubliés ou le sacro-saint partage de la table. Or ces raisons semblent un peu courtes et simplistes. De fait, il y a une grande hétérogénéité entre tous ces phénomènes, rassemblés sous la catégorie "cuisine", à la fois proches et éloignés les uns des autres [...]Voici notre hypothèse : le dénominateur commun serait un rapport indéfectible à la jouissance combinée à une forme classique et pourtant renouvelée de consumérisme. »

Dans la suite de ce texte, l'auteur explique qu'il ne faut pas s'étonner de la montée en puissance de la cuisine, car elle est intimement liée au processus capitaliste. De même, la revalorisation de plats issus de la *junk food*, voire des standards industriels revisités (hamburger, pizza, kebab), favorisée par quelques chefs de renom, participe de ce phénomène. « Au final, ces gourmets postmodernes se satisfont de plats relativement ordinaires qui répondent à des appétits à l'unisson de la grande consommation industrielle, et qui, de facto, sous-emploient le sens du goût et une intelligence créative dont ils ne cessent pourtant de se réclamer », conclut-il.

Olivier Assouly, philosophe, responsable de la recherche à l'Institut français de la mode (IFM), « De quoi l'engouement culinaire est-il le signe ? », *Libération*, 21 avril 2014.

C. De l'alimentation à la cuisine : loisir, démocratisation et art de vivre

1. La cuisine, un loisir de plus en plus plébiscité par les Français

Pendant longtemps, la cuisine a pu être perçue comme une corvée, au même titre que les autres tâches domestiques. Pourtant, elle semble de plus en plus considérée comme un loisir en même temps qu'elle se démocratise.

D'après une étude TNS Sofres sondage de juin 2010, 7 personnes sur 10 préfèrent cuisiner à plusieurs, avec, par ordre de préférence, leur conjoint, leurs enfants, d'autres membres de leur famille, leurs amis et enfin leurs invités. À ce titre, 87 % d'entre elles considèrent que cuisiner avec leurs enfants participe à la transmission d'un héritage et de valeurs familiales. Parmi les moins de 35 ans, 23 % estiment par ailleurs que la cuisine faite maison est une forme de valorisation de soi. Ainsi, la connotation « ringarde » de la cuisine fait place désormais à une image beaucoup plus positive. Et si le fait-maison apparaît comme une solution idéale pour réaliser des économies et préserver son pouvoir d'achat, notamment face à l'envol des prix des plats préparés, la dimension économique est citée par seulement 12 % des Français comme principale source de motivation, derrière la santé (34 %), le plaisir (22 %) et la convivialité (21 %) et devant le savoir-faire (8 %) et le respect de l'environnement (3 %).

À en croire une étude IFOP pour le groupe Lesieur réalisée en 2015, 87 % des Français affirment aimer faire la cuisine, dont près de la moitié disent même *« beaucoup aimer »* s'adonner à cette activité. Les plus grands amateurs de fourneaux habitent le Sud-Ouest, où 62 % des personnes interrogées affirment cuisiner tous les jours. Les plus jeunes (18-24 ans) apprécient le plus cette activité, peut-être parce qu'ils sont très peu à cuisiner tous les jours, et voient plutôt la cuisine comme *« un moment de détente et de plaisir »* (35 %). Ainsi, plus la cuisine est un geste quotidien, moins l'on prend de plaisir à la faire.

Plus récemment, un sondage réalisé par l'institut OpinionWay, en juillet 2020, montre que 31 % des Français estiment que la cuisine est l'un de leurs passe-temps favoris. Les confinements ont eu un rôle important dans ce résultat, au même titre que la multiplication des émissions de cuisine.

Pourtant, force est de constater que **le temps passé à faire la cuisine tend toujours à diminuer**. Selon les enquêtes « Emploi du temps » de l'INSEE, le temps que les ménages français consacrent à la cuisine chez eux est passé de 71 minutes par jour en 1985 à 61 minutes en 2010. Lorsque l'on s'intéresse spécifiquement aux femmes en couple, qui étaient et restent principalement en charge des tâches domestiques, la diminution est encore plus marquée, le temps qu'elles passent à cuisiner chutant de 69 minutes par jour en 1985 à 55 minutes par jour en 2010.

2. Un engouement pour les métiers liés à la cuisine

Le métier de cuisinier attire de plus en plus les jeunes. En témoignent les formations, publiques ou privées, souvent saturées. Cette attractivité est liée au fait que cette profession ne nécessite pas d'avoir de gros diplômes (à partir du CAP, on peut débuter comme commis de cuisine). De plus, certains travailleurs dans la restauration sont plutôt bien payés, même si leurs horaires de travail sont parfois peu enviables et si le rythme de travail peut être intense. En cuisine, il est également possible d'évoluer rapidement. Enfin, l'image du métier a totalement changé et elle est aujourd'hui largement méliorative. Cela est dû à la notoriété grandissante de certains chefs qui font véritablement figure de nouvelles stars en France, voire à l'international. En 2020, dans le top 50 des personnalités préférées des Français, établi par *Le Journal du dimanche*, pour la première fois, deux chefs ont fait leur entrée dans le palmarès : Philippe Etchebest (7e) et Cyril Lignac (14e).

Certains s'inquiètent pourtant de cet engouement. Dans le documentaire *L'Amour food*, diffusé en 2014, le cuisinier étoilé Bertrand Grébaut s'interroge en effet : « *Je suis ravi qu'on attache autant d'importance aujourd'hui à l'acte de manger et que certains restaurants soient pleins à craquer. C'est le très bon côté des choses, et il ne faut pas cracher dans la soupe. Et puis, ça a permis de valoriser les métiers de maraîcher, d'éleveur. Il y a maintenant des gens de mon âge qui font ça et qui en vivent bien. Mais il y a quelque chose de clairement démesuré dans cet engouement pour la cuisine.* » Il déplore que la téléréalité ne montre pas toujours la réalité.

D'ailleurs, il ne faut pas généraliser. Certains métiers liés à la transformation de l'alimentation peinent à trouver du personnel, comme les bouchers ou les poissonniers (même si certains autres ont été revalorisés, comme celui de maraîcher). Depuis la Covid, le personnel de service en restauration manque. Certains ont décidé, face aux aléas que représente l'activité de restauration et à des salaires peu attractifs, de se reconvertir dans d'autres domaines. Enfin, certains restaurants n'ont jamais rouvert suite à la crise du coronavirus, ce qui montre aussi l'envers du décor de la profession.

3. Médiatisation et démocratisation de l'art culinaire

La thématique de l'alimentation est de plus en plus présente dans la sphère médiatique : émissions de vulgarisation, de cuisine, programmes courts ou même de téléréalité contribuent à diriger le regard sur nos pratiques alimentaires. Plusieurs raisons participent à ce phénomène : les Français ont plus de temps libre, la cuisine en tant que pièce de la maison est devenue plus conviviale, l'art culinaire s'est démocratisé dans les années 1990, suite à la crise de la gastronomie français qui l'a fait vaciller de son piédestal, les ustensiles de cuisine high-tech se sont multipliés, l'idée que les plats faits soi-même sont meilleurs s'est répandue, sans oublier les différents confinements qui ont fait que les populations ont passé plus de temps chez elle.

Focus — LA CRISE DE LA GASTRONOMIE FRANÇAISE : DE L'ÉLITISME À LA MODERNISATION

Dans les années 1990, la gastronomie française semble trop élitiste, désuète, trop classique, incapable de se renouveler. Pourtant, à partir des années 2000, elle réussit sa mue sous l'effet de divers facteurs.

D'abord, de nouveaux chefs voient le jour. Lorsque le magazine britannique *Restaurant* publie le premier classement « World's 50 Best Restaurants » en 2003, qui distingue les « *50 meilleures tables du monde* ». Or les adresses gastronomiques traditionnelles y brillent par leur absence, mais la liste met à l'honneur une nouvelle génération de cuisiniers comme Iñaki Aizpitarte du restaurant le Chateaubriand (en 2009) ou Bertrand Grébaut chez Septime (en 2013). Certains chefs vont également rendre leurs étoiles au Guide Michelin, refusant la dictature des codes et des notes, comme Alain Senderens en 2005 ou Olivier Roellinger en 2007.

En 2004, le mot « bistronomie » fait son apparition et la gastronomie se démocratise peu à peu. La tendance, elle, est née dès le début des années 1990, sur l'impulsion des chefs formés dans les palaces comme Christian Constant, Yves Camdeborde ou Éric Frechon qui « *dynamitent les codes du luxe, soignant l'assiette et les produits sans y mettre trop de manières* ».

Puis, en 2005, la gastronomie conquiert le petit écran : Cyril Lignac devient le premier « *téléchef* » avec l'émission *Oui chef*, sur M6, qui retrace l'ouverture de son restaurant à Paris. C'est à partir de là que plusieurs émissions de téléréalité voient le jour comme *Masterchef* ou *Topchef*, en 2012. Parallèlement, le secteur de l'édition culinaire a le vent en poupe : en 2010, 14,5 millions de livres de cuisine sont vendus en France. Son chiffre d'affaires explose, passant de 43,1 millions à 90 millions d'euros entre 2005 et 2010.

D'après Hadrien Gonzalez, « Les 15 ans qui ont changé la gastronomie française », *Le Figaro*, 29 mai 2015.

Mais la cuisine devient aussi un vecteur de consommation : le marché des ustensiles de cuisine et celui des cours de cuisine ne cesse de croître. **Sur le plan des revenus, le marché mondial des cours de cuisine était évalué à 489 millions de dollars en 2020 et devrait atteindre 2 300 millions en 2030.** Cela montre que la France n'est pas le seul pays où cet engouement se développe.

4. Alimentation, mondanités et art de vivre

L'alimentation reste cependant clivante, notamment par les mondanités auxquelles elle se prête. À la cour de Louis XIV, la cuisine et la gastronomie se rapprochent d'un art de vivre, en lien avec les arts de la table. Si les repas sont des prétextes pour se prêter aux mondanités (rencontrer du monde, se faire un réseau, obtenir une faveur, démontrer sa puissance) et pour domestiquer la noblesse, ils requièrent un rituel et un ordonnancement qui relève de l'art. Depuis le Moyen Âge, le « Grand Couvert », grand repas public, symbolise le pouvoir du roi. À la cour de Versailles, il est particulièrement codifié. L'étiquette veut que le roi y convie la reine, ses enfants et ses petits-enfants et quelques courtisans. En revanche, au « Petit Couvert », le roi mange seul. Louis XIV s'astreint chaque jour à ce cérémonial, à la différence de ses successeurs. À la fin de l'Ancien Régime, seuls les jours de fête et les dimanches voient se tenir le Grand Couvert. Le souper au Grand Couvert se tient à 22 heures dans l'antichambre du roi ou de la reine. La table est dressée et le roi prend place sur un fauteuil tandis que des pliants sont installés pour les convives sur les bas-côtés de la table. Quelques dames titrées sont assises au premier rang de l'assistance et, derrière elles, se tiennent debout les courtisans et les curieux. Si Louis XV n'était pas friand de ces cérémonies pesantes (il prend le plus souvent ses repas dans l'intimité, avec des amis au retour de la chasse ou avec ses favorites), Louis XVI et Marie-Antoinette inaugurent, par la suite, les « repas de société », auxquels sont conviés une quarantaine de personnages considérables par leur condition ou par leur mérite.

L'art de vivre à la française, c'est aussi, en lien avec l'alimentation, une table bien dressée avec une vaisselle et un linge de table de qualité. De grands noms comme les fabricants de porcelaine de Limoges (Haviland, Royal Limoges, Bernardaud...) ou de linge de table (Alexandre Turpault, Yves Delorme) ont acquis une réputation mondiale, sans parler des cristalleries Saint-Louis, Baccarat, Lalique... Il est étroitement associé au luxe et au raffinement.

3 Philosophie de l'alimentation : ce que manger veut dire

A. Alimentation, idéologie et résistance

1. L'alimentation comme idéologie

Dans un article de 1984 dans les *Annales*, Ariane Bruneton-Governatori explique la forte diminution de la culture de la châtaigne en France par des raisons « idéologiques » et tente de résoudre la contradiction suivante : pourquoi a-t-on abandonné cette culture dans certaines régions de France alors que la châtaigne est particulièrement nourrissante ? Elle explique en fait que la culture de la châtaigne a pâti d'une image négative. On a ainsi longtemps affirmé que la production de châtaigne empêchait le progrès, sous prétexte que la culture était trop facile et qu'elle ne demandait pas d'effort. La production de châtaigne rendrait ainsi paresseux, et cette ressource défierait les malédictions divines et inciterait à la révolte. Parallèlement, aux XIXe et XXe siècles s'est développée une mystique du pain blanc et du froment comme céréale noble par excellence. L'historienne en conclut que c'est **l'intériorisation de la péjoration de la culture de la châtaigne qui en a progressivement fait reculer la production. L'intégration d'un modèle de progrès l'a rendue caduque et cela relève d'une certaine idéologie.**

De la même façon, plus près de nous, certains choix alimentaires dépassent les intérêts en matière de santé. Certes, des personnes intolérantes au gluten peuvent être obligées de consommer des produits qui en sont dépourvus. Mais au-delà, **il s'agit de prôner un autre mode de vie**. Il en va ainsi des végans, qui sont souvent liés aux antispécistes considérant que l'espèce humaine ne doit pas exploiter les autres espèces animales. Les végétariens sont plutôt des défenseurs de l'environnement et prennent le parti de défendre la cause animale. Les consommateurs de produits bio espèrent également être plus respectueux de la nature.

Le **concept de la *slow food*** (qui a pour principal objectif de sensibiliser les citoyens à l'« éco-gastronomie » et à l'« alterconsommation », c'est-à-dire le fait de consommer autrement, de façon plus respectueuse des autres et de la planète) est une autre forme d'engagement. Il a été fondé en Italie en 1986 par Carlo Petrini, en réaction à la généralisation des fast-foods. Le concept est porté par une association internationale aujourd'hui reconnue par la FAO. Via des salons (par exemple les Salons du Goût), elle vise à lutter contre les effets néfastes de l'industrie agroalimentaire et de la restauration rapide qui standardisent les goûts, à défendre la biodiversité alimentaire au travers de projets comme l'Arche du goût et des Sentinelles, à promouvoir les effets bénéfiques de la consommation d'une alimentation locale ainsi que la philosophie du plaisir, ou encore à réaliser des programmes d'éducation au goût à destination des enfants...

2. L'alimentation : entrée en politique et forme de résistance

Le boycott de certains produits alimentaires peut être considéré comme une forme de résistance. Certains fruits et légumes provenant d'Israël ont régulièrement été boycottés par les tenants de la cause palestinienne. De la même façon, il est possible de résister aux FTN de l'agroalimentaire en ne consommant plus leurs produits, malgré une publicité agressive.

Le refus des McDonald's s'est aussi illustré par des destructions de restaurants en France. En 1999, des paysans militants des syndicats agricoles Confédération paysanne et SPLB (Syndicat des producteurs de lait de brebis) ont effectué une action de démontage sur un chantier de construction d'un McDonald's à Millau. Il s'agissait, pour eux, de protester contre la décision de l'OMC, dans le cadre du conflit du bœuf aux hormones, d'autoriser les sanctions américaines (sous forme de taxation punitive de certaines importations d'origine européenne, comme le fromage au lait cru de brebis roquefort), en raison du refus de l'UE d'importer des États-Unis de la viande de vache élevée aux hormones de croissance. McDonald's, entreprise d'origine américaine, représentait à leurs yeux la cible symbolique idéale, tout à la fois de la *« malbouffe »* et du *« capitalisme apatride »*. Le sociologue Jean-Pierre Poulain a d'ailleurs considéré que c'était l'entrée de l'alimentation sur la scène politique.

Certains militants antispécistes font des actions dans des boucheries pour inciter les clients à se détourner de ces magasins. Ces actions plus ou moins violentes (jets de pierre, peinture rouge sang) témoignent d'une certaine radicalisation et ont pu susciter l'indignation. Des associations comme L214 ou 269 Libération animale en sont à l'origine.

Plusieurs autres sujets relatifs à l'alimentation divisent, comme les menus végétariens ou sans porc dans les cantines scolaires. La commune de Châlons-sur-Saône avait voté en 2015 la suppression des menus de substitution au porc, servis depuis 1984. Mais cela a déclenché une polémique et une bataille juridique, la Ligue de défense judiciaire des musulmans et des particuliers ayant saisi la justice. Le tribunal administratif de Dijon, en 2017, puis la cour administrative d'appel de Lyon, en 2018, ont invalidé la délibération. Le Conseil d'État, saisi par la commune, a jugé le 11 décembre 2020 que proposer des menus de substitution au porc dans les cantines scolaires n'était ni obligatoire ni contraire au principe de laïcité.

3. La grève de la faim

Le fait de cesser de s'alimenter est aussi un moyen de pression médiatique sur les autorités. C'est un mode de protestation non violente utilisé entre autres par Gandhi, puis par les prisonniers républicains d'Irlande du Nord qui ont défendu leur cause en menant des grèves de la faim en 1980 et en 1981. Fin août 2021, six jeunes Allemands entament une grève de la faim illimitée à Berlin pour alerter sur la catastrophe climatique et demandent *« une discussions sincère et ouverte »* avec les chefs de file des trois principaux partis politiques.

Ces actions posent cependant un problème éthique : faut-il autoriser les médecins à forcer les grévistes de la faim à se nourrir, en cas de risque pour leur vie, ne serait-ce que par sonde gastrique ? L'article 8 de la Déclaration de Tokyo de 1975 de l'Association médicale mondiale (AMM) stipule que les médecins ne sont pas autorisés à nourrir de force les prisonniers en grève de la faim. L'AMM a aussi récemment mis à jour sa Déclaration de Malte sur les grévistes de la faim. Parmi les nombreux changements, elle déclare sans ambiguïté que l'alimentation forcée est une forme de traitement inhumain et dégradant dans son article 21.

B. Vers une mutation des pratiques alimentaires ?

1. Une désynchronisation des rythmes alimentaires ?

Depuis les années 1980, de nombreuses études ont évoqué la transformation des repas en Europe à travers le « leitmotiv *de la modernité alimentaire* », en vertu de la thèse de la crise des repas traditionnels et de leur « *déstructuration* », qui toucherait en particulier les plus défavorisés. En conséquence, on pourrait considérer que le modèle alimentaire traditionnel est en voie de disparition, notamment du fait de l'augmentation de l'alimentation hors repas.

On a aussi pu diagnostiquer une « *dévaluation progressive des pratiques alimentaires* » dans les années 1980, même si d'autres études montrent un certain maintien de la grille des repas quotidiens en France, mais aussi en Europe.

Les enquêtes « Emploi du temps » de l'Insee, analysées notamment par Thibaut de Saint-Pol, font apparaître une forte synchronisation des pratiques alimentaires des Français autour de trois pics quotidiens. Malgré les facilités croissantes pour s'alimenter à toute heure, le quotidien des Français reste rythmé par les trois repas traditionnels, pris massivement aux mêmes plages horaires. Ainsi, à 13 heures, la moitié des Français est en train de déjeuner. En revanche, ce modèle est très éloigné de celui des États-Unis, par exemple, où les habitants sont bien moins nombreux à manger aux mêmes heures.

Mais ce rituel des trois repas est moins respecté par les jeunes, qui sont par exemple moins nombreux à prendre un petit déjeuner. De plus, l'alimentation hors repas se développe : un tiers des Français déclare grignoter à d'autres moments que les repas. Les jeunes sont aussi les premiers concernés par ce phénomène : 41 % des 18-25 ans déclarent grignoter parfois et même 29 % très souvent, contre respectivement 20 % et 8 % parmi les plus de 60 ans. Les ouvriers et les employés sont les plus concernés par le grignotage : ils sont respectivement 22 % et 20 % à déclarer grignoter très souvent contre 9 % parmi les cadres. Plusieurs facteurs ont favorisé ces transformations des comportements alimentaires dans le temps : les contraintes économiques, les mutations des rythmes de vie ou encore le développement des loisirs.

2. Les mutations des produits consommés

Les Français consomment moins de produits frais, davantage de plats préparés, se font plus souvent livrer leurs repas. En outre, les fast-foods se sont fortement développés, facilitant la prise de repas rapides.

Le temps quotidien moyen consacré à faire la cuisine s'est réduit de 18 minutes en France métropolitaine entre 1986 et 2010, passant de 1 heure et 11 minutes à 53 minutes. Mais le temps consacré à s'alimenter, lui, s'est plutôt accru : 2 heures et 22 minutes par jour en moyenne en 2010, soit 13 minutes de plus qu'en 1986, ce qui fait de la France un cas à part parmi les pays occidentaux, où le temps passé à manger a tendance à décroître depuis une vingtaine d'années.

Cela est lié à l'accélération des modes de vie, à la possibilité donnée par l'industrie agroalimentaire de consommer rapidement. Certaines marques (Feed, Vitaline, Yfood) ont d'ailleurs récemment proposé, au moyen d'une publicité assez agressive et d'un marketing calculé, des repas à boire, préparés en quelques secondes et avalés en quelques minutes. Cela concerne cependant une clientèle particulière de gens pressés, plutôt jeunes, issus des classes moyennes. Pourtant, la barrière psychologique semble difficile à franchir pour nombre de personnes qui tiennent à un repas solide et qui ne souhaitent pas céder à une pseudo-modernité.

3. Des mutations en matière de sociabilité alimentaire

Thibault de Saint-Pol explique également que la grande majorité des prises alimentaires a lieu en la présence d'autres personnes, qu'il s'agisse de membres de la famille, d'amis ou encore de collègues. « *Le repas est ainsi un temps d'échange, de rassemblement, qui participe à la construction de l'identité du groupe au travers de la commensalité* », écrit l'auteur. « *Cette importance symbolique donnée en France au fait de manger ensemble apparaît aussi comme un facteur protecteur, contribuant notamment à limiter la prévalence de l'obésité et les pathologies liées à la nutrition* », poursuit-il. Dans de nombreux autres pays, y compris européens, les repas sont souvent pris de façon plus individuelle et de façon désynchronisée au sein d'un même ménage (notamment en Allemagne ou au Royaume-Uni).

C. Alimentation, transmission et mémoire

1. Transmission et héritage alimentaires

La cellule familiale est logiquement le lieu de transmission d'un héritage alimentaire. Nicoletta Diasio tente de montrer dans un article de 2014 pourquoi, malgré les incitations sociales constantes (par exemple via les médias ou les stratégies de marketing) à l'autonomie, à la primauté du groupe de pairs sur la famille, à l'adhésion à des consommations propres à leur groupe d'âge, les jeunes restent attachés à des cultures alimentaires familiales. D'abord, **les adolescents héritent d'une représentation familiale du corps qui les incite à aller vers tel ou tel type d'alimentation pour garder la maîtrise de celui-ci.**

TEXTE CLÉ

« REFILER » DES HABITUDES ALIMENTAIRES

« Un premier registre mobilisé par les adolescents recourt à une rhétorique de l'hérédité biologique. La naturalisation des goûts et des habitudes permet de dédouaner des conduites qui, selon la morale alimentaire ambiante, sont répréhensibles, mais dont on n'arrive pas à se défaire. Ainsi, une fille de 18 ans, habitant Marseille affirme : "Ma mère est beaucoup trop gourmande, elle m'a transmis la gourmandise, elle aurait dû s'abstenir de me refiler ça." Le mot "refiler", comme si on parlait d'une maladie, explicite bien ce sentiment d'avoir en héritage un défaut, qui incombe de l'extérieur et qui libère l'individu de toute responsabilité. Face aux remarques de sa mère qui lui reproche de saucer la graisse du poulet, Clotilde, 19 ans (Strasbourg) répond : "Tu sais de qui je tiens ça ? Papy adorait faire ça." Le registre rassurant de l'hérédité permet à Clotilde de légitimer aux yeux de la mère une pratique blâmée par le discours nutritionnel. »

Nicoletta Diasio, « Alimentation, corps et transmission familiale à l'adolescence », in *Recherches familiales*, 2014, n° 1.

D'autres raisons sont invoquées, et notamment les **relations entre liens affectifs et liens gustatifs**. On aime quelque chose comme l'un de ses parents ou en opposition avec ceux-ci. Qu'il s'agisse de similitude ou de différence, le repère reste familial. La transmission peut aussi se faire par des « circonstances d'empreinte », à savoir des lieux de fabrication d'une culture sensible commune. Par exemple, le potager alimente des mémoires sensorielles (olfactives ou autres). Il existe aussi la transmission de gestes ou d'utilisation de certains appareils électroménagers. Et si les gestes ou l'utilisation d'outils changent, l'imprégnation a été faite et marque pendant longtemps. *« Chez les adolescents rencontrés, le rapport à l'alimentation familiale se niche dans les plis du corps : le discours sur l'hérédité et le métabolisme, le partage mimétique de manières de faire, la construction de soi par des techniques du corps et des techniques d'objets, l'imprégnation d'un environnement sensible, les sentiments en acte des souvenirs d'enfance constituent autant de manières d'engager le corps, répondant à des logiques propres, agissant à des niveaux différents, mais toutes contribuant à ce mille-feuille qu'est la complexité de l'expérience du sujet »*, conclut l'auteur.

2. L'alimentation comme mémoire

Les sensations ressenties grâce à l'alimentation peuvent devenir des véhicules de la mémoire. C'est le cas de la célèbre madeleine de Proust, par exemple.

TEXTE CLÉ

LA MADELEINE DE PROUST

« Et tout d'un coup le souvenir m'est apparu. Ce goût c'était celui du petit morceau de madeleine que le dimanche matin à Combray (parce que ce jour-là je ne sortais pas avant l'heure de la messe), quand j'allais lui dire bonjour dans sa chambre, ma tante Léonie m'offrait après l'avoir trempé dans son infusion de thé ou de tilleul. La vue de la petite madeleine ne m'avait rien rappelé avant que je n'y eusse goûté ; peut-être parce que, en ayant souvent aperçu depuis, sans en manger, sur les tablettes des pâtissiers, leur image avait quitté ces jours de Combray pour se lier à d'autres plus récents ; peut-être parce que de ces souvenirs abandonnés si longtemps hors de la mémoire, rien ne survivait, tout s'était désagrégé ; les formes – et celle aussi du petit coquillage de pâtisserie, si grassement sensuel, sous son plissage sévère et dévot – s'étaient abolies, ou, ensommeillées, avaient perdu la force d'expansion qui leur eût permis de rejoindre la conscience. Mais, quand d'un passé ancien rien ne subsiste, après la mort des êtres, après la destruction des choses, seules, plus frêles mais plus vivaces, plus immatérielles, plus persistantes, plus fidèles, l'odeur et la saveur restent encore longtemps, comme des âmes, à se rappeler, à attendre, à espérer, sur la ruine de tout le reste, à porter sans fléchir, sur leur gouttelette presque impalpable, l'édifice immense du souvenir. »

Marcel Proust, *Du côté de chez Swann*, 1913, in *La Recherche du temps perdu*.

C'est aussi le cas des produits les plus sucrés qui nous réconfortent parce qu'ils nous font revenir en enfance. « *L'alimentation participe à gérer les émotions négatives : l'ennui, l'angoisse, la colère* », analyse le sociologue Éric Birlouez. Nous allons alors compenser ces émotions avec des « aliments réconforts », plutôt gras, salés ou sucrés. Le sucre favorise en effet la production de la sérotonine, l'hormone du bonheur, qui peut nous apaiser pendant cette période anxiogène. Son goût fait partie des premiers plaisirs alimentaires dans l'enfance, qui perdure à l'âge adulte et devient une forte valeur refuge. « *On mange pour se souvenir* », conclut la psychologue Brigitte Ballandras.

Fiche de lecture

Paul Ariès, *Histoire politique de l'alimentation. Du paléolithique à nos jours*

Max Milo, 2016.

Dans l'introduction, l'auteur se demande pourquoi, au XVIIIe siècle, la pomme de terre a détrôné la châtaigne comme féculent. Et il lie immédiatement l'alimentation au politique.

Il aborde d'abord l'alimentation préhistorique. Il affirme qu'elle était très diversifiée. Même si elle était essentiellement carnée (chasse uniquement dans un premier temps, puis élevage), elle regorgeait aussi des produits de la pêche et de la cueillette : baies, herbes, champignons, fruits à coques, céréales sauvages… L'alimentation préhistorique était finalement beaucoup plus équilibrée que l'alimentation médiévale. Les hommes préhistoriques avaient par exemple mis au point des méthodes de stockage extrêmement sophistiquées. Dès cette époque, l'alimentation acquiert une dimension symbolique. Et la table préhistorique est déjà très raffinée : l'assaisonnement existe, et le gras est recherché comme une composante particulièrement importante de l'alimentation. En effet, dès cette époque, l'alimentation devient socialement clivante. Elle classe les individus sur une échelle hiérarchique dans l'ordre social.

Ensuite, dans les cités-États de la Mésopotamie, Sumer et Babylone, on invente « *la politique faite cuisine et la cuisine faite politique* ». C'est à cette époque que le séparatisme culinaire entre les puissants et les autres s'impose de manière définitive. À l'inverse, d'autres sociétés, comme celle de la Grèce classique, et notamment de Sparte, essayaient autant que possible de minorer cette dimension sociale de l'alimentation. À Sumer comme à Babylone, la table prêtée aux dieux dans les mythes et dans les légendes n'est en fait que la transposition de la table des puissants de l'époque.

Paul Ariès rappelle ensuite que la civilisation égyptienne fut la première dans l'histoire à concevoir la table comme un véritable langage, au point qu'un seul et même hiéroglyphe signifiait à la fois « manger » et « parler ». La Grèce classique, elle, introduira la notion capitale de partage entre égaux. Ainsi, un même mot du vocabulaire de la Grèce antique signifiait à la fois « manger » et « partager ». De manière similaire, le fait de participer à un banquet valait brevet de citoyenneté : seuls les citoyens, hommes libres par opposition aux esclaves, main-d'œuvre servile, pouvaient participer aux banquets des cités grecques.

L'évolution de l'alimentation en France aux XVIIe et XVIIIe siècles suit de près l'établissement puis l'affermissement de l'absolutisme monarchique. C'est de cette époque que date la prééminence française en matière culinaire, ainsi que les prétentions du pays à incarner la sophistication à l'occasion des repas. **La table de la monarchie absolue est une table spectacle, où la manière de servir est aussi importante que ce que l'on sert. Sur le plan politique, cette table de la monarchie absolue condamne de fait le peuple à manger essentiellement du pain.** Et, dans les provinces qui ont la chance d'avoir des châtaigniers en abondance, comme la Corse et le Limousin, on essaie de remplacer cette dernière denrée, très nourrissante et énergétique, par la pomme de terre, qui, au contraire de la châtaigne, doit être cultivée. **Cette insistance sur la culture de la pomme de terre s'inscrivait dans un processus de « *disciplinarisation* » tendant à faire primer le travail sur les fruits « gratuits » de la nature.**

Le siècle dernier et le siècle actuel ont sans doute été les deux siècles au cours desquels l'évolution de l'alimentation a été la plus profonde, la plus radicale, la plus spectaculaire. L'auteur parle de la révolution verte à laquelle seule l'Afrique semble échapper. Le XXIe siècle, lui, assiste au retour des famines et des grandes peurs alimentaires. Il faut aussi ajouter les limites atteintes, sur le plan de l'environnement, par un **modèle productiviste extractif faisant la part belle aux « pétroaliments » : ceux dont la production nécessite des dépenses extrêmement importantes en carburants et en produits chimiques**, souvent issus du pétrole eux aussi. Les politiques néolibérales encouragent également les spéculations sur les matières premières agricoles

Citations

« La table ne concerne pas que notre corps biologique mais aussi notre corps social, culturel, politique, onirique, anthropologique. »

« Nous devrions être du côté de l'invention de nouveaux rituels de table, conformes au projet de civilisation que l'on projette. »

« L'humanité s'est humanisée à travers sa table en interposant entre elle-même et ce qu'elle mange et boit toute une série de choix (entre ce qui est consommable et ce qui ne l'est pas, entre ceux qui ont droit au banquet et les autres, entre divers modes de cuisson, etc.), de valeurs (entre celles reconnues aux divers aliments et aux diverses façons de cuisiner, d'assaisonner, de manger), d'objets (du bâton à fouir à la broche et à la marmite), de savoirs et de savoir-être (en matière de chasse et de cueillette, de stockage, de conservation, d'assaisonnement, de cuisson), de cultures (des cultures populaires aux cultures aristocratiques en passant par les aspects religieux ou scientifiques), de rituels (domestiques, religieux ou politiques), transformant ainsi les nutriments, qui concernent le seul corps biologique, en aliments. L'histoire de l'alimentation est donc d'abord celle de cette mise à distance, de cette ritualisation et symbolisation qui concourent au vivre-ensemble. »

« L'humanité pourrait tout aussi bien se déshumaniser en déshumanisant sa table. Nous n'avons toujours pas appris, en plusieurs millénaires, à garantir le droit au banquet à l'ensemble de l'humanité. »

« Autre illusion dont nous devrions faire le deuil : l'idée que le "progrès technique" et les innovations en matière agricole seraient à même de répondre aux espoirs. »

CHAPITRE 4

L'alimentation face à la question du développement durable : quel avenir ?

« *Je vis de bonne soupe, et non de beau langage.* »
Molière, *Les Femmes savantes*, 1672.

Débat

La Terre pourra-t-elle toujours continuer à nourrir une population croissante, d'environ 10 à 11 milliards d'habitants en 2050-2100 ?

Si l'ensemble des spécialistes affirme qu'il est possible à la Terre de nourrir 8 milliards d'êtres humains et que les quantités disponibles sont suffisantes aujourd'hui, ils ne s'accordent pas sur cette question dans le futur. Certains affirment ainsi qu'il faudra un choc technologique et scientifique et des progrès énormes, sur le plan de la productivité ou de la transformation de nos modes alimentaires. Les adeptes de la *food tech* en font partie. À l'opposé, d'autres sont partisans, au lieu de favoriser une fuite en avant du progrès, de mieux gérer les ressources et de mieux les répartir, du moins plus équitablement. Entre mode de vie qui se maintiendrait dans une certaine opulence et apôtres de la frugalité, les arguments semblent aux antipodes.

Introduction

La question du développement durable, définie en 1987 dans le rapport Brundtland, touche directement l'alimentation. Sur le plan environnemental, mais aussi social voire économique, la production alimentaire engendre des conséquences qui ne sont pas toujours heureuses. Reste donc à penser un nouveau modèle alimentaire, qui puisse être plus respectueux, plus juste et plus durable. Mais en a-t-on réellement la volonté ?

1 L'alimentation face à la question climatique et environnementale

A. L'agriculteur, facteur important des atteintes environnementales

1. La pollution agricole : les limites du modèle d'agriculture intensive

L'agriculture intensive favorise la pollution de l'air. Selon une étude de l'Institut de la terre à l'université de Columbia, **les excréments du bétail et les engrais chimiques seraient responsables de 55 % de la pollution atmosphérique liée aux activités humaines**. En se mélangeant, ils créent de l'ammoniac qui, associé à l'air déjà pollué par l'industrie, forme des particules fines particulièrement nocives. Celles-ci sont responsables de problèmes respiratoires et cardiaques et causent chaque année 3,3 millions de décès.

L'agriculture intensive est également responsable de la pollution des eaux. **Les nitrates et phosphates contenus dans les engrais passent dans les nappes phréatiques et les cours d'eau par ruissellement et favorisent la multiplication d'algues. Celles-ci contribuent à l'eutrophisation de l'eau, c'est-à-dire la raréfaction de l'oxygène**, ce qui se fait au détriment des autres espèces. Cela peut même toucher les milieux maritimes lorsque les cours d'eau ou certaines nappes phréatiques côtières se déversent dans la mer.

L'aquaculture, dont l'importance a été multipliée par 20 depuis les années 1980, **est aussi une source importante de pollution**. Les excréments des espèces élevées, la nourriture non consommée, les antibiotiques et les fongicides utilisés ainsi que des agents antisalissures pour les eaux de surface se dispersent dans les océans. Le phénomène des algues tueuses en Bretagne illustre bien cela.

2. Agriculture, déforestation et biodiversité

L'agriculture est par ailleurs l'un des principaux facteurs de la déforestation. Dans la forêt amazonienne, on défriche pour pouvoir couper du bois, mais aussi pour pouvoir constituer des champs dont la terre est très fertile (agriculture ou pâturage). **La FAO considère aujourd'hui que 90 % de la déforestation est due à l'agriculture. Or, ce sont près de 420 millions d'hectares de forêts qui ont été perdues depuis 1990.**

En Indonésie, c'est le secteur de l'huile de palme qui favorise la déforestation. Huile la plus consommée au monde devant celles de soja, de tournesol et de colza, elle est présente dans de très nombreux produits alimentaires (et aussi cosmétiques). Entre 1990 et 2010, 8,7 millions d'hectares de forêt ont été rasés en Indonésie, en Malaisie et en Papouasie-Nouvelle-Guinée, au profit des cultures de palmiers à huile. L'une des conséquences est la destruction de l'habitat et des ressources de l'orang-outan. On estime que, chaque année, 1 000 d'entre eux sont tués.

Il faut rajouter que l'huile de palme nuit à la santé. Elle est très concentrée en acide gras saturés qui, consommés en grande quantité, contribuent aux risques de maladies cardio-vasculaires en augmentant le taux de mauvais cholestérol. Et les industriels ne semblent pas pouvoir se passer de ce produit. L'huile de palme est en effet moins chère et plus facile à travailler (elle n'est pas sensible à la lumière ni à la chaleur). Elle a aussi un meilleur rendement (l'arbre donne des fruits toute l'année et ces derniers contiennent 50 % d'huile).

Les pesticides sont aussi responsables de la baisse de la biodiversité. Depuis l'introduction des pesticides néonicotinoïdes dans les années 1990, des insecticides très efficaces, 75 % des insectes volants ont disparu en Europe occidentale. Stéphane Foucart, journaliste au *Monde* et auteur de *Et le monde devint silencieux. Comment l'agrochimie a détruit les insectes* (2019), déclare que 20 000 tonnes de ces produits sont déversées dans la nature chaque année. Il affirme également que ces insecticides ne servent pas à grand-chose, car les agriculteurs les utilisent surtout comme une assurance chimique pour être sûrs de ne pas subir d'attaque de la part de ravageurs (qui dans la plupart des cas ne sont pas présents).

Le problème réside aussi dans la législation. En 2018, l'UE a interdit l'usage en plein champ, pour toutes les cultures, de trois néonicotinoïdes (clothianidine, thiaméthoxame et imidaclopride). Pourtant, 11 États membres de l'UE ont adopté des dérogations pour permettre aux agriculteurs de recourir à nouveau à des produits contenant ces substances. C'est le cas de la France pour les planteurs de betteraves, confrontés à une prolifération de pucerons verts porteurs de la jaunisse virale. Allemagne, Belgique, Croatie, Danemark, Espagne, Finlande, Lituanie, Pologne, Roumanie et Slovaquie ont fait de même face à des menaces sur leurs rendements.

La surpêche entraîne en outre la raréfaction des espèces marines et la diminution de la biodiversité. La pêche industrielle au chalut détruit les écosystèmes et l'habitat de certaines espèces. Actuellement, 35 % des stocks mondiaux de poissons sont surexploités, ce qui représente une augmentation spectaculaire par rapport aux 10 % des années 1990. Aujourd'hui, 40 % des amphibiens, 30 % des poissons d'eau douce et plus de 30 % des récifs coralliens et des mammifères marins sont en danger. Il existe également des zones mortes dans l'océan : ce sont des zones dans les océans où l'oxygène indispensable à la vie marine est insuffisant.

3. La question de l'eau

L'eau utilisée dans le monde sert à 75 % à l'agriculture, via l'irrigation. Certaines techniques utilisées favorisent une forte évaporation, comme l'irrigation par gravitation (canaux) ou par aspersion (grandes rampes au milieu des champs), contrairement au goutte-à-goutte. Et en retour, la pénurie d'eau menace la productivité agricole.

Mais ce sont aussi les industries agroalimentaires qui sont responsables de la consommation importante d'eau. **Selon une étude de 2011, il faut environ 35 litres d'eau pour produire 0,5 litre de Coca-Cola (emballage et production de tous les ingrédients)** : 80 % de ces 35 litres servent à la production de betterave, la source du sucre contenu dans la boisson. 19 % sont consacrés à la fabrication de l'emballage et le 1 % restant est utilisé par la chaîne de fabrication. Accusée de piller l'eau (au total, Coca-Cola puiserait 300 milliards de litres d'eau par an sur l'ensemble des continents), notamment dans les pays en développement, la firme a été l'objet d'une campagne de boycott à partir de 2016 par la plateforme I-Boycott. Elle s'est défendue en affirmant qu'elle favorisait de plus en plus la diminution de la consommation d'eau et le recyclage de celle-ci, mais les volumes de ses ventes maintiennent un niveau très important d'utilisation de l'or bleu.

La production de viande est également fortement consommatrice d'eau. Chaque année dans le monde, 80 milliards d'animaux sont envoyés à l'abattoir et plus d'un tiers des céréales produites dans le monde le sont pour l'alimentation animale d'élevage. **Or, certaines viandes nécessitent beaucoup de ressources, en particulier la viande de bœuf. Produire 1 kilo de bœuf nécessite 7 kilos de céréales et 10 000 litres d'eau.**

B. Excès, gaspillages et scandales alimentaires

1. Gaspillages et excès alimentaires

Chaque année dans le monde, 931 millions de tonnes de nourriture sont gaspillées. Cela représente l'équivalent de 20 % des aliments disponibles pour les habitants de la Terre, selon l'ONU. La plus grande partie du gaspillage provient des ménages, qui jettent « *11 % de la nourriture* ». Viennent ensuite les services de restauration (5 % de la nourriture est jetée), et les points de vente au détail (2 %).

Ce phénomène touche d'ailleurs tous les pays, quels que soient leurs niveaux de revenus. En France, plus de 5,5 millions de tonnes de déchets alimentaires sont jetées par an par les ménages, soit 85 kilos par personne, estime le rapport. Le Nigeria arrive en tête avec 189 kilos de nourriture par personne jetées chaque année.

Il faut en outre ajouter à ces pertes celles qui sont mesurées au niveau de la production agricole et de la distribution. Selon la FAO, environ 14 % des aliments produits dans le monde sont perdus avant même de parvenir sur le marché, soit un montant de quelque 400 milliards de dollars par an, ce qui représente l'équivalent du PIB de l'Autriche. Un des ODD de l'ONU prévoit d'ailleurs une réduction de moitié du gaspillage alimentaire au niveau des consommateurs et du commerce de détail d'ici 2030.

2. Les scandales alimentaires et sanitaires

L'industrie agroalimentaire a été à l'origine de scandales alimentaires et sanitaires qui ont défrayé la chronique et ont fait perdre aux consommateurs la confiance qu'ils avaient dans les circuits d'approvisionnement. L'un des premiers a été la maladie de la vache folle dans les années 1990. L'encéphalite spongiforme bovine semble née de l'utilisation, pour l'alimentation des bovins, de farines animales obtenues à partir de produits non consommés dans les abattoirs comme les carcasses. Elle a infecté près de 200 000 animaux et le scandale a été alimenté lorsque les scientifiques se sont aperçus, en 1996, qu'elle pouvait se transmettre à l'Homme en cas d'ingestion de certaines parties de vaches contaminées. Cette maladie aurait ainsi fait 223 victimes dans le monde, essentiellement au Royaume-Uni. Ce scandale mêle donc des aspects éthiques (les farines animales ont transformé le régime alimentaire des bovins, traditionnellement herbivores), qui ont fait prendre conscience des pratiques de certains industriels, et économiques (chute de la consommation de viande de bœuf). Diverses mesures ont été adoptées, comme l'interdiction d'utiliser des farines animales pour alimenter le bétail, le retrait de la consommation des produits à risque, le dépistage de la maladie en abattoir et l'abattage systématique des troupeaux où un animal était malade.

RÉFÉRENCE CLÉ

LE DOCUMENTAIRE *SUPER SIZE ME*, DE MORGAN SPURLOCK, SORTI EN 2004

Le réalisateur se demande pourquoi les Américains sont en surpoids déjà en 2004. Et si les chaînes de restauration rapide sont régulièrement accusées, les procès qui leur ont été intentés ont tous échoué. Dans son film, Morgan Spurlock enquête aux États-Unis et interroge des spécialistes. Mais il décide aussi et surtout de mener sur lui-même une expérience : sous la surveillance de médecins et de nutritionnistes, il s'oblige à ne manger que chez McDonald's pendant un mois et décide d'utiliser plus souvent le taxi pour coller au nombre de pas moyen d'un Américain. Au bout de 21 jours, il commence à ressentir des douleurs au thorax (symptôme de l'infarctus). Il prend finalement 11 kilos en 30 jours, endommage son foie et augmente son cholestérol dans des proportions importantes. Il mettra environ 14 mois à retrouver sa santé et son poids initial. Il s'agit donc d'une critique très acerbe de la restauration rapide en général et de McDonald's en particulier. Le documentaire fut un succès et, dans la foulée, McDonald's a retiré de la vente le format « Super Size », son menu géant sans équivalent hors des États-Unis et s'est mis à commercialiser des salades et des sauces allégées.

3. La question du bien-être animal

L'élevage intensif pose le problème de la souffrance animale. Ainsi, 83 % des poulets de chair sont élevés sans accès à l'extérieur, 36 % des poules et 99 % des lapins sont élevées en cage et 95 % de cochons sont élevés sur caillebotis en bâtiments. Ces animaux sont sélectionnés pour leur productivité, on les mutile (castration à vif, ablation de la queue ou du bec), on sépare les mères et leurs petits et leur taux de mortalité est élevé : par exemple, 20 % des cochons meurent avant le jour de l'abattage.

Des images filmées par des associations comme L214 dans des élevages en batterie ont fait scandale. Cette association est née en 2008 en cherchant à sensibiliser contre la pratique inhumaine du gavage des oies et des canards pour produire du foie gras.

DÉBAT

FAUT-IL INTERDIRE LA PRODUCTION DE FOIE GRAS EN FRANCE ?

« Le gavage consiste à faire ingérer de force à des canards et des oies une grande quantité de nourriture riche en glucides et en graisses, quotidiennement et pendant une période allant de 12 à 20 jours. Pour l'association française L214, ces méthodes rendent les animaux malades : "Suite au choc du gavage, l'animal est pris de diarrhées et de halètements, il développe une maladie appelée 'stéatose hépatique'. En outre, les dimensions de son foie hypertrophié, qui atteindra presque 10 fois son volume normal, rendent sa respiration difficile." La technique du gavage est interdite dans de nombreux pays de l'UE, où seules la France, l'Espagne, la Belgique, la Hongrie et la Bulgarie autorisent la production de foies gras. Le foie gras fait partie du patrimoine culturel et gastronomique français et une enquête de 2015 révélait que 80 % des Français ne concevaient pas Noël sans foie gras. »

Alexandre Turpyn, « Faut-il interdire la production de foie gras ? », www.capital.fr, 5 décembre 2017.

Il en va de même pour les techniques d'abattage. Certes, dans l'UE, il est obligatoire d'étourdir l'animal avant de le tuer. Mais l'association L214 remet en cause certaines techniques qui seraient inefficaces. Certaines vidéos montrent en effet que l'animal, alors qu'il est découpé, est encore conscient.

C. L'alimentation et le changement climatique

1. L'agriculture responsable du changement climatique

L'agriculture participe aux dérèglements climatiques en étant responsable d'environ un quart (24 %) des émissions de gaz à effet de serre (GES) selon le GIEC, si l'on prend en compte la déforestation. L'agriculture entraîne l'émission de deux GES :

- **le méthane, dont le pouvoir de réchauffement est 28 fois plus élevé que celui du dioxyde de carbone (CO_2), principalement issu des élevages ;**
- **le protoxyde d'azote qui est, quant à lui, lié à l'utilisation d'engrais azotés.**

Il faut également mentionner la déforestation, qui est à l'origine de 17 % des émissions mondiales de GES.

2. L'agriculture victime du changement climatique

Si l'augmentation de la température moyenne du globe dépasse les 2° C d'ici à 2100, l'agriculture en pâtira beaucoup car c'est une activité très sensible aux aléas climatiques. De plus, les systèmes de culture actuels, comme les monocultures, requièrent un climat stable et des conditions idéales. Certaines cultures ont en outre des besoins très spécifiques et ne poussent que dans des conditions géographiques et climatiques particulières. **Ainsi, l'agriculture industrielle se porte préjudice en contribuant aux changements climatiques.**

Cela signifie que le changement climatique menace directement la souveraineté alimentaire et la sécurité alimentaire mondiale. Certains effets se font déjà sentir. Par exemple, en Champagne, les vendanges ont lieu en moyenne deux semaines plus tôt qu'il y a vingt ans. De plus, il faut compter avec la recrudescence des phénomènes météorologiques extrêmes qui vont perturber la productivité agricole : vagues de chaleur, sécheresses, désertification, salinisation des terres, variations imprévisibles de la pluviosité, inondations par endroits et prolifération de parasites et de maladies…

3. Les ressources alimentaires océaniques face au changement climatique

Le changement climatique a contribué à l'acidification des océans, qui a augmenté de 30 % depuis les années 1900. La hausse des concentrations de dioxyde de carbone dans l'atmosphère entraîne son augmentation dans l'eau de mer. Les niveaux plus élevés de dioxyde de carbone dans l'eau accroissent l'acidité des océans, ce qui entraîne la dissolution du carbonate de calcium qu'ils contiennent. Or les coraux et les mollusques dépendent du carbonate de calcium pour former leur coquille ou leur squelette, et sa diminution peut réduire considérablement leur capacité de survie.

De plus, avec l'augmentation de la température des océans, les espèces marines subissent un stress physiologique plus important, car leurs habitats se réchauffent. Pour s'adapter à la chaleur croissante des eaux, les espèces marines se déplacent déjà davantage vers des régions plus fraîches où la température correspond davantage à leurs besoins, ce qui modifie les écosystèmes.

2 Alimentation et inégalités

A. L'alimentation, un marqueur des inégalités sociales à différentes échelles

1. À l'échelle continentale et internationale, des inégalités criantes en matière de ration et de disponibilité alimentaire

Alors que le besoin calorique journalier moyen d'une personne est d'environ 2 500 calories, ce nombre est majoritairement dépassé. Selon l'OCDE, l'Autriche arrive en tête avec une moyenne de 3 769 calories par jour et par personne. Elle est suivie de près par les États-Unis. La Belgique, le Royaume-Uni, l'Irlande et plus globalement l'Europe de l'Ouest et l'Amérique du Nord consomment le plus de calories.

DONNÉES CLÉS

LA CONSOMMATION DE CALORIES PAR JOUR ET PAR PERSONNE DANS LE MONDE EN 2008

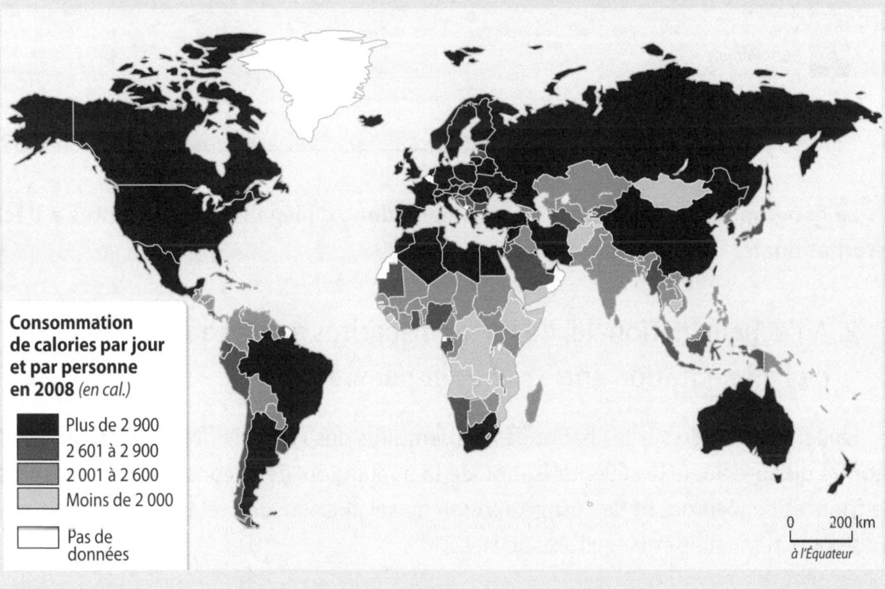

Source : OCDE.

Il en va de même pour l'eau disponible. En effet, 5 % des pays (Brésil, Russie, États-Unis, Canada, Chine, Inde, Indonésie, Colombie, Pérou) détiennent 60 % des réserves. Cela mène donc à des situations de grande inégalité. L'Amazonie, qui représente 0,3 % de la population mondiale, détient par exemple 15 % des ressources en eau, alors que l'Asie, qui représente 60 % de la population mondiale, n'en détient que 30 %. Ainsi, **un tiers de la population mondiale vit avec moins de 5 litres d'eau par jour, alors que la moyenne mondiale est de 40 litres.**

DONNÉES CLÉS

LES 45 PAYS TOUCHÉS PAR LA PÉNURIE D'EAU DANS LE MONDE EN 2014

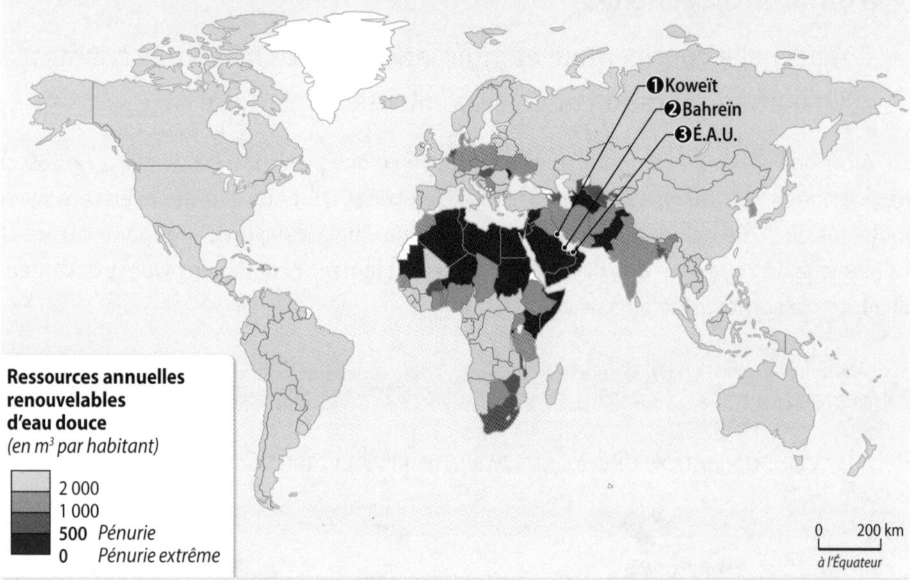

Source : FAO, ONU.

La géographie de l'alimentation témoigne donc d'inégalités importantes à l'échelle internationale.

2. À l'échelle nationale, de fortes disparités au niveau de l'alimentation entre riches et pauvres

La dernière étude sur les habitudes alimentaires des Français (INCA 3), datant de 2017, montre qu'au-delà de la sédentarisation de la population, de la consommation insuffisante de fruits et de légumes et de l'usage excessif du sel, il existe une relation étroite entre habitudes nutritionnelles et inégalités sociales.

Chez les adultes, la ration journalière est liée au niveau d'étude. **Ainsi la quantité d'aliments consommée varie de 2 864 grammes par jour pour un niveau d'études primaire ou collège à plus de 3 061 grammes par jour pour un niveau d'études supérieur au bac**. Au niveau des aliments, les personnes ayant suivi des études supérieures consomment plus de fruits et de légumes, mais également plus de fromage, de yaourt et de fromage blanc, ou encore de chocolat. Au contraire, les individus qui se sont arrêtés au primaire ou au collège boivent plus de soda et privilégient la viande (hors volaille) et les pommes de terre.

DONNÉES CLÉS

DIFFÉRENCES ALIMENTAIRES SELON LE NIVEAU D'ÉTUDES EN FRANCE (2015)

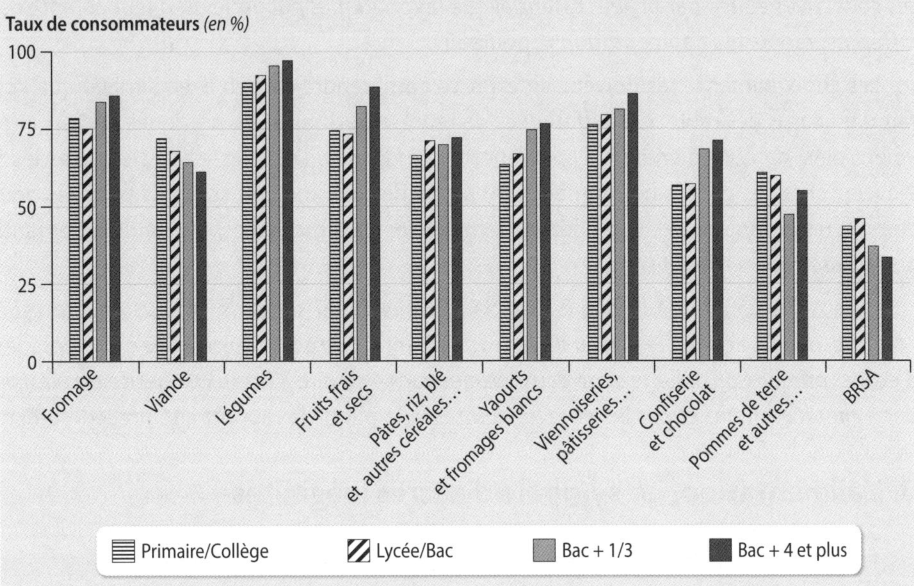

Source : ANSES, 2017.

De même, un individu exerçant une profession de cadre ou ayant au minimum le bac consomme deux fois plus de produits issus de l'agriculture biologique qu'un ouvrier ayant arrêté son cursus au collège ou au lycée. On observe le même décalage chez les enfants, en fonction du niveau d'études et de la profession de leurs parents.

Plus l'individu de référence du ménage est diplômé, plus l'accent est mis sur des critères de qualité du produit : provenance, mode de production, signes de qualité ou composition nutritionnelle. Au contraire, la priorité est le prix, la marque ou les offres promotionnelles lorsque le niveau d'études diminue.

On note aussi des différences concernant les lieux d'achat : « *Plus le niveau d'études de la personne de référence est élevé et plus les ménages déclarent effectuer leurs achats au marché et dans des circuits courts pour les fruits et légumes frais ou en commerce de proximité pour le pain et les pâtisseries ainsi que le poisson frais, au détriment des grandes surfaces* », lit-on dans le rapport.

3. Des inégalités sociales liées à la perception du corps

Les normes nutritionnelles sont reçues très différemment en fonction des milieux sociaux. « ***Le rapport à l'alimentation des milieux populaires peut ainsi se trouver en contradiction avec le suivi de ces normes, perçues comme trop nombreuses, contradictoires, et surtout déconnectées des savoirs et des pratiques quotidiennes*** », écrit Thibaut de Saint-Pol. « *L'alimentation constitue en effet un espace où se forgent les goûts et les identités collectives et il apparaît ainsi essentiel que les politiques publiques tiennent compte de ces différents rapports à l'alimentation* », poursuit-il.

Les choix alimentaires doivent en effet se comprendre en lien avec l'image que l'on se fait d'un corps désirable. Ces différences de représentations et de pratiques alimentaires se voient ainsi au quotidien dans l'apparence des individus. Dans les classes sociales les plus élevées, chez les cadres notamment, il y a peu de tolérance du surpoids pour les adultes comme les enfants, alors que chez les familles les plus modestes, les rondeurs enfantines apparaissent plus tolérées.

« *Dans l'ensemble de la population, la prévalence du surpoids, et plus encore celle de l'obésité, diminue quand le niveau d'études augmente. Entre les deux classes extrêmes (niveau d'études primaire ou collège et niveau d'études bac+4 ou plus), le taux d'obésité est ainsi divisé par 3 chez les enfants et par 2,5 chez les adultes* », explique le rapport cité précédemment.

B. L'alimentation, un symbole d'autres inégalités

1. Les inégalités entre les sexes

Il existe d'abord une **inégalité en matière de quête alimentaire et de préparation des repas**. L'anthropologie sociale s'est longtemps penchée sur les sociétés préhistoriques et sur les sociétés vivant encore d'une économie de chasse, de cueillette ou d'horticulture. Les conclusions sont simples : les hommes « chassent », les femmes plantent, cueillent, ramassent, déterrent, cuisent et rendent la nourriture consommable.

Auparavant, on avait justifié cela selon des considérations physiologiques (les femmes n'étaient pas capables de chasser). Mais à la suite de Lévi-Strauss qui a conceptualisé cette dichotomie comme un ordre social, il s'est agi de montrer qu'il s'agissait d'un fait sociologique. L'usage des armes était interdit aux femmes (certaines sociétés avaient même établi des sanctions en cas de transgression), car les hommes désiraient garder le monopole de la violence. De plus, selon les dires de Robert Brightman, anthropologue américain, il s'agissait aussi pour les hommes de conserver, en se la procurant par eux-mêmes, la source la plus importante de protéines, l'alimentation avec la plus grande valeur nutritive et gustative. **Ainsi, le contrôle sur la viande serait le motif nutritionnel de cette institution inégalitaire par excellence qu'est la division du travail par sexe.**

Actualité **LES FEMMES PRÉHISTORIQUES CHASSAIENT EN RÉALITÉ**

Une enquête récente et l'étude de sépultures dans les Andes péruviennes par Randall Haas, de l'université de Californie Davis, viennent remettre en cause la division sexuée de la chasse au temps de la préhistoire. En effet, l'archéologue a retrouvé des corps de jeunes femmes enterrées avec des armes de chasse au gros gibier. Il en conclut que 30 à 50 % des chasseurs vivant sur le continent américain à cette période pourraient avoir été des femmes.

De nos jours, **la division sexuelle en cuisine recouvre celle, plus large, du travail domestique auquel les femmes sont assignées**. Si le temps de préparation culinaire a baissé, les femmes demeurent plus longtemps en cuisine que les hommes. L'activité culinaire est extrêmement discriminante : 1 heure 12 minutes par jour pour les femmes contre 22 minutes pour les hommes, toutes journées confondues en 2012. L'approvisionnement est un peu plus partagé : 33 minutes par jour pour les femmes contre 22 minutes par jour pour les hommes. En outre, les femmes conservent la gestion mentale et la charge mentale d'un approvisionnement anticipé et d'une préparation équilibrée des repas, impossibles à quantifier, qui se doivent d'être conformes aux aspirations gustatives des différents membres de la famille. Les écarts semblent, cela dit, avoir tendance à se réduire : en 2021, les femmes passent en moyenne 21 jours par an derrière les fourneaux, contre 18 jours pour les hommes.

REPÈRE CLÉ

POURQUOI LES GRANDS CHEFS SONT-ILS SURTOUT DES HOMMES ?

En 2006, 94 % des chefs de cuisine étaient des hommes, 6 % seulement étaient des femmes.

« *Le métier de cuisinier en France s'est constitué en dehors des femmes et de leur savoir-faire ancestral. À l'origine, la grande cuisine française est une cuisine de cour commandée par des hommes. Taillevent, considéré par les historiens comme le premier "chef" français, était premier écuyer de cuisine du roi, en l'occurrence Charles VI. La* grande cuisine *sera jusqu'à la Révolution française la cuisine des* grands.

Toutefois, à côté de la noblesse, la bourgeoisie montante emploie très tôt des femmes pour faire la cuisine, à une nuance près : "seuls les bourgeois les moins riches" confiaient *"la responsabilité de leur cuisine à une femme". Au cours du XIXe siècle, les restaurants se multiplient et la cuisine gastronomique apparaît. La rivalité entre cuisiniers et cuisinières s'accentue, les premiers craignant une dévalorisation de leur métier et une diminution de leur salaire. La corporation des cuisiniers dénigre assez violemment leurs rivales. La prose de Phileas Gilbert, cuisinier et critique gastronomique qui ira jusqu'à traiter les cuisinières de "scorie de la profession", en témoigne.* »

> Il faut ajouter entre autres arguments l'idée qui s'est rapidement répandue que le travail en cuisine était pénible, donc inadapté aux femmes, et celle selon laquelle une femme n'était pas en mesure de conduire une brigade.
>
> Martine Bourelly, « Le pouvoir dans la cuisine, Chef, cheffe de cuisine : paradoxe d'un métier et trouble du genre », papier de recherche, 2010.

L'activité quotidienne et culinaire des femmes contraste aussi avec celle des hommes, plus occasionnelle, lors des repas du week-end par exemple. Elle est censée nécessiter une technicité plus importante (le barbecue)... De même, lorsqu'on analyse la place de chaque genre dans les diffusions médiatiques à propos de la cuisine, la mise en scène de la préparation des repas conforte le maintien de l'ordre hiérarchique du genre. **Lorsque les hommes cuisinent, ils en retirent une valorisation sociale, ils accaparent les techniques les plus compliquées et la cuisine est un potentiel tremplin de carrière.** Les femmes sont souvent reléguées à la posture de cuisinières domestiques, dévouées à leur famille. Elles sont donc enfermées dans un univers ménager dont elles doivent assurer prioritairement le fonctionnement quotidien.

Mais il y a aussi des inégalités en matière de consommation alimentaire, même si les ethnologues les ont souvent niées. Des études auprès de populations de chasseurs-cueilleurs hadzas, en Tanzanie, ont montré que la viande constitue pratiquement 40 % du régime alimentaire des hommes et 1 % (à peine plus) de celui des femmes. En contexte rural ivoirien, P. Atse et P. Adon ont également prouvé que « *l'ordre du partage* » dépendait d'une inégalité de genre : **les hommes s'arrogent la priorité de consommation sur les femmes et les enfants de la viande de gibier et d'élevage**. Et la socialisation au sacrifice des femmes fait non seulement qu'elles ne se révoltent pas contre cet ordre, mais qu'en plus, lorsqu'une partie de la nourriture vient à manquer, elles réservent les meilleurs morceaux pour les hommes.

L'étude des régimes montre également une certaine soumission des femmes, plus que des hommes, en matière alimentaire. L'article de S. Carof « Le régime amaigrissant : une pratique inégalitaire » accrédite l'idée que les femmes se privent plus de manger que les hommes. Elles le font pour suivre l'injonction à réduire les proportions de leurs corps bien au-delà des recommandations médicales de santé, alors que les hommes peuvent manifester une certaine complaisance pour leur masse graisseuse lorsqu'elle confirme la puissance virile. Cela fait que les hommes ont un rapport moins « obsessionnel » à la nourriture. L'alimentation représente donc un moyen de cette pression omniprésente à la minceur pour les femmes. Dans certains milieux et dans bien des domaines du travail salarié, la minceur fait figure de caractéristique obligée pour les femmes, au même titre que le maquillage ou le port de talons, par exemple. C'est la raison pour laquelle Tristan Fournier, Julie Jarty, Nathalie Lapeyre et Priscille Touraille parlent de l'alimentation comme d'une « *arme du genre* » dans un article de 2015.

2. Les différences entre les âges

On remarque que le mode d'alimentation des enfants et surtout des adolescents n'est pas le même que celui des adultes. À partir de l'étude de l'Anses citée plus haut, on déduit que **les différences de classe ne se retrouvent pas vraiment chez les adolescents**. Cela est la conséquence possible d'une plus grande autonomie dans leurs choix alimentaires. La transmission des habitudes alimentaires au sein de la famille connaît une rupture plus ou moins durable.

Parmi les différences, les enquêtes relèvent une plus faible consommation de fruits et de légumes chez les jeunes. Seuls 6,4 % des 12-30 ans déclarent en avoir mangé la veille de l'interview au moins cinq fois comme il est recommandé de le faire, contre 8,5 % des 31-45 ans, 14,6 % des 46-60 ans et 23,8 % des 61-75 ans. Cette fréquence particulièrement faible chez les jeunes est observée malgré une meilleure connaissance de cette recommandation, citée par 70,7 % d'entre eux.

En revanche, les produits laitiers, particulièrement nécessaires en période de croissance, sont davantage consommés par les jeunes que par les adultes à la fréquence recommandée. La consommation de boissons sucrées, facteur de risque d'obésité chez les jeunes, s'avère, elle aussi, nettement plus élevée eux que chez les adultes. La veille de l'interview, les 12-30 ans en ont pris en moyenne 0,70 fois contre 0,23 au-delà de 30 ans. Autrement dit, 38,7 % des 12-30 ans en ont bu au moins une fois la veille, contre 14,7 % des plus de 30 ans.

Le nombre moyen de repas pris par jour augmente avec l'âge : il est de 2,77 chez les 12-30 ans ; de 2,86 chez les 31-45 ans ; de 2,91 chez les 46-60 ans et de 2,94 chez les 61-75 ans. Ainsi, les 12-30 ans sont significativement moins nombreux à prendre trois repas par jour (78,8 %) au profit de deux (19,4 %).

3. Des différences entre les pays riches

Si l'on étudie les représentations de l'alimentation dans le monde, on peut faire apparaître, dans certaines cultures, une prédominance des questions de santé et, dans d'autres, celle de la notion de plaisir. Sur ce point, il existe par exemple une forte différence entre la France et les États-Unis. Dans le second cas, l'alimentation est pensée avant tout en termes nutritionnels alors que, en France surtout et un peu moins en Europe, on privilégie plus la dimension du plaisir. C'est peut-être ce qui explique le maintien des repas traditionnels dans la journée des Français, malgré les sempiternelles craintes de leur disparition.

L'enquête « Emploi du temps » de l'Insee montre ainsi que le repas constitue un des moments les plus agréables de la journée pour les Français. Il est préféré aux activités de jeu, au fait de regarder un spectacle ou se promener, mais il se situe au même niveau que lire ou écouter de la musique.

C. L'alimentation : une forme d'élitisme

1. L'obsession du classement

Dans le secteur de l'alimentation, la hiérarchie semble de mise. Le *Guide Michelin* établit ainsi une sélection drastique des restaurants en attribuant ou en retirant des étoiles.

On peut d'abord classer la gastronomie et la restauration en fonction des pays. La France, après avoir temporairement été détrônée par le Japon, détient toujours le record du nombre de restaurants étoilés dans le monde : en 2020, elle avait 628 restaurants récompensés par le guide, en baisse par rapport aux 632 en 2019. On compte 513 restaurants à une étoile Michelin. La France a également le plus de restaurants triplement étoilés (29), ce qui est plus que tout autre pays en Europe, et égal seulement au Japon dans le monde. Il y a 86 restaurants en France avec deux étoiles Michelin.

DONNÉES CLÉS

LE TOP 5 DES NATIONS AVEC LE PLUS D'ÉTOILES MICHELIN EN 2020

1. France (628 restaurants étoilés Michelin)
   - 513 restaurants une étoile Michelin
   - 86 deux restaurants étoilés Michelin
   - 29 trois restaurants étoilés Michelin
2. Japon (577 restaurants étoilés Michelin)
   - 540 restaurants une étoile Michelin
   - 8 deux restaurants étoilés Michelin
   - 29 trois restaurants étoilés Michelin
3. Italie (374 restaurants étoilés Michelin)
   - 326 restaurants une étoile Michelin
   - 35 deux restaurants étoilés Michelin
   - 11 trois restaurants étoilés Michelin
4. Allemagne (307 restaurants étoilés Michelin)
   - 258 restaurants Michelin une étoile
   - 46 restaurants deux étoiles Michelin
   - 12 trois restaurants étoilés Michelin
5. États-Unis (169 restaurants étoilés Michelin)
   - 132 restaurants une étoile Michelin
   - 23 deux restaurants étoilés Michelin
   - 14 trois restaurants étoilés Michelin

Source : *Guide Michelin*, 2020.

Les restaurants sont également hiérarchisés en fonction du nombre d'étoiles. La perte d'une étoile peut d'ailleurs être dramatique pour un chef. Par exemple, le suicide de Bernard Loiseau, grand chef cuisinier, en 2003, est souvent en partie attribué à la relégation de son restaurant dans la catégorie des deux-étoiles. Le *Guide Michelin* subit par ailleurs des critiques régulières pour la tyrannie qu'il ferait régner auprès de chefs qui tentent de se conformer à ses exigences pour se maintenir au niveau. Certains chefs ont au demeurant décidé de rendre leurs étoiles : ce fut le cas de, entre autres, de Sébastien Bras en 2017 pour son restaurant le Suquet.

2. La différenciation par les prix

En 2017, une étude portant sur l'argent dépensé par les Français en nourriture chiffrait le budget d'alimentation à 385 euros par mois. Seules 43 % des personnes interrogées estimaient ce budget correct, contre 47 % qui le disaient « *trop élevé* ». Mais cette moyenne cache des disparités :

- 506 euros pour les foyers aux revenus supérieurs à 3 500 euros par mois ;
- 473 euros pour les couples avec enfants ;
- 431 euros pour les personnes âgées de 60 ans et plus ;
- 236 euros pour la génération 18-24 ans (budget pour étudiant) ;
- 203 euros pour les foyers aux revenus inférieurs à 1 000 euros par mois.

À l'échelon européen, selon Eurostat, en 2019, le budget nourriture pèse 13 % dans le budget global des ménages. L'alimentation arrive en troisième position, derrière l'énergie (23,5 %), et les transports (13,1 %). La part du budget dédié à l'alimentaire est la plus élevée en Roumanie (26 %), en Lituanie (20,2 %) et en Estonie (19,3 %). Les ménages les moins dépensiers résident, eux, en Irlande (8,6 %), au Luxembourg (8,9 %) et en Autriche (9,7 %). Les chiffres d'Eurostat placent la France en position intermédiaire avec une part consacrée à l'alimentation établie à 11,9 %.

En réalité, le budget alimentation est souvent un bon indicateur des inégalités sociales. On considère que plus un ménage dépense, en pourcentage de ses revenus, pour l'alimentation, c'est-à-dire pour un besoin de base, plus il est pauvre. Pourtant, une certaine tendance à la convergence s'opère. Alors qu'en 1979 les 20 % des ménages les plus modestes consacraient 35 % de leur budget à l'alimentation et les 20 % les plus aisés 18 %, soit une différence de 17 points, en 2017, l'écart n'est plus que de 4 points. (Les disparités se sont en revanche accentuées sur les dépenses de logement.)

La notion de stratification sociale repose sur des niveaux et des capacités de consommation différents. Cela peut se traduire aussi au niveau de l'alimentation. Pourtant, certains aliments se sont progressivement démocratisés, à l'image du saumon fumé, produit réservé à un petit nombre compte tenu de son prix jusque dans les années 1990, et qui s'est démocratisé depuis (même si cela s'est fait au détriment de la qualité).

3 Quel avenir pour l'alimentation ? Des réponses aux problèmes posés difficiles à mettre en œuvre

A. Des réponses à plusieurs échelles : vers une plus grande régulation des problèmes alimentaires ?

1. À l'échelle mondiale

Plusieurs organes internationaux prennent en charge les questions d'alimentation.

La FAO dépend de l'ONU. Basée à Rome, née en 1945, son objectif est d'*« aider à construire un monde libéré de la faim »*. Ses missions sont multiples : fournir une assistance technique aux pays en développement, fournir des informations et harmoniser des normes dans les domaines de la nutrition et de l'agriculture via des publications (rapports), conseiller les gouvernements et leur fournir un espace de débat, organiser des forums entre États pour débattre des principaux problèmes relatifs à l'agriculture, l'alimentation et la sécurité alimentaire, sensibiliser les populations aux problèmes de faim chronique dans le monde. Reste que la FAO est gangrenée par une certaine sclérose : ses dépenses de fonctionnement sont très élevées et la question de sa réelle efficacité est posée.

Le PAM (programme alimentaire mondiale), récompensé par le prix Nobel de la paix en 2020, créé en 1962, **est la plus grande agence humanitaire qui lutte contre la faim dans le monde**. Il distribue une assistance alimentaire dans les situations d'urgence et travaille avec les communautés pour améliorer leur état nutritionnel et renforcer leur résilience. Cela dit, en réalité, *« le PAM est né de la volonté du gouvernement américain de soutenir son agriculture nationale en rachetant les surplus agricoles aux États-Unis et en les distribuant dans les pays en voie de développement »*, explique un fonctionnaire du PAM à l'Agence France-Presse (AFP), sous le couvert de l'anonymat. Pourtant, le PAM agit aujourd'hui dans des zones particulièrement touchées par la malnutrition ou la famine, comme le Yémen mais aussi la Syrie, la République démocratique du Congo, le Nigeria, les États frappés par Boko Haram, le Burkina Faso, le Mali, le Niger et le Soudan du Sud.

En ce qui concerne la gouvernance du commerce de produits alimentaires, c'est l'ORD (organe de règlement des différends) de l'OMC qui est en charge de régler les litiges.

L'ONU a organisé, à l'automne 2021, le tout premier Sommet sur les systèmes alimentaires, visant à des modes de production et de consommation plus *« sains, durables et équitables »*. Cependant, ce sommet a été décrié. **De nombreuses voix ont dénoncé une initiative biaisée, puisque de nombreuses organisations représentant la société civile ont vu leur avis marginalisé.** Des ONG et des scientifiques affirment que le sommet a été capté par un petit nombre d'intérêts. L'intervention de FTN comme PepsiCo, Nestlé ou Unilever, lors du présommet qui s'est tenu à Rome en juillet 2021, en est la preuve. D'autres ONG ont cependant soutenu l'initiative, affirmant qu'on mettait enfin l'alimentation à l'agenda de la gouvernance mondiale. C'est le cas de Compassion in World Farming (CIWF), qui milite en faveur d'une transition vers un élevage durable et respectueux du bien-être animal.

La France s'y est engagée en faveur de l'alimentation scolaire et pour l'agroécologie. Quant aux États-Unis, ils ont promis d'investir 10 milliards de dollars en cinq ans dans la sécurité alimentaire et les efforts climatiques combinés.

2. À l'échelle continentale

À l'échelle européenne, on peut citer la stratégie « De la ferme à la table », inaugurée en 2021. Il s'agit, tout en parvenant à la neutralité climatique d'ici à 2050, de faire évoluer le système alimentaire actuel de l'UE vers un modèle durable. Tout en rappelant que la sécurité et la sûreté alimentaires sont des priorités, la stratégie a pour principaux objectifs de :

- garantir une alimentation suffisante, abordable et nutritive dans les limites planétaires ;
- réduire de moitié l'utilisation des pesticides et des engrais, ainsi que les ventes d'antimicrobiens ;
- augmenter la part des terres consacrées à l'agriculture biologique (objectif : 25 % d'agriculture biologique d'ici à 2030) ;
- promouvoir une consommation alimentaire plus durable et des régimes alimentaires sains ;
- réduire les pertes et le gaspillage alimentaires ;
- combattre la fraude alimentaire dans la chaîne d'approvisionnement ;
- améliorer le bien-être des animaux.

Mais les objectifs de cette stratégie ne figurent pas dans la PAC qui s'appliquera pour la période 2023-2027. Les 27 États membres seront néanmoins tenus de les intégrer dans les déclinaisons nationales de la PAC qu'ils soumettront et feront valider par la Commission européenne début 2023.

3. À l'échelle nationale

Les États doivent d'abord tenter de lutter contre la fraude alimentaire.

Focus **LE SCANDALE DES LASAGNES FINDUS À LA VIANDE DE CHEVAL**

Connue dès 2007, cette affaire éclate en Grande-Bretagne à la mi-janvier 2013, et connaît plusieurs rebondissements. En France, elle est révélée sur des lasagnes de la marque Findus contenant 100 % de viande de cheval.

De nombreuses marques agroalimentaires sont concernées, et elle implique toute la chaîne du commerce alimentaire européen : abattoirs, intermédiaires (Draap Trading), des négociants (conserverie Spanghero) et des transformateurs (Comigel). Le motif de cette fraude est essentiellement économique, la viande de cheval étant moins chère pour les fournisseurs et fabricants que la viande bovine. Le 14 novembre 2014, l'enquête se conclut par la mise en examen de deux responsables de la société Spanghero et de deux intermédiaires commerciaux néerlandais, qui ont falsifié l'étiquetage des lots de viande afin d'augmenter leurs bénéfices. Les derniers jugements sont rendus en 2019.

Ce scandale met en relief les insuffisances des structures de contrôle de la traçabilité de la viande transformée en UE, insuffisance qui empêche les consommateurs d'accéder à une information objective. Au-delà, elle s'inscrit dans un contexte de fraudes généralisées en matière d'abattage des chevaux. En effet, d'après plusieurs enquêtes menées notamment en 2015 et 2017, les irrégularités constatées dans la filière de la viande chevaline persistent.

Le gouvernement précise que la politique française en matière d'alimentation définit quatre axes principaux :

- **la justice sociale et l'accès de tous à une nourriture suffisante, sûre et nutritive**, répondant à leurs préférences alimentaires et permettant de mener une vie active et saine ;
- **l'éducation de la jeunesse à une alimentation équilibrée et à un comportement alimentaire responsable**, qui doit s'accompagner d'une valorisation des métiers de l'alimentation ;
- **la lutte contre le gaspillage alimentaire**, par l'information des consommateurs sur les bonnes pratiques, mais aussi par le renforcement des dons de produits aujourd'hui détruits ou jetés, ainsi que par la promotion d'activités d'insertion via l'activité économique permettant de valoriser ces produits ;
- **l'ancrage territorial pour soutenir le modèle agricole français, les industries agroalimentaires françaises et les emplois qu'ils représentent sur tout le territoire, en valorisant les signes de qualité et d'origine**, en favorisant l'approvisionnement de proximité ou d'origine française dans la restauration collective, en s'appuyant sur des plateformes permettant de faire se rencontrer offre et demande.

La loi française interdit par ailleurs la publicité pour certains produits jugés dangereux, comme l'alcool. C'est aussi le cas du lait pour bébé en poudre. Sur les boîtes de ces produits, à la suite de divers scandales, la mention affirmant que le lait maternel est bien meilleur que ces substituts est obligatoire.

L'information des consommateurs est également primordiale. À cet effet, dès 2017, un « Nutri-Score » a été apposé sur l'essentiel des produits alimentaires. Le logo est attribué sur la base d'un score prenant en compte, pour 100 g ou 100 ml de produit, la teneur en nutriments et aliments à favoriser (fibres, protéines, fruits, légumes, légumineuses, fruits à coques, huile de colza, de noix et d'olive) et en nutriments à limiter (énergie, acides gras saturés, sucres, sel).

DÉBAT CLÉ

FAUT-IL INTERDIRE LA PUBLICITÉ CONTRE LES PRODUITS GRAS, SALÉS ET SUCRÉS ?

« Plus de la moitié des publicités alimentaires visionnées à la télévision par les enfants sont consacrées à des produits de piètre qualité nutritionnelle : trop gras, sucrés ou salés, ils sont mauvais pour la santé, avec un Nutri-Score D ou E. Ce type de réclame est interdit à proximité des émissions pour la jeunesse, mais ces programmes ne pèsent que 0,5 % du temps que les moins de 18 ans passent devant le téléviseur. [...]

Pour Santé publique France, il faut changer radicalement l'approche [...]. L'agence propose d'interdire la publicité pour les aliments classés D ou E entre 19 heures et 22 heures, c'est-à-dire lorsque plus de 20 % des mineurs regardent la télévision. (...) Quant aux marques, elles auraient l'interdiction de diffuser en ligne des contenus pour enfants ou adolescents "faisant la promotion directe ou indirecte de produits ayant un Nutri-Score D et E ou de la marque associée", que ce soit sur leur site Web ou via Facebook. »

Solveig Godeluck, « Obésité des enfants : un appel à interdire la publicité à certaines heures », www.lesechos.fr, 24 juin 2020.

4. Survivalisme, néorsurvivalisme et retour à la terre : faire face à la peur de l'effondrement alimentaire

Le survivalisme désigne les activités de certains individus ou groupes qui se préparent à une catastrophe éventuelle, naturelle ou anthropique, voire à un effondrement de la civilisation industrielle. Ils adaptent ainsi leurs comportements, se préparent en modifiant leurs habitations, en apprenant des techniques de survie et des rudiments de notions médicales, en construisant des abris antiatomiques ou en stockant des armes. Sur le plan alimentaire, ils font des réserves de nourriture, ils apprennent comment avoir de l'eau potable et se nourrir en milieu sauvage ou hostile (chasse, cueillette, production de feu). Si le mouvement émerge aux États-Unis dans les années 1960 sur fond de guerre froide, il a plus récemment évolué en néosurvivalisme (on parle des « *preppers* », c'est-à-dire « ceux qui se préparent »), un mouvement beaucoup plus porté sur l'autonomie et l'indépendance par rapport au système économique global et visant une plus grande proximité avec la nature. **L'idée est, en cas de catastrophe, de pouvoir être indépendant, notamment sur le plan alimentaire** et sur celui des autres besoins vitaux.

Cela témoigne bien d'une **crise de confiance dans le système de production capitaliste et dans les chaînes d'approvisionnement industriel**. En revanche, à la différence des écologistes, qui retournent à la terre dans le but de créer un monde meilleur, les survivalistes le font pour des raisons plus individualistes, survivre en cas de catastrophe. À terme, le risque réside peut-être dans la dissolution de la société, même si le phénomène est aujourd'hui de peu d'ampleur.

Plusieurs facteurs expliquent l'avènement de ce type de réaction. Pour l'historienne Judith Rainhorn, l'épuisement de « *la fabrique du consentement* » (à savoir le fait que, selon Noam Chomsky et Edward S. Herman, l'État diffuse de la propagande afin que la population adhère à l'idéologie dominante) est en cause. Elle montre ainsi que la pollution, qui menace depuis le XIXe siècle, a entraîné une sorte d'accommodement collectif qui affaiblit peu à peu la conscience du danger. Un discours s'est généralisé autour de l'individualisation de la protection contre le danger. Les pouvoirs publics ont ainsi longtemps tenu et tiennent encore des discours hygiénistes insistant sur les comportements individuels et privés : ***« La responsabilité de l'empoisonnement semble incomber, non pas à ceux, industriels et pouvoirs publics qui exposent les populations au risque mais bien aux populations elles-mêmes qui prendraient des précautions insuffisantes pour s'en prémunir »***, résume l'historienne.

Or cette fabrique du consentement semble s'épuiser, la confiance semble ébranlée. Demeurent alors des logiques individualistes dans un monde où la « collapsologie » se développe. Chacun cherche des moyens propres afin de parer au pire. La vogue des émissions de télévision donnant des leçons de survie en témoigne.

5. Quelles solutions pour contrer la faim et la malnutrition ?

À l'échelle nationale, des associations tentent de lutter contre la malnutrition. Les Restos du Cœur en France, créés par Coluche en 1985, sont l'une des plus connues. Pour la campagne 2020-2021, l'association revendique d'avoir aidé 1,2 million de personnes, dans 1 923 centres et antennes. Le Secours catholique a, de son côté, sonné l'alarme dans un rapport selon lequel près de 10 % de la population est contrainte de recourir à l'aide alimentaire. Entre 5 et 7 millions de personnes ont bénéficié de cette aide en 2020, contre 5,5 millions en 2017. La Fédération des banques alimentaires s'inquiète également de « *la hausse constante du nombre* » de ses bénéficiaires, qui a progressé de 6 % en 2020.

De façon plus large, au niveau de l'État, c'est la lutte en faveur du pouvoir d'achat qui est privilégiée. Le projet de loi du gouvernement Borne sur le pouvoir d'achat, présenté en juillet 2022, contient des mesures en faveur de l'alimentation :

- Une aide alimentaire exceptionnelle de rentrée : il s'agira de verser aux ménages modestes et aux étudiants une somme de 100 euros par foyer, auxquels s'ajoutent 50 euros par enfant à charge. Elle sera versée automatiquement aux allocataires des minima sociaux, des aides au logement et aux étudiants boursiers.
- Des aides pour les étudiants : tandis que les bourses sur critères sociaux seront revalorisées de 4 % dès la rentrée 2022, le dispositif de repas à 1 euro dans les CROUS, pour les étudiants précaires, sera maintenu toute l'année universitaire 2022-2023.

En France, « *la lutte contre la précarité alimentaire vise à favoriser l'accès à une alimentation sûre, diversifiée, de bonne qualité et en quantité suffisante aux personnes en situation de vulnérabilité économique ou sociale* », comme le stipule Code de l'action sociale et des familles, où elle est inscrite au comme un dispositif de lutte contre la pauvreté et les exclusions.

B. Comment parvenir à une alimentation suffisante en quantité ?

1. Les OGM, une panacée ?

En 2019, 190 millions d'hectares d'organismes génétiquement modifiés (OGM) sont cultivés dans le monde, soit environ 10 % des surfaces totales cultivées. Les plus gros producteurs mondiaux sont les États-Unis (38 %), le Brésil (28 %), l'Argentine (13 %), le Canada (7 %) et l'Inde (6 %). À eux cinq, ils totalisent 91 % des surfaces d'OGM cultivées en 2019.

DONNÉES CLÉS

LES PAYS AYANT DES CULTURES GÉNÉTIQUEMENT MODIFIÉES DANS LE MONDE

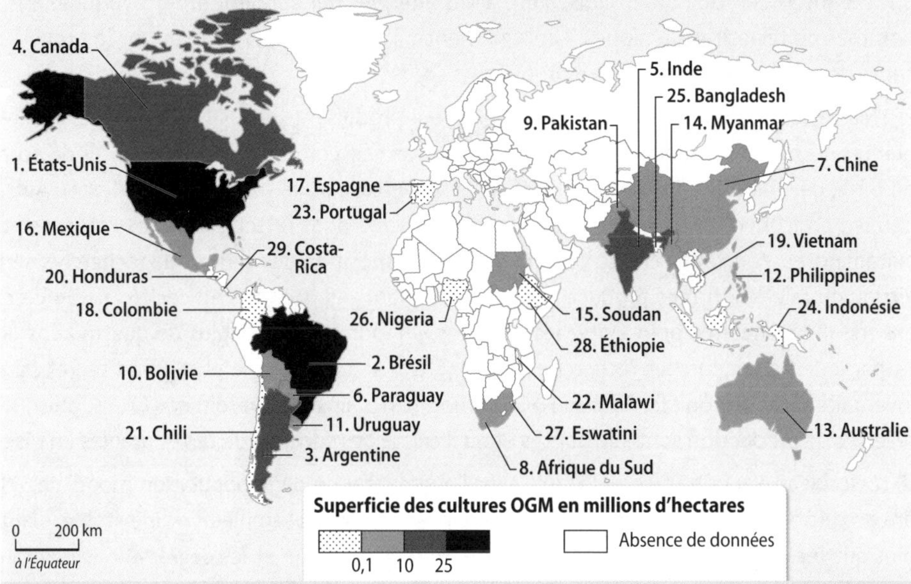

Source : James, Clive, *2019. Global Status of Commercialized Biotech/GM Crops*, 2019

Les quatre plantes OGM les plus cultivées sont le coton, le soja, le maïs et le colza. En surface, elles correspondent à 99 % des cultures OGM. Le reste se partage principalement entre la luzerne et les betteraves sucrières, mais il existe également quelques autres fruits et légumes. Les techniques OGM sont également utilisées pour la création de fleurs d'ornement. **Aujourd'hui, les deux caractéristiques les plus répandues parmi les OGM sont la tolérance aux herbicides afin de faciliter le désherbage et la résistance aux insectes ravageurs grâce à la production par la plante d'un insecticide ciblé** : 99 % des surfaces cultivées de plantes OGM correspondent à des variétés possédant l'une, l'autre ou les deux caractéristiques combinées. La diversité des plantes OGM produites est donc particulièrement faible.

Mais certains pays sont réticents à adopter ces types de cultures. Dans l'UE, seule une variété d'OGM (le maïs MON810) est autorisée et il n'est cultivé qu'en Espagne et au Portugal. Certains OGM sont autorisés à l'importation au sein de l'UE, mais ils sont surtout destinés à l'alimentation animale. En France, la culture d'OGM à des fins commerciales est interdite depuis 2008. Le principe de précaution a ainsi été mis en avant. Il s'agit de s'abstenir de toute culture tant que l'on n'a pas identifié les conséquences potentielles de l'ingestion de ces produits sur la santé humaine à long terme.

Les OGM présentent en effet **trois risques majeurs : la dissémination par croisement avec des plantes sauvages, la dépendance des agriculteurs aux semences (qu'ils doivent racheter chaque année) et les risques de toxicité sanitaire**. Ainsi, des actions en justice ont été intentées, aux États-Unis, suite à des allergies qui auraient été provoquées par des pommes de terre transgéniques. Un règlement à l'amiable a permis d'éviter le procès et la cause des allergies n'a jamais été prouvée.

Mais théoriquement, les biotechnologies, qui produisent les OGM, mettent au point de plantes qui permettent aux paysans d'être mieux armés, comme certaines variétés de pomme de terre, des palmiers-dattiers résistants à la sécheresse ou le riz doré (*golden rice*). Ainsi, ce dernier, enrichi en fer et en vitamine A, a-t-il été créé pour lutter contre les carences et les avitaminoses. Pourtant, si cette variété, mise à la disposition des centres de recherche, sert de vitrine morale aux firmes productrices d'OGM, il faut nuancer son efficacité : selon certains experts indépendants, pour éviter les carences, il faudrait manger plus de quatre kilos de ce riz par jour. Par ailleurs les recherches sur les OGM se font dans le plus grand secret : aucun inventaire n'est disponible. Pour la FAO, le monde n'a ainsi pas besoin des OGM, puisque les réserves de production sont suffisantes et qu'il existe des surfaces de terres arables en réserve.

Selon Jean-Paul Charvet, pourtant, avec l'augmentation de la population mondiale, il faudra accroître la production mondiale. Le recours aux OGM lui semble donc inévitable, d'autant plus que les processus d'urbanisation, d'extension des réseaux et les dégradations environnementales vont entraîner un repli de la surface agricole utile (SAU). **L'idée est donc de ne plus faire des OGM un débat idéologique. Mais il faudrait pour cela que les recherches soient publiques, et qu'elles aboutissent à des abandons de brevet.** En effet, l'OMC a entériné en 1999 la brevetabilité du vivant, rendant possible les profits sur les découvertes dans ce domaine.

Sylvie Brunel encourage quant à elle à engager un débat dépourvu de toute idéologie sur la question et à trouver des solutions pragmatiques en fonction de la situation et de l'urgence dans chaque pays.

2. Nouvelles habitudes alimentaires et nouvelles formes d'agriculture

Pour lutter contre la faim dans le monde, il va aussi peut-être falloir modifier nos habitudes alimentaires et lutter contre certaines peurs. L'ONU estime en effet que **la consommation d'insectes pourrait constituer un apport de protéines non négligeable**. Ils sont déjà au menu de plus de 2 milliards d'habitants de la Terre. Avec environ un million d'espèces connues, les insectes représentent plus de la moitié de tous les organismes vivant sur la planète classifiés jusqu'à maintenant. Or, d'après les recherches de la FAO, seulement 1 900 espèces d'insectes servent de repas aux êtres humains. À l'échelle mondiale, les principaux insectes consommés sont les scolytes (31 %), les chenilles (18 %), les abeilles, les guêpes et les fourmis (14 %), les sauterelles et les criquets (13 %).

Surtout, ils représentent une source de protéines qui nécessite moins d'énergie que d'autres comme la viande. **Ainsi, en moyenne, les insectes consomment seulement 2 kilos de nourriture pour produire 1 kilo de viande (le bétail en nécessite 8)**. De nombreux insectes sont riches en protéines et en lipides, mais aussi en calcium, en fer et en zinc. Alors que le bœuf contient en moyenne 6 mg de fer pour 100 g de poids sec, ce chiffre varie entre 8 et 20 mg pour 100 g de poids sec chez la sauterelle, suivant les aliments qu'elle-même consomme. Il ne faut pas non plus oublier les avantages que cela représente pour l'environnement. Selon la FAO, les insectes produisent une faible part des émissions telles que le méthane, l'ammonium et autres gaz à effet de serre, dégagés par le fumier, qui favorisent le réchauffement et polluent l'environnement. Les insectes peuvent même servir à réduire les déchets, en participant aux processus de compost qui réinjecte les nutriments dans le sol tout en diminuant les odeurs nauséabondes. Pourtant, la culture occidentale enjoint peu à cette consommation.

Pour l'instant d'ailleurs, l'UE et la France interdisent la commercialisation d'insectes comestibles, même si la Belgique tolère la mise sur le marché de quelques espèces. La start-up française Ynsect s'est lancée dans l'élevage et la transformation à grande échelle de vers de farine. Mais ils ne sont pour l'instant destinés qu'à la consommation animale.

Mais ce sont aussi de nouvelles manières de cultiver qui peuvent apparaître comme salutaires. **L'agriculture raisonnée est ainsi un système de production agricole dont l'objectif premier est d'optimiser le rendement tout en maîtrisant les quantités d'intrants, et notamment les substances chimiques utilisées** (pesticides, engrais) dans le but de limiter leur impact sur l'environnement. Il s'agit donc d'adapter les apports en éléments fertilisants aux besoins réels des cultures, en tenant compte des éléments présents dans le sol et du rendement potentiel de la plante.

NOTION CLÉ

L'AGRICULTURE BIO DANS LE MONDE

L'agriculture bio se développe. Mais elle ne représente que 1,5 % des terres cultivées dans le monde. En France, c'est 9,5 %. En 2019, le marché mondial des aliments biologiques s'élevait à 106 milliards d'euros. Le premier marché était celui des États-Unis (44,7 milliards d'euros), suivis par l'Allemagne (12,0 milliards d'euros) et la France (11,3 milliards d'euros). En 2019, on a recensé 3,1 millions de productrices et producteurs bio à travers le monde. L'Inde reste le pays ayant le nombre de productrices et producteurs le plus élevé (1 366 000), devant l'Ouganda (210 000) et l'Éthiopie (204 000). L'Australie est le pays ayant la plus grande surface agricole biologique (35,7 millions d'hectares), suivie par l'Argentine (3,7 millions) et l'Espagne (2,4 millions). Les pays ayant la part bio la plus élevée par rapport à leur surface agricole totale sont le Liechtenstein (41,0 %), l'Autriche (26,1 %) et São Tomé-et-Príncipe (24,9 %). Dans 16 pays, 10 % ou plus de la surface agricole est cultivée en bio.

Pourtant, le bio n'apparaît pas non plus comme la panacée. D'abord, en France par exemple, comme de nombreux producteurs laitiers se sont convertis au bio, le risque de surproduction menace, entraînant baisse des prix et moindre rentabilité pour les exploitants. En outre, la consommation mondiale semble se tasser en 2022. De plus, le bio n'est pas nécessairement synonyme de qualité, et les contrôles des exploitations, dans certains pays, sont hypothétiques. Enfin, le bio reste plus cher et donc moins accessible à toutes les bourses.

La permaculture est, quant à elle, un concept d'agriculture durable basé sur l'observation minutieuse et l'imitation des écosystèmes et des cycles naturels. Ce concept a été élaboré dans les années 1970 par l'Australien Bill Mollison et son élève David Holmgren.

L'objectif est essentiellement d'obtenir un sol vivant permettant la fixation du carbone. Le travail du sol n'est alors plus nécessaire, puisqu'il est réalisé par les organismes vivants qui y prospèrent.

Il s'agit aussi de tenter de cultiver des espèces de plantes oubliées par l'agriculture intensive pour favoriser la diversité des productions. Plusieurs associations tentent ainsi de cultiver d'anciennes variétés de blé.

Enfin, l'agroécologie, un ensemble de théories et de pratiques agricoles nourries ou inspirées par les connaissances de l'écologie, de la science agronomique et du monde agricole, vise elle aussi à transformer les pratiques agricoles pour qu'elles soient plus respectueuses de l'environnement.

3. La baisse de la qualité nutritionnelle des aliments

Selon une information publiée par Terra Eco et Rue89 en 2016, à relativiser, les pommes d'aujourd'hui contiendraient cent fois moins de nutriments qu'en 1950. Or, cette information est fausse et résulte d'une mauvaise lecture d'informations scientifiques ainsi que d'études biaisées. Selon une étude canadienne de 2002, la teneur en vitamine A des pommes a baissé d'environ 41 % entre 1951 et 1999 mais celle en vitamine C a augmenté de 16 %.

En revanche, il semble plutôt vrai que les aliments d'aujourd'hui contiennent moins de nutriments qu'avant. Des travaux menés aux États-Unis sur 43 fruits et légumes, et publiés en 2004, indiquent que les concentrations ont baissé : 20 % pour la vitamine C, 15 % pour le fer, 16 % pour le calcium ou encore 6 % pour les protéines. La volonté d'augmenter les rendements est peut-être en cause, au même titre que la sélection de certaines variétés au détriment d'autres, sur des critères esthétiques. Le fait que nombre de fruits et légumes sont cueillis tôt, avant d'être mûrs, afin qu'ils résistent mieux aux centaines ou milliers de kilomètres qu'ils parcourent avant d'être vendus ou mangés, peut aussi entrer en ligne de compte.

Il faut donc relativiser les informations parfois alarmistes. **Si la concentration en certains nutriments a certes baissé, d'autres ont augmenté et certains nutriments ne sont d'ailleurs pas encore clairement identifiés. Les scientifiques affirment aussi que la façon dont notre métabolisme intègre ces nutriments est souvent plus importante que la quantité qu'il consomme.**

C. Comment améliorer la qualité de l'alimentation et des systèmes alimentaires ?

1. Privilégier une alimentation plus durable, de proximité et favoriser la traçabilité

En France, on peut évoquer le développement des associations pour le maintien d'une agriculture paysanne (AMAP). Il s'agit d'un partenariat entre un groupe de consommateurs et un agriculteur, généralement une ferme. En vertu d'un contrat d'engagement réciproque, le producteur partage équitablement sa production et le consommateur achète un panier à une régularité définie au préalable. C'est un système doublement avantageux. Pour le paysan, il offre une alternative économique qui lui permet de maintenir son activité grâce à l'assurance de revenus réguliers. Il s'exonère aussi d'une certaine dépendance vis-à-vis de la grande distribution. Pour le consommateur, c'est la possibilité d'avoir des produits frais, locaux, sains, cultivés dans une agriculture à taille humaine sans impact négatif sur l'environnement. Le nombre des AMAP n'a cessé de croître : 25 en 2003, 1 000 en 2009, 2 500 en 2018, 3 700 en 2021 ; 200 000 consommateurs y adhèrent aujourd'hui.

De façon générale, l'objectif est de privilégier les circuits courts afin d'éviter qu'un trop grand nombre d'intermédiaires ne confisquent les revenus aux producteurs.

En matière de distribution, on peut également noter le développement d'épiceries coopératives et participatives. La marge sur les produits y est moins importante mais, pour pouvoir en bénéficier, il faut payer une cotisation et donner un peu de son temps chaque semaine. Aux États-Unis, le système a même été étendu à quelques supermarchés.

Focus — LES SUPERMARCHÉS COOPÉRATIFS PARK SLOPE FOOD AUX ÉTATS-UNIS

Le premier est né dans le quartier de Park Slope à Brooklyn. Créée en 1973, la coopérative compte aujourd'hui 16 000 membres. Chaque membre adulte de la PSFC s'engage à y travailler bénévolement 2 heures et 45 minutes par mois et ne peut vivre en ménage avec un non-membre de la coopérative. En échange de ces engagements, il peut faire ses courses à la coopérative. Une grande variété d'aliments y est vendue, des aliments aux produits ménagers. Ils sont généralement respectueux de l'environnement et vendus à des tarifs très inférieurs à ceux des supermarchés. La PSFC offre un bon prix aux agriculteurs et pratique une marge à la revente de seulement 21 % contre 26 à 100 % pour un supermarché. Les prix bas sont possibles grâce au travail bénévole des membres.

Cette coopérative a une tradition d'action politique. À l'époque de l'apartheid, elle a refusé de vendre des produits sud-africains. Pendant la dictature de Pinochet au Chili, elle a arrêté de vendre du raisin en provenance de ce pays. Depuis 2004, elle boycotte tous les produits de la société Coca-Cola pour protester contre ses pratiques d'exploitation des ressources naturelles dans les pays du tiers-monde et les conditions de travail dans cette entreprise. De la même façon, les membres ont décidé de cesser la vente d'eau en bouteille et la fourniture de sacs en plastique à la caisse.

La question alimentaire pose aussi la question des rapports entre les villes et les campagnes et celle de l'agriculture urbaine. Si elle a toujours existé, cette dernière connaît un regain d'intérêt depuis les années 1990. Elle se pratique de plusieurs façons : parcelles partagées, zones de maraîchage professionnel (exemple de la zone dite « des 15 sols » à Blagnac), jardins individuels ou collectifs, fermes verticales de productions maraîchères, et parfois sur des terrasses ou toitures. Cette agriculture participe souvent aussi à un enrichissement de la ville en biodiversités et sensibilise efficacement l'espace public au lien environnement-santé. **L'ONU et la FAO recommandent d'ailleurs de développer l'agriculture urbaine pour renforcer la sécurité alimentaire du monde. Elle est déjà utilisée par 70 millions de citadins.** Certains écoquartiers ont également intégré une « ferme urbaine » dans leur périmètre (à l'image d'E.V.A. Lanxmeer, écoquartier d'environ 250 maisons et bureaux aux Pays-Bas). Divers autres projets ont été imaginés, comme l'agriculture verticale, sous la forme de tours affectées à cet usage. Le projet de Cité maraîchère à Romainville en est l'illustration depuis 2020.

Actualité **LA CITÉ MARAÎCHÈRE DE ROMAINVILLE (93)**

« Passionnant cas d'école, la nouvelle Cité maraîchère de Romainville (Seine-Saint-Denis) est une serre verticale qui s'érige dans le quartier Marcel-Cachin, [...] où une part importante de la population vit sous le seuil de pauvreté. [...] Depuis l'extérieur, on devine les cultures qui poussent dans les étages (dans des bacs, 730 au total, de 50 centimètres de profondeur). Au rez-de-chaussée, les espaces sont ouverts au public : un restaurant bio (approvisionné par le site) qui fait office de tiers-lieu, un endroit dédié à la vente et un espace pédagogique pour initier les enfants des écoles et les gens du quartier à la culture maraîchère et pour développer leur culture de l'alimentation et de l'environnement. La vocation du lieu est moins agricole que pédagogique et sociale : on peut y acheter des fruits et légumes – 30 % au-dessus du prix du bio de Rungis, comme dans un magasin bio, avec des remises allant jusqu'à 75 % pour la frange la plus pauvre de la population –, mais la production ne couvrira jamais les besoins de la ville, ni même du quartier. »

Isabelle Regnier, « Architecture : le béton se pare de végétal », *Le Monde*, 10 janvier 2022.

2. Pour une éducation au goût et à l'alimentation

L'éducation à la nutrition intervient également, en dehors de la famille, en classe, dès l'école primaire. Les enseignants jouent un rôle clé pour **apprendre aux élèves les règles d'un bon comportement alimentaire et leur faire connaître les effets de l'alimentation sur la santé.** Les programmes scolaires développent tout au long de la scolarité, et notamment au cycle 2 et au cycle 4, les connaissances des élèves dans le domaine de l'alimentation. Les cours doivent être l'occasion de transmettre des informations et d'éduquer les jeunes sur la relation nutrition-santé et sur les repères du programme national nutrition santé (PNNS) et leur mise en pratique.

TEXTE CLÉ

DÉCLARATION D'AGNÈS BUZYN, ALORS MINISTRE DES SOLIDARITÉS ET DE LA SANTÉ, EN INTRODUCTION AU PNNS 2019-2023

Après avoir évoqué les problèmes de santé liés à la nutrition, elle déclare :

« C'est le défi de ce quatrième programme national nutrition santé (PNNS4), dont les ambitions visent à augmenter l'activité physique et réduire la sédentarité, améliorer les consommations alimentaires et les apports nutritionnels en tenant compte des enjeux de développement durable [...]. Ce plan a ainsi pour objectifs de diminuer de 20 % la fréquence de surpoids et d'obésité chez les enfants et adolescents, de stabiliser le surpoids des adultes et de réduire l'obésité de ces derniers de 15 % ou encore de réduire de 30 % le pourcentage des personnes âgées dénutries de plus de 80 ans. [...] Il est indispensable d'accompagner les Français pour faciliter leurs choix alimentaires et d'inciter les acteurs économiques qui élaborent les aliments et les commercialisent à améliorer leurs recettes, à mettre à disposition de tous une information claire, facilement interprétable et transparente, à réduire la publicité pour des aliments dont la consommation devrait être limitée. [...] L'une des premières mesures visant à améliorer l'offre alimentaire passera par la réduction de la consommation de sel de 30 %, en agissant en premier lieu sur le pain. »

Professeurs d'économie, de géographie, de SVT (sciences et vie de la Terre), de PSE (prévention santé environnement), de langues vivantes, d'EPS (éducation physique et sportive), entre autres, peuvent conduire un ensemble de projets d'éducation à l'alimentation en lien avec les programmes d'enseignement dans le cadre du parcours éducatif de santé.

C'est aussi la traçabilité qu'il faut développer, ainsi qu'une meilleure information pour le consommateur. Si des progrès ont été faits en matière d'étiquetage en Europe, il reste possible d'aller plus loin dans la transparence. Pourquoi par exemple ne pas imposer en France que les restaurateurs marquent sur leur carte si certains produits sont issus de la congélation ? Pourquoi ne pas imposer également la mention « préparé sur place » ou une mention contraire, alors qu'on sait que certains restaurateurs achètent des plats (parfois de qualité) tout prêts qu'ils font réchauffer ?

3. Les labels : restaurer la confiance ?

Il existe plusieurs labels en France qui indiquent la qualité d'un produit. Le label « Agriculture biologique » est le plus connu des six labels officiels répondant au cahier des charges de l'Institut national de l'origine et de la qualité (Inao). Pour l'obtenir, les producteurs doivent respecter le cahier des charges de la zone euro : **au moins 95 % des ingrédients doivent être d'origine bio, ne pas porter la trace de pesticides et ne pas contenir d'OGM (au-dessus du seuil de tolérance de 0,9 %). La biodiversité, la préservation des ressources naturelles et l'attention accordée au bien-être animal sont aussi prises en compte.**

Le label rouge existe, quant à lui, depuis 1960. Apposé sur plus de 500 produits, il garantit la qualité supérieure d'un produit, quel qu'il soit et quelle que soit son origine géographique. Ces produits sont contrôlés régulièrement pour vérifier la traçabilité et le mode de production par un organisme indépendant et certifié par l'Inao.

Les mentions « appellation d'origine contrôlée (AOC) » et « appellation d'origine protégée (AOP) », généralisées à toute l'UE désormais, garantissent qu'un produit a été réalisé selon un savoir-faire reconnu dans une zone géographique donnée qui lui confère ses caractéristiques. Cela permet aux produits dits « de terroir » français de se protéger des contrefaçons et des imitations.

Créé en 1992, le label européen « Indication géographique protégée » garantit l'origine géographique du produit mais aussi *« la qualité, la réputation ou toute autre caractéristique pouvant être attribuée à cette origine »*. Il est cependant plus souple que les AOC et AOP, et garantit qu'au moins une étape de la production, de la transformation ou de l'élaboration a eu lieu dans une aire géographique délimitée.

Il existe bien d'autres labels mais beaucoup sont en réalité purement marketing. C'est le cas du logo « Élu produit de l'année ».

À côté des labels, on trouve le commerce équitable. **Le plus connu des certificats équitables, Fairtrade/Max Havelaar, garantit que le produit a été acheté à un prix correct et qu'il a été réalisé dans des conditions respectueuses des droits de l'homme et de l'environnement.** Cependant, depuis une dizaine d'années, l'association est critiquée pour avoir certifié des multinationales. Dans la même catégorie, on trouve le certificat « Producteurs paysans », qui regroupe uniquement des petits producteurs. On peut encore citer l'ONG à but non lucratif MarineStewardship Council, à l'origine de la certification « Pêche durable-MSC » qui garantit que les produits vendus sont respectueux de l'environnement maritime.

Fiche de lecture

Alan Warde, *The Practice of eating*

Cambridge, 2016.

L'auteur développe d'abord l'idée selon laquelle la pensée sur l'alimentation, et ses liens à la consommation, à la santé et au développement durable, est « *colonisée* » par deux approches : **d'un côté, on trouve les théories du choix rationnel qui se concentrent sur les décisions ; de l'autre, on a les perspectives culturalistes qui regardent les choix et les pratiques comme l'expression de « *styles culturels* »**. Mais l'auteur, avec sa « *théorie de la pratique* », veut sortir de ces considérations dominantes et fonder une (nouvelle) théorie du manger. Il est d'ailleurs une des principales figures de la sociologie de la consommation et de l'alimentation du monde anglophone.

Ce livre regroupe en fait plusieurs textes publiés entre 2005 et 2014, qui ont parfois été remaniés pour faire corps. Il s'organise en six parties.

La première partie est une première source d'interrogation : « *Pourquoi des travaux relativement nombreux de sociologie de l'alimentation n'est-il pas sorti une théorie du manger ?* » La réponse est construite en trois points.

1) À partir de la crise de la vache folle, une certaine légitimité a émergé sur ces questions mais cela s'est fait dans un contexte d'urgence. En situation de crise, les autorités les invitent sur le mode : « aidez-nous à comprendre » ou « à communiquer ». Cela laisse peu de place au travail de théorisation et réduit l'espace de problématisation.
2) Le deuxième obstacle au développement théorique de la sociologie de l'alimentation est le caractère pluridisciplinaire de l'objet, qui rend difficile l'adossement à une discipline.
3) Le troisième obstacle est l'idée, largement partagée, que la filière alimentaire est structurée de l'amont (la production) vers l'aval (la consommation) et que les consommations résultent de la production. Les populations mangeraient ce que la nature met à leur disposition et, dans les sociétés modernes, ce que les filières sont capables de produire. Cette vision domine chez une part importante des acteurs de la chaîne agroalimentaire.

L'auteur propose un renversement de perspectives, à savoir de « *partir de l'acte de consommation* », et affirme la nécessité d'un ancrage disciplinaire en profondeur.

Dans les parties suivantes, il expose les pensées de divers auteurs comme Bourdieu autour des pratiques, des *habitus* en fonction des différentes classes sociales. Ensuite, il oppose Shalins et Bourdieu, le premier pointant les pratiques comme résultant des styles culturels alors que le second insiste sur les positions sociales.

La suite inventorie les multiples règles sociales (Quels aliments sont compatibles avec quels repas ? Au sein d'un même repas, avec quels autres sont-ils compatibles ? Dans quel ordre chronologique doivent-ils apparaître ?...) qui organisent les repas et participent à leur « *orchestration* ». Ce concept d'orchestration met l'accent sur la multitude d'ajustements, de régulations qui interviennent en deçà de la délibération consciente des mangeurs, pour rendre possibles les événements sociaux que sont les repas.

La quatrième partie poursuit l'exploration de cette « *orchestration* ». L'auteur y repère des règles sociales à une échelle plus large, depuis les nombreuses coordinations et synchronisations d'emploi du temps et d'activités qui permettent de cuisiner et de manger ensemble, jusqu'aux cadrages et aux injonctions nutritionnels qui fabriquent des normes.

Dans le cinquième chapitre, A. Warde s'oppose à la grille de lecture qui consiste à percevoir l'alimentation humaine comme le résultat d'un processus délibératif et décisionnel. Il propose au contraire de la concevoir comme étant inscrite dans des « *habitudes* » et des « *routines* ».

Enfin, la dernière partie déploie une « *théorie de la pratique* » appliquée au « *eating out* » (« *manger dehors* »), un des terrains de prédilection de l'auteur.

En résumé, *The pratice of eating* critique l'idée d'une alimentation comprise comme résultant d'une « *délibération* ». L'auteur met plutôt en évidence le rôle de « *l'habituation* » et de « *l'orchestration* » sociale dont font l'objet les pratiques alimentaires. Il décrit des acteurs largement surdéterminés par des conditionnements sociaux et des pratiques, des habitudes, enchâssées dans des routines dont la mise en œuvre échappe en grande partie aux décisions conscientes.

Citations

« L'alimentation est un problème politique, un objet de loisir, une thématique liée à la santé, une ressource pour les industries médiatiques en même temps qu'elle est une nécessité vitale. La crise des systèmes alimentaires a favorisé l'action des partis politiques et des mouvements sociaux. »

« La manière par laquelle les biens et les services sont livrés affecte manifestement la manière dont ils sont reçus et consommés. En ce qui concerne l'alimentation, le mode domestique d'approvisionnement est particulièrement important. »

« Les obligations familiales, les impératifs économiques, les droits individuels et collectifs entraînent des relations différentes à la consommation avec des conséquences systématiquement différentes pour ce qui concerne le fait de manger. »

Références et pistes d'approfondissement

Essais

ATTALI Jacques, *Histoires de l'alimentation. De quoi manger est-il le nom ?*, Paris, Hachette, « Pluriel », 2021.

AYMARD Maurice, GRIGNON Claude et SABBAN Françoise, *Le Temps de manger. Alimentation, emplois du temps et rythmes sociaux*, Paris, Éditions de la Maison des sciences de l'Homme, 1994.

BARTHES Roland, *Mythologies*, Paris, Point, « Essais », 2014.

BIRLOUEZ Éric, *Histoire de l'alimentation des Français*, Éditions Ouest-France, 2022.

BRILLAT-SAVARIN Jean Anthelme, *Physiologie du goût*, Paris, Flammarion, « Champs », 2017.

BRUNEL Sylvie, *Nourrir le monde*, Paris, Larousse, 2009.

BRUNEL Sylvie, *Pourquoi les paysans vont sauver le monde*, Paris, Buchet-Chastel, 2020.

CARDON Philippe, DEPECKER Thomas, PLESSZ Marie, *Sociologie de l'alimentation*, Paris, Armand Colin, 2019.

CARDON Philippe, *Quand manger fait société*, Presses universitaires du Septentrion, 2019.

CAROF Solenne, *Grossophobie, sociologie d'une discrimination invisible*, Paris, Éditions de la Maison des sciences de l'Homme, 2021.

DEPECKER Thomas, LHUISSIER Anne, MAURICE Aurélie, *La juste mesure : une sociologie historique des normes alimentaires*, Presses Universitaires de Rennes, 2013.

FERRIÈRES Madeleine, *Histoire des peurs alimentaires, du Moyen Âge à l'aube du XXe siècle*, Paris, Point, « Histoire », 2015.

FISCHLER Claude, *L'Homnivore*, Paris, Odile Jacob, 2001.

FLANDRIN Jean-Louis, MONTANARI Massimo, *Histoire de l'alimentation*, Paris, Fayard, 1996.

FUMEY Gilles, ETCHEVERRIA Olivier, *Atlas des cuisines et gastronomies du monde*, Paris, Autrement, 2009.

FUMEY Gilles, *Géopolitique de l'alimentation*, Paris, Sciences humaines éditions, 2018.

FUMEY Gilles, *Manger global, manger local*, Paris, Biblis, 2021.

FUMEY Gilles, RAFFARD Pierre, *Atlas de l'alimentation*, Paris, CNRD édition, 2018.

FUMEY Gilles, WILLIOT Jean-Pierre, *Histoire de l'alimentation*, Paris, PUF, « Que sais-je ? », 2021.

HERPIN Nicolas, *Sociologie de la consommation*, Paris, La Découverte, 2018.

LÉVI-STRAUSS Claude, *Mythologiques*, *Le Cru et le cuit*, tome I ; *Du miel aux cendres*, tome II ; *L'Origine des manières, de table*, tome III ; *L'Homme nu*, tome IV, Paris, Plon, 1964, 1967, 1968 et 1971.

NEVEU André, *Agriculture mondiale : un désastre annoncé*, Paris, Autrement, 2012.

PARMENTIER Bruno, *Nourrir l'humanité. Les grands problèmes de l'agriculture mondiale au XXIe siècle*, Paris, La Découverte, 2009.

PITTE Jean-Robert, *Gastronomie française. Histoire et géographie d'une passion*, Paris, Fayard, 1991.

POULAIN Jean-Pierre, *Dictionnaire des cultures alimentaires*, Paris, PUF, 2012.

POULAIN Jean-Pierre, *Manger aujourd'hui. Attitudes, normes et pratiques*, Paris, Privat, 2001

POULAIN Jean-Pierre, *Penser l'alimentation. Entre imaginaire et rationalité*, Paris, Privat, 2002.

POULAIN Jean-Pierre, *Sociologies de l'alimentation*, Paris, PUF, « Quadrige », 2017.

POULAIN Jean-Pierre, *Sociologie de l'obésité*, Paris, PUF, 2009.

POULAIN Jean-Pierre, NEIRINCK Edmond, *Histoire de la cuisine et des cuisiniers. Techniques culinaires et pratiques de table en France, du Moyen Âge à nos jours*, Paris, Éditions LT Jacques Lanore, 2004.

QUELLIER Florent (dir), *Histoire de l'alimentation de la préhistoire à nos jours*, Paris, Belin, 2021.

RAFFARD Pierre, *Géopolitique de l'alimentation et de la gastronomie. De la fourche à la FoodTech*, Paris, Le Cavalier bleu, 2021.

RAIMBOURG Patrick, *Histoire de la cuisine et de la gastronomie françaises*, Perrin, Tempus, Paris, 2010.

REGNIER Faustine, LHUISSIER Anne, GOJARD Séverine, *Sociologie de l'alimentation*, La Découverte, 2009.

SAINT-POL (de) Thibaut, *Le corps désirable. Hommes et femmes face à leur poids*, Paris, PUF, 2010.

SEN Amartya, *Poverty and famines, an essay on entitlement and deprivation*, OUP Oxford, 1983.

STENGEL Kilien, SAINT-POL (de) Thibaut, *Les Enjeux sociaux des cuisines du futur et alimentations de demain*, Paris, L'Harmattan, 2017.

ZIEGLER Jean, *Destruction massive. Géopolitique de la faim*, Paris, Seuil, 2011.

Articles

BARTHES Roland, « Pour une psychosociologie de l'alimentation contemporaine », *Les Annales*, 1961 n° 5, p. 977-986.

CAROF Solenne, « Le régime amaigrissant, une pratique inégalitaire ? », *Le Journal des anthropologies*, 2015, n°s 140-141, p. 213-233.

FOURNIER Tristan, JARTY Julie, LAPEYRE Nathalie, TOURAILLE Priscille, « L'alimentation, arme du genre », *Journal des anthropologues*, 2015, n°s 140-141, p. 19-49.

SAINT-POL (de) Thibaut, « Les évolutions de l'alimentation et de sa sociologie, au regard des inégalités sociales », *L'Année sociologique*, 2017, vol. 67, n° 1, p. 11-22.

SAINT-POL (de) Thibaut, « Les habitudes alimentaires des Français, une institution sociale entre constance et renouveau », *Esprit*, juin 2016.

Romans

BARNES Julian, *Un homme dans sa cuisine*, Gallimard, 2007.

BAUERMEISTER Erica, *Le goût des souvenirs*, 2013.

BLIXEN Karen, *Le festin de Babette*, 1958.

CHÂTELET Noëlle, *Histoires de bouches*, 1986.

DEL AMO Jean-Baptiste, *Règne animal*, Gallimard, 2016.

HARRIS Joanne, *Chocolat*, 1999.

KOCH Herman, *Le dîner*, 2011.

LU Wenfu, *Vie et passion d'un gastronome chinois*, 1996.

NOEL Lionel, *L'ordre du méchoui*, 2016.

QUEFFÉLEC Yann, *La dégustation*, 2008.

RABELAIS François, *Gargantua*, 1534.

STEINBECK John, *Les Raisins de la colère*, Gallimard, 1972.

YAN Mo, *Le Clan du sorgho rouge*, Points, 2016.

ZOLA Émile, *Le Ventre de Paris*, 1873.

Films et documentaires

Amour Food, documentaire d'Olivier Joyard, 2014.

Discount, film de Louis-Julien Petit, 2015.

Food Inc., documentaire de Robert Kenner, 2009.

L'Aile ou la cuisse, film de Claude Zidi, 1976.

La Grande Bouffe, film de Marco Ferreri, 1973.

Mondovino, documentaire de Jonathan Nossiter, 2004.

Sugarland, documentaire de Damon Gameau, 2018.

Super Size me, documentaire de Morgan Spurlock, 2004.

PARTIE 4

Méthodologie

4

Méthodologie

La préparation aux différents concours d'entrée en IEP nécessite rigueur et méthode. Voici quelques conseils répondant aux principales interrogations des candidats.

Une dissertation est une démonstration, étayée par des arguments qui s'enchaînent selon une suite logique. Dans toute dissertation, et particulièrement en « questions contemporaines », le correcteur apprécie trois éléments principaux :

- Il juge tout d'abord les connaissances acquises (et notamment la maîtrise de l'actualité) et la pertinence du propos par rapport au sujet proposé. Il s'agit surtout de mêler les différentes approches possibles : historique, économique, philosophique, sociologique, culturelle, géographique… Le but est ainsi d'articuler références classiques et enjeux contemporains pour montrer au correcteur que vous êtes capable de faire le point, de réfléchir en créant une **réflexion interdisciplinaire**.

EXTRAIT DU RAPPORT DU JURY

Le rapport du jury 2018 précise : « Il est important de savoir qu'il ne s'agit pas d'une épreuve monodisciplinaire de sciences économiques et sociales, de science politique, de philosophie ou encore d'histoire, mais d'une épreuve pour laquelle les candidats sont appelés à mobiliser des connaissances acquises dans les diverses disciplines enseignées au lycée. Les correcteurs sont donc invités à valoriser les copies qui s'efforcent d'avoir une approche véritablement **interdisciplinaire**. »

- Il s'attache également à la **qualité de l'expression et de la langue**.
- Enfin, il prend en considération l'**application de la méthode de la dissertation** que tout candidat doit parfaitement maîtriser.

La méthode peut se résumer en onze points essentiels.

1 Choisir le sujet

Deux sujets au choix sont proposés chaque année. Il ne faut pas hésiter à prendre quelques minutes afin de faire le bilan de ses connaissances sur chacun des intitulés et de tenter d'élaborer, pour chacun d'eux, des problématiques.

Le choix doit se faire sur plusieurs critères :

- l'étendue des connaissances et le nombre de références mobilisables à la lecture du sujet. Un bon candidat a un thème de prédilection, des sujets qu'il affectionne particulièrement et qu'il aura travaillé plus que les autres (sans évidemment faire d'impasses) ;
- la possibilité de formuler une problématique originale permettant de faire la différence ;

- le degré de difficulté du sujet. Plus un sujet est considéré comme difficile, plus le correcteur sera susceptible d'augmenter la note. Mais inversement, si le sujet est mal interprété, ou de façon trop partielle, la note sera minorée. Sur un sujet considéré comme plus facile, il est plus aisé d'assurer une note moyenne.

Quoi qu'il en soit, **une fois le sujet validé, il ne faut plus en changer**. Trop de candidats paniquent au bout de vingt à trente minutes en ayant l'impression de ne finalement rien connaître et décident de changer de sujet. Cela leur porte préjudice dans la mesure où leur stress augmente d'autant plus et leur fait perdre un temps précieux.

Si, en général, le concours propose un sujet par thème, cela n'est pas obligatoire. En 2009, par exemple, l'un des deux sujets avait mêlé les deux thèmes (à savoir « la guerre » et « le libéralisme ») et **il n'est pas impossible que le concours commun propose, une année, deux sujets sur le même thème**. Il est donc vivement conseillé de ne pas faire l'impasse sur l'un ou l'autre thème.

2 Bien recopier l'intitulé du sujet sur son brouillon

Recopier l'intitulé du sujet sur son brouillon peut paraître évident mais cette étape est absolument nécessaire. Chaque sujet est différent et peut varier en fonction d'un mot, d'un suffixe ou d'un élément de ponctuation. Un sujet posé à la forme interrogative comportera une optique différente du même sujet formulé de façon affirmative. Attention donc à la formulation des sujets.

L'étude des annales montre que deux types de sujets sont principalement posés :

- Des questions ouvertes, par exemple : « *La famille a-t-elle un avenir ?* » (concours 2015).
- Le rapprochement de deux termes, par exemple : « *Mondialisation et contestations* » (concours 2015).

Chaque mot du sujet est important. Il aurait fallu envisager le sujet sur la famille du concours 2015 de façon différente si, au lieu de « *La famille a-t-elle un avenir* », l'intitulé avait été « *La famille a-t-elle* **encore** *un avenir ?* », le mot « *encore* » insistant davantage sur l'idée de désuétude *a priori* de l'institution familiale.

EXTRAIT DU RAPPORT DU JURY

Le rapport du jury 2014 mentionne un oubli important dans les copies des étudiants pour le sujet intitulé « Le travail est-il toujours un facteur d'intégration sociale ? » : « L'adverbe "toujours" n'a fait l'objet que de rares commentaires. Sa prise en compte dans la réflexion enrichissait la problématisation du sujet, dès lors qu'il suggérait que par le passé le travail constituait bien un facteur d'intégration sociale. Était-ce vrai ? N'est-ce plus le cas, totalement, partiellement et pourquoi ? »

Bien recopier l'intitulé exact du sujet choisi vous permet d'éviter, à un moment où le stress commence à se développer, certaines erreurs. Trop de candidats lisent le sujet et commencent à chercher des idées en se disant, pour reprendre notre exemple, qu'il leur faut trouver des arguments parlant de l'avenir de la famille, alors que ce n'est pas le véritable sujet. Son intitulé a été mûrement réfléchi par les concepteurs de l'épreuve, et rien n'est laissé au hasard, ni mot, ni marque grammaticale, ni ponctuation. Il faut donc tout prendre en compte.

3 Analyser le sujet et définir les termes

Sur votre brouillon, tous les mots du sujet, y compris les plus simples, doivent être analysés et définis. En premier lieu, **l'étudiant doit avoir travaillé la définition des termes au programme** du concours et adapter cette définition en fonction du sujet, voire en donner une définition polysémique.

Cette étape est capitale et trop d'étudiants, par stress, se lancent sans véritable réflexion dans la rédaction afin d'en finir au plus vite. C'est une erreur grossière qui leur fait souvent occulter l'essentiel.

Lors de cette étape, il s'agit de faire un **brainstorming** de tout ce à quoi fait penser le sujet ; en n'oubliant pas l'actualité et en n'omettant pas de relier le sujet aux grandes thématiques qu'il sous-entend. Par exemple, dans un sujet comme : « *Est-il raisonnable de laisser le pouvoir au peuple ?* » le mot « *démocratie* » n'est pas prononcé alors qu'il constitue le nœud du sujet.

Il faut également rechercher, dans le sujet choisi, les **ambiguïtés**, ainsi que les différents sens possibles, notamment dans les expressions de type « *peut-on* » ou « *doit-on* » :

- Dans le cadre d'un sujet « *peut-on* », il faut se poser plusieurs questions : « *peut-on* » est-il entendu dans un sens moral ? Dans un sens logique, au sens de « *est-il logique de* » ? Dans un sens pratique, c'est-à-dire « *en a-t-on les capacités ?* » Selon les cas, certains sens de « *peut-on* » peuvent ne pas être pertinents.
- Dans le cadre d'un sujet « *doit-on* », les sens sont aussi multiples : « *doit-on* » par obligation morale ? « *Doit-on* » dans un sens logique et rationnel ? Etc.

Il faut donc analyser les termes du sujet de la façon la plus large possible, mais également rechercher les implicites.

Le but de cette étape est, à terme, de montrer au correcteur que vous avez compris le sujet et que vous avez su en déceler tous les problèmes et tous les questionnements sous-jacents.

EXTRAIT DU RAPPORT DU JURY

Le rapport du jury 2014 mentionne que : « La réalisation d'une véritable analyse du sujet et l'effort de personnalisation de la réflexion expliquent pour l'essentiel les écarts de notes obtenus. » Il est aussi précisé que les sujets portent « sur de grands thèmes ou débats inscrits dans l'actualité des années récentes ». Il poursuit : « L'épreuve doit également permettre [aux candidats] de montrer leur aptitude à l'argumentation des idées ou des démonstrations qu'ils développent. »

Plus loin, il déplore, parmi les premières lacunes : « Absence, lacune ou faiblesse dans la définition des termes importants. La notion de travail a été particulièrement malmenée. La diversité des formes de travail a été rarement envisagée. Ce dernier a été exclusivement réduit à la vie des entreprises. »

Dans ses conseils et préconisations, le jury ajoute en 2018 : « Il ressort des commentaires de certains correcteurs que les candidats ne parviennent pas tous à trouver un équilibre entre conceptualisation des termes du sujet et présentation d'exemples. Une copie qui s'intéresse seulement à l'analyse de l'énoncé du sujet, au sens des termes en jeu, est souvent trop abstraite et bientôt creuse ; une copie qui ne comprend que des exemples, même précis et variés, ne donnera pas le sentiment de répondre à la question posée, ni de traiter le sujet. Les correcteurs soulignent aussi le sentiment de superficialité des connaissances qui résulte d'exemples trop exclusivement empruntés à l'actualité (médiatique) récente. Les exemples doivent être pour les candidats l'occasion de montrer qu'ils s'intéressent non seulement à l'actualité, mais aussi à l'histoire des faits et des idées. »

4 Définir la problématique

La problématique est une **question essentielle** qui porte en elle les éléments principaux du sujet. On peut définir la problématique de deux façons complémentaires :

- C'est un **angle d'attaque** du sujet qui synthétise toutes les thématiques relatives au devoir.
- Elle est fondée sur une **contradiction** que vous aurez trouvée grâce à la définition des termes du sujet. Sur le sujet « *La famille a-t-elle un avenir ?* », on pouvait ainsi montrer que la famille est une institution qui se retrouve partout, dans toutes les civilisations et à toutes les époques. Et que, par conséquent, se poser la question de son avenir semblait contradictoire…

La problématique dépend en tout cas des types de sujets. Elle doit être **présentée sous forme de question** pour plus de clarté et moins de lourdeur. Il faut donc éviter les « *Il est donc possible de se demander si…* » ou, pire, « *Notre problématique, dans le cadre de ce sujet, sera donc…* ». Deux problématiques peuvent éventuellement se suivre, à condition qu'elles soient hiérarchisées et qu'elles se complètent.

- La plupart des sujets sont présentés sous forme de questions. Hormis le sujet 1 du concours 2011 et le sujet 1 du concours 2015 (cf. p. 11-12), tous les sujets proposés l'ont été. Il est interdit de reprendre textuellement le sujet dans la problématique, et il vaut mieux **éviter d'en reprendre les termes**. Sans cela, la problématique n'apporte aucune valeur ajoutée au devoir et ne permet pas de faire la différence avec les copies des autres candidats.
- Il existe des sujets qui ne posent qu'un concept. La difficulté est alors de **dynamiser le sujet** grâce à la problématique qui doit englober les différentes thématiques. Dans ce cas, il faut considérer la problématique comme un angle d'attaque.

- On peut aussi trouver des sujets qui mêlent deux notions. Dans ce cas, il est souvent possible de bâtir une problématique sur la **thématique opposition-complémentarité**.
- Enfin, le commentaire d'une citation peut être proposé. Il faut alors dépasser l'idée selon laquelle l'auteur en question a raison et étudier comment il est arrivé à cette assertion. La problématique a ici pour but de mettre l'accent sur la discussion et sur l'élucidation de la citation, toujours en recherchant une contradiction.

EXTRAIT DU RAPPORT DU JURY

Le rapport du jury 2014 indique : « Le sujet doit être questionné. S'il est posé de façon affirmative, il faut cibler les interrogations qu'il soulève. S'il est posé sous forme interrogative, il faut approfondir la question principale à l'aide d'autres sous-questionnements. La problématisation permet de déterminer les enjeux, les éléments de contextualisation. Elle est essentielle. C'est elle qui va organiser la réflexion et l'argumentation. Une dissertation doit répondre à une ou des questions posées, et les développements constituent toujours les étapes de la démonstration. »

Le rapport du jury 2017 indique de plus : « Face à des candidats bien préparés, les correcteurs ne sont pas surpris du niveau des connaissances. Ils auront alors tendance à être plus stricts dans la justification des problématiques choisies par les candidats et, quelquefois, à accorder une prime à l'originalité dans la construction du devoir et de l'argumentaire [...] ». Une problématique originale est donc appréciée, à condition que sa justification soit solide.

5 Rechercher des idées

La recherche des idées consiste à écrire, au brouillon et à mesure qu'elles viennent, les idées qui pourraient correspondre au sujet et répondre aux problématiques posées.

Le but est double :

- **Épuiser toutes les idées disponibles**, en piochant dans toutes les disciplines. Il ne faut pas hésiter à se demander, lorsqu'il semble que toutes les connaissances ont été épuisées, si tous les aspects ont été bien pensés : politique, économie, culture, actualité, histoire, autres régions du monde, société, technique...
- **Éviter à tout prix le hors-sujet** ; il fait perdre des points précieux. Attention aux arguments qui ne sont qu'indirects. Une fois trouvés plusieurs arguments permettant de répondre au sujet, en les relisant, d'autres arguments peuvent venir. Des arguments connectés à d'autres qui répondent au sujet ne sont pas nécessairement dans le sujet.

En fonction des types de sujets, plusieurs questions peuvent se poser :

- Lorsque le sujet fait référence à une notion (ex. : « *Qu'est-ce qu'un homme libre ?* »), il faudra s'interroger sur l'**origine et l'historicité de la notion** pour la contextualiser. On peut aussi se demander si la notion est une véritable idée ou si elle comporte des ambiguïtés (ex. : la notion de hasard). On peut enfin questionner le fonctionnement de cette idée, son utilité et ce qu'elle représente plus globalement pour la pensée.

- Lorsque le sujet mêle deux notions, il ne faut jamais les séparer, et encore moins envisager un plan avec une partie par notion étudiée. Au contraire, il faut percevoir quelles sont **les relations** qui les rapprochent ou les opposent (causalité, compatibilité, partie et tout, corrélation, dialectique rapprochement-exclusion...).
- Si le sujet propose un choix ou une alternative (ex. : « *Le temps est-il en nous ou hors de nous ?* »), il faut savoir échapper, le plus souvent, du piège d'une alternative sclérosante et la **dépasser** sans la refuser.
- Si le sujet marque une possibilité (ex : « *Peut-on civiliser les manières de faire la guerre ?* »), il faut établir les différends implicites posés par cette possibilité : une possibilité de droit (« *A-t-on le droit de ?* », au sens moral et au sens juridique) et une possibilité de fait (« *A-t-on les moyens de ?* »). Il en va de même pour les sujets avec la formulation « *Doit-on ?* »
- Dans le cadre d'un sujet impliquant la notion de fonction (ex. : « *La laïcité, garantie des libertés religieuses ?* »), il faut aussi dépasser cette notion utilitariste, tout en l'analysant pour en dégager une portée plus large ou d'autres fonctions.
- Lorsque le sujet pose un prédicat, y compris sous forme de question (ex. : « *Le sport, une affaire d'État(s)* »), on peut tenter de l'étayer, tout en prenant soin également de pouvoir le dépasser.
- S'il s'agit de commenter une citation, il faut montrer que la citation a bien été comprise, quitte à la discuter par la suite.

6 Élaborer le plan détaillé au brouillon

Le plan peut se faire en deux ou trois parties, indifféremment.

EXTRAIT DU RAPPORT DU JURY

Le rapport du jury 2015 précise : « Parler de l'introduction et du plan permet de dire un mot du nombre de parties et de sous-parties demandées. Il n'existe pas de "doctrine" en la matière entre le "modèle sciences po" du plan en deux parties et la tradition des dissertations d'histoire construites en trois parties. Ce que l'on demande surtout est que le candidat soit à l'aise avec son plan, ait effectivement des choses à dire dans chacune des parties et des sous-parties (ce qui est déjà plus risqué dans le cas d'un plan en trois parties) et, surtout, dispose du temps nécessaire pour aller au bout de sa construction. »

Plusieurs types de plans sont possibles :

- Le **plan dialectique** (ex. : sujet 2 du concours 2008 : « *Affirmer les identités, est-ce nécessairement affirmer les différences ?* »).

  I. Oui ou non (avec explicitation de la raison principale qui servira de fil directeur à la partie)

  II. Mais (avec explicitation de la raison principale qui servira de fil directeur à la partie)

  III. Éventuellement une synthèse qui apporte une solution et concilie les points de vue

- Le **plan thématique**, plus original. Il est particulièrement adapté aux sujets comportant des questions ouvertes ou aux sujets mêlant deux termes de façon affirmative.

Le plan dialectique est plus classique et moins original. Mais ne perdez pas de vue le fait que la première originalité reste la qualité. Un devoir clair, bien argumenté et bien rédigé qui suit un plan dialectique, certes peu « original », est à privilégier par rapport à un plan thématique qui ne répond pas complètement aux objectifs qu'il fixe.

- Le **plan explicatif** peut également fonctionner, mais paraît souvent systématique :

  I. Causes, origines du problème

  II. Caractéristiques et modalités de ce problème

  III. Conséquences et/ou limites

Il peut cependant aider en cas de difficulté à trouver un plan clair et approprié, mais il n'est pas considéré comme le plus original.

Le plan doit être le plus détaillé et le plus précis possible. Vous devez mentionner les titres des parties (I, II, III), des sous-parties (A, B, C) et des arguments (1, 2, 3). N'oubliez pas qu'une composition est une démonstration et que chaque élément doit être étayé et justifié par un exemple précis (chiffre, événement, citation, référence à un ouvrage...).

EXTRAIT DU RAPPORT DU JURY

Le rapport du jury 2014 indique : « L'originalité et la pertinence des exemples ont été ainsi appréciées et notamment les références à la littérature de fiction ou non, à celles reliées à l'actualité. La mise en valeur de lectures de tous ordres, liées ou non à la préparation, les emprunts circonstanciés aux divers programmes de Première et de Terminale ont été récompensés. La qualité a toujours primé sur la quantité. Les correcteurs ont très largement valorisé les références témoignant d'un regard plus personnel à l'exhaustivité de récitations de fiches. L'articulation de connaissances précises aux idées directrices développées dans les différents paragraphes ou parties a constitué un élément essentiel de la (bonne) notation. »

Attention également à la troisième partie ; elle n'est absolument pas obligatoire et, si elle répète ce qui a déjà été dit, il vaut mieux la supprimer. Cependant, elle contribue souvent à éviter de s'enfermer dans un raisonnement binaire et dynamise le devoir. Attention enfin à ne pas donner l'impression de réciter des fiches de cours ou d'actualité ; **le but n'est pas de dresser un catalogue** mais d'élargir au maximum le champ des références employées.

EXTRAIT DU RAPPORT DU JURY

Le rapport du jury 2018 souligne que « les correcteurs ont unanimement valorisé les copies qui montraient une réelle volonté de réflexion, qui incorporaient une variété de références en parlant avec précision de références économiques, sociologiques, philosophiques ou historiques. Les correcteurs ont à ce sujet constaté, ce qui n'est pas anormal, une forte hétérogénéité de niveau entre les copies. Trop de copies manquaient de références précises. Dans celles qui en avaient, ces références ne réussissaient pas toujours à masquer la superficialité de certains raisonnements et les citations s'inscrivaient parfois dans une logique qui relève plus du saupoudrage que d'un approfondissement de la réflexion. Les correcteurs soulignent aussi la tendance à l'uniformisation des exemples et de l'argumentaire. »

7 Rédiger l'introduction

L'introduction comporte obligatoirement **quatre parties** :

- **Une accroche** : événement historique, citation datée et contextualisée, référence culturelle (roman, pièce de théâtre, grand film...) ou actualité (attention cependant à bannir les éléments trop triviaux, comme des informations sur une célébrité ou la téléréalité). Cet élément doit ensuite être analysé pour montrer comment il mène au sujet. On peut également avancer une opinion commune, mais cela reste à manier avec précaution. Il ne faut pas déformer la réalité de cette opinion commune (au risque de la rendre complètement sotte) pour mieux briller.
- **La définition des termes**. Il faut ensuite montrer au correcteur que le sujet a été correctement analysé, tout en évitant trop de systématisme (en définissant par exemple les termes de façon juxtaposée). Le but est qu'il puisse se dire que le candidat a bien cerné tous les enjeux du sujet. C'est là aussi que l'on peut placer des éléments de débats entre des auteurs, sans que cela soit obligatoire.
- **La problématique** est à formuler de préférence sous forme de question(s) pour qu'elle soit visible et agréable à lire.
- **L'annonce du plan** doit éviter les formules trop lourdes (« *on verra dans une première partie que...* »). Il ne faut pas non plus verser dans l'excès inverse, en rédigeant une phrase difficilement compréhensible par le correcteur. Dans tous les cas, il faut privilégier la clarté.

L'introduction se rédige d'abord au brouillon puis est recopiée au propre. Elle est capitale puisque c'est la première impression que vous donnez au correcteur. À la lecture de l'introduction, il se fait déjà une idée de la qualité du devoir.

EXTRAITS DU RAPPORT DU JURY

Le rapport du jury 2014 affirme : « L'introduction doit être rédigée au brouillon. Elle doit être soignée et respecter les règles de l'exercice : accroche, définition, délimitation, enjeux, problématiques, annonce du plan.

Le rapport du jury 2015 précise que « la dissertation ne doit pas être descriptive. Cela signifie aussi voire surtout de proposer une introduction bien construite, qui propose des questionnements ambitieux et les présente de façon claire. »

8 Rédiger le développement

La rédaction du développement se fait directement au propre, à partir du plan détaillé, **sans en changer au dernier moment l'organisation** ; le risque étant de perdre la logique démonstrative élaborée lors de la création du plan détaillé.

Le style doit être **clair, précis et concis**. Chaque argument doit être étayé par un ou deux exemples développés. Le style doit être **démonstratif** et non pas narratif.

EXTRAIT DU RAPPORT DU JURY

Le rapport du jury 2015 insiste sur l'importance d'une argumentation de qualité et sur : « la capacité à étayer son propos en ne tirant pas trop vite à la ligne. Les correcteurs préfèrent de loin les copies qui proposeront un nombre limité d'arguments, de développements et d'exemples mais qui les développeront de façon satisfaisante plutôt que les copies multipliant les développements allusifs et n'entrant en fait jamais dans les détails ».

Les références doivent être claires et précises, comme le souligne le rapport du jury 2016 : « Les correcteurs ont unanimement valorisé les copies qui montraient une réelle volonté de réflexion, qui incorporaient une variété de références en parlant avec précision de références philosophiques. »

Il faut aérer votre devoir et respecter une forme particulière. Il n'y a pas d'indication précise mais il est par exemple possible de sauter deux lignes entre l'introduction et la première partie, deux lignes entre chaque partie et deux lignes entre la dernière partie et la conclusion ; de la même façon, faire un alinéa pour chaque sous-partie. Quoi qu'il en soit, il faut une **symétrie dans le devoir**. Le correcteur ne doit pas avoir à se demander, lorsque des lignes ont été sautées, s'il s'agit d'un changement de partie ou de sous-partie. Les parties et les sous-parties doivent, à peu près, être équivalentes en termes de taille.

Il faut également penser aux **transitions**. Elles permettent de montrer où en est la démonstration (ce qui a été démontré et ce qu'il reste à démontrer). Elles peuvent également servir à placer une idée charnière qui n'a pas pu être intégrée au devoir.

Des **liens logiques** doivent être employés (« tout d'abord, d'une part, d'autre part, par ailleurs, en conséquence... »), mais il faut veiller à ne pas en abuser. Ce sont juste des moyens pour montrer les liens entre les idées : causalité, concession, opposition, contradiction… Dans tous les cas, il faut éviter la juxtaposition qui se meut en catalogue informe et sans logique réelle. Elle donne au correcteur l'impression d'une récitation de connaissances, ce qui n'est pas l'exercice demandé.

Les titres des livres et de journaux et les mots tirés d'une langue étrangère doivent être soulignés (équivalent de l'italique à l'ordinateur).

En termes de longueur, il n'y a rien de recommandé. Il faut éviter (ces consignes dépendent évidemment de la taille de l'écriture de l'étudiant) les devoirs trop courts (une copie double reste à la limite de l'acceptable) ou trop longs (attention aux devoirs qui dépassent les deux copies doubles). Plus un devoir est long, plus il risque de perdre en cohérence.

Soignez également votre graphie. Il n'y a rien de plus insupportable pour un correcteur que d'avoir à revenir sur des mots difficilement déchiffrables. En cas d'écriture peu lisible, mieux vaut écrire le plus gros possible.

EXTRAIT DU RAPPORT DU JURY

Le rapport du jury 2014 insiste sur la structure du devoir : « Les correcteurs ont apporté une attention particulière à la structure du devoir. Étaient attendus une introduction obéissant aux formes classiques (accroche, analyse, problématisation), des développements construits et argumentés et une conclusion à la fois très synthétique et prospective ». Ils ajoutent que « les développements structurés par le plan obéissent à une règle simple : une idée, une illustration, éventuellement une nuance ou une perspective critique ».

9 Rédiger la conclusion

Il vaut mieux rédiger d'abord la conclusion **au brouillon** puis la recopier. D'où la nécessité d'une bonne gestion du temps.

Il est possible d'**intervertir les étapes 8 et 9**, présentées ci-dessus. Vous pouvez alors rédiger la conclusion au brouillon juste après l'introduction pour éviter des fins bâclées.

Une conclusion comporte **trois parties** :

- **Résumé** de ce que vous avez voulu démontrer.
- **Réponse aux problématiques** et avis personnel argumenté, quitte à ce que cet avis soit nuancé.
- **Ouverture**. Attention, il ne s'agit pas de poser une question simpliste mais plutôt d'ouvrir sur une réflexion connexe. Cela peut relever de la prospective (essayer de dire ce qui peut advenir dans le futur ou quels sont les scénarios possibles). Cela peut aussi relever d'un thème d'actualité lié au précédent, mais qui n'est pas dans le sujet. Quoi qu'il en soit, il est proscrit de terminer par des questions passe-partout telles que

« *Qu'adviendra-t-il donc du monde d'aujourd'hui ?* ». L'ouverture est une vraie idée, qui doit se prévoir et non pas s'improviser au dernier moment. Il est d'ailleurs préférable, à défaut d'ouverture pertinente, de faire l'impasse dessus et de terminer par son avis sur la question posée par le sujet.

EXTRAIT DU RAPPORT DU JURY

Le rapport du jury 2014 précise : « La conclusion termine le devoir. Elle doit être synthétique et éventuellement ouvrir le sujet sur des considérations voisines ou plus générales. »

10 Relire

La relecture est indispensable pour corriger quelques fautes d'orthographe et/ou de syntaxe que l'on fait obligatoirement dans l'urgence de la rédaction et dans le cadre d'un stress qui peut être important. Il faut toujours garder à l'esprit que l'orthographe est sanctionnée par des points en moins (**jusqu'à deux points**). Se relire, c'est donc récupérer des points potentiels précieux qui permettront peut-être d'intégrer une IEP.

EXTRAIT DU RAPPORT DU JURY

Le rapport du jury 2016 précise : « Comme pour les autres matières, les copies ne répondant pas aux standards en matière d'orthographe et de grammaire ont été pénalisées. »

11 Gérer le temps

En matière de gestion du temps, il est difficile de donner des conseils précis, car chaque candidat évolue à son rythme, en fonction de ses points forts et de ses points faibles (capacité de synthèse, capacité de rédaction...). Il est cependant possible de donner une trame :

- choix du sujet et écriture du sujet sur le brouillon : 5 minutes ;
- analyse des termes du sujet : 10 minutes ;
- problématique : 5 minutes ;
- recherche des idées et élaboration du plan : 40 minutes ;
- rédaction de l'introduction : 10 minutes ;
- rédaction du développement : 90 minutes ;
- rédaction de la conclusion : 10 minutes ;
- relecture : 10 minutes.

Quoi qu'il en soit, il est impératif de terminer le devoir. C'est pourquoi le candidat doit régulièrement s'entraîner, en temps réel. L'objectif est de voir comment adapter ce ***timing*** général aux qualités de chacun. Un devoir non achevé ne mérite en général pas la moyenne, même s'il manque simplement un morceau de la conclusion.

PARTIE 5

Sujets corrigés

Les corrigés ci-après constituent des pistes. Pour chaque sujet, différents plans sont possibles. Un plan détaillé, correspondant à ce qu'il est souhaitable d'élaborer au brouillon, est proposé ici.

Sujet 1. L'omniprésence de la peur est-elle un indice de la montée de l'irrationnel dans la société ?

Conseils

- Répondre par oui ou par non sans donner une réponse qui permette de dépasser cette simple ambivalence pourrait laisser croire à une copie inachevée.
- Les termes « omniprésence » et « montée » induisent une forme de subjectivité qu'il faut questionner dans la réflexion.

Éléments d'introduction

[Accroche] La médiatisation de la variole du singe au mois de mai 2022 s'est accompagnée d'une focalisation homophobe qui a caricaturé et détourné une donnée épidémiologique qui aurait dû être appréhendée comme la simple description d'un cluster. Mais après les multiples vagues de la Covid, l'irrationnel s'empare aisément des sujets qui constituent un facteur d'angoisse pour l'opinion publique.

[Problématique] Pourquoi la peur, même si elle agit en interaction avec l'irrationnel, ne peut-elle pas être réduire à cette seule dimension et doit-elle être rapportée à l'exercice de la raison ?

I. La peur tend de plus en plus à s'exprimer à travers l'irrationnel.

A. Les peurs produisent un besoin de se raccrocher à des croyances situées en dehors de la raison (les mythes, les religions).

- Les superstitions (de la patte de lapin à la sorcellerie).
- Les mythes et les miracles qui viennent expliquer ce qui est a priori incompréhensible.
- Les religions du salut qui favorisent la délivrance de l'angoisse face à la crainte du péché.

B. Les peurs produisent un besoin d'explication à la mesure de la peur (les théories du complot).

- La peur du déclin favorise les idéologies du bouc émissaire (régimes illibéraux face aux « valeurs occidentales »).
- La peur du déclassement social favorise les théories du complot autour de groupes oligarchiques cachés (tel le groupe Bilderberg).
- La peur de la catastrophe peut entraîner des théories du complot sur la volonté de l'État et des firmes transnationales (FTN) à contrôler la population (groupes antivax).

C. Les peurs se raccrochent à l'irrationnel à cause des défaites de la raison (Shoah, Hiroshima, c'est-à-dire la science comme mort)

- Les progrès de la science au XIXe siècle remettent en cause des paradigmes passés sur la mort et entraînent des comportements irrationnels (spiritisme, croyance dans le retour des morts).
- La conscience des génocides remet en question la vision rousseauiste de la perfectibilité humaine et de la croyance dans le progrès des libertés.
- La peur de l'arme nucléaire est concomitante d'un réveil religieux et de questionnements sur l'Apocalypse.

II. Pourtant, c'est plutôt la présence de l'irrationnel qui crée et entretient la peur.

A. L'irrationnel se nourrit de la peur plutôt que l'inverse

- La gratuité : tout offre gratuite attire immédiatement la crainte de l'escroquerie.
- Les marchés financiers : la peur d'une perte de contrôle entraîne des réactions irrationnelles de type krach (bitcoin en 2022).
- La géopolitique : les spéculations sur des maladies incurables autour de Vladimir Poutine sont à la hauteur de la peur qu'il suscite en Europe.

B. L'irrationnel est une défaite de la pensée qui annihile l'esprit critique.

- Les sites de « réinformation » biaisent les faits pour les faire correspondre à des idéologies radicales ou à des théories du complot.
- La crainte de l'arrivée de terroristes en Europe après 2015 a entraîné une remise en cause du droit des réfugiés, un droit fondamental.
- La crainte du vaccin à ARN messager favorise la remise en cause globale de toutes les formes de vaccinations sans aucune nuance.

C. L'irrationnel irrigue les politiques de la peur au service de la domination politique et sociale.

- La mise en scène de la nuit de Cristal (du 9 au 10 novembre 1938) a eu pour objectif de mobiliser la population allemande autour de l'antisémitisme nazi.
- Le maccarthysme aux États-Unis laisse croire que le communiste est partout et qu'il doit être débusqué, tel Chaplin interdit de séjour.
- La peur de l'instabilité gouvernementale a entraîné en France le rejet d'un parlementarisme démocratique au profit du présidentialisme.

III. Il faut se départir de l'association peur-déraison et réinscrire la raison au cœur de la peur.

A. La peur est salutaire pour l'humanité.

- La peur de manquer (de nourriture, d'eau, etc.) conduit l'humanité à penser et repenser son rapport à la nature et à la société.
- La peur de l'isolement conduit à développer des relations sociales.
- La peur de la mort conduit l'humanité à développer les notions de filiation, de mémoire, de patrimoine qui identifient l'individu dans la société.

B. La peur est ce qui légitime l'État dans ses missions de protection.

- L'État assure la sécurité de la population et réprime toute violence qui n'est pas de son fait (Hobbes).
- L'État développe une politique assurantielle contre les aléas de la vie pour un meilleur développement de l'individu et de la société (Keynes).
- L'État assure la population face aux bouleversements, d'où la volonté actuelle de lui redonner un rôle planificateur et l'audience des partisans du souverainisme (politique ou économique).

C. La peur est ce qui pousse à redonner de la valeur à la science, à la raison.

- Le positivisme d'Auguste Comte au XIXe siècle fait de la science l'outil privilégié de réduction des contingences pesant sur l'humanité.
- La peur du changement climatique redonne à la science une valeur positive en faisant coïncider la raison et la durabilité.
- La peur de la catastrophe incite à développer des politiques de prospective pour mieux la gérer (Jean-Pierre Dupuy, *Pour un catastrophisme éclairé*, 2002).

Éléments de conclusion

Les interactions multiples et fécondes entre la peur et l'irrationnel comportent un risque majeur pour l'humanité : le repli sur soi et la violence généralisée. Connaître les mécaniques créatrices de relation entre la peur et l'irrationnel est donc nécessaire pour dépasser un cercle potentiellement vicieux. En d'autres termes, il s'agit de retrouver le lien de la peur à la raison, seul à même de rendre possible la vigilance individuelle et collective.

Sujet 2. Est-il légitime d'avoir peur aujourd'hui ?

Conseils

- La tension temporelle (« aujourd'hui ») inscrite dans le libellé du sujet nécessite d'être discutée : le « présentisme » caractéristique de la société actuelle doit être mis en perspective avec les peurs du passé et de l'avenir.
- Le sujet ne doit pas être perçu comme une incitation à céder à un catastrophisme qui ferait perdre de vue tout esprit critique.

Éléments d'introduction

[Accroche] Pour Daniel Defoe, l'auteur de *Robinson Crusoé*, « aujourd'hui nous recherchons ce que nous fuirons demain, aujourd'hui nous désirons ce qui demain nous fera peur ». La peur entretient donc un rapport étroit, voire intime, à la perception du temps.

[Problématique] Dans quelle mesure la focalisation de la peur sur le moment présent est-elle souhaitable pour le devenir des sociétés contemporaines ?

I. Ressentir une plus grande peur aujourd'hui s'explique par le retour de peurs anciennes et l'émergence de nouvelles peurs.

A. Des peurs anciennes reviennent au premier plan.

- Le retour des épidémies à l'échelle mondiale.
- Le retour de la guerre en Europe.
- Le retour des pénuries alimentaires.

B. De nouvelles peurs viennent perturber l'ensemble des sociétés.

- La peur du « tout-numérique » (scandale du logiciel Pegasus).
- La peur du recul des droits (à l'instar de la suppression du droit fédéral à l'avortement aux États-Unis).
- La peur d'un basculement géopolitique en faveur des régimes autoritaires et antidémocratiques (Chine, Russie, etc.).

C. La peur d'un futur insoutenable devient une réalité et non plus une hypothèse.

- De la peur à la réalité du changement climatique (des cartes météorologiques prévues pour 2050 déjà applicables au printemps 2022).
- De la peur à la réalité du manque de solution et de volonté politiques pour atteindre les objectifs de l'Accord de Paris de 2015 (COP21).
- De la peur à la réalité du recul de la démocratie (multiplication des régimes illibéraux, progression des extrêmes et du fondamentalisme religieux).

II. Ressentir une plus grande peur aujourd'hui n'est pas légitime : les peurs ont toujours existé mais des biais de focalisation nous les font oublier.

A. Le présentisme contemporain introduit une ambiguïté dans le rapport à la peur.

- Le présentisme (François Hartog) caractérise la société post-1989 sans projection dans le futur : la peur pensée au présent crée la panique.
- Le présentisme fait courir le risque aux gouvernants d'être incapables de gérer les peurs de la société, en renonçant à l'expérience du passé.
- Le présentisme rend toutefois possible une « pleine présence » qui permet de penser sérieusement les peurs actuelles.

B. L'individuation passe par un recentrage sur la peur qui n'a rien de spécifique à la société contemporaine.

- L'individu construit son identité à partir de ses peurs infantiles (S. Freud, F. Dolto).
- L'individu doit expérimenter la peur pour se socialiser, quelles que soient l'époque ou la société concernée.
- Mais la plasticité des identités individuelles aujourd'hui mise en lumière peut expliquer l'impression d'une « surprésence » de la peur.

C. La peur de l'État et des gouvernants n'est pas nouvelle : elle décrit plutôt une crise de l'État dans sa capacité à faire vivre une société apaisée.

- Le totalitarisme a produit une série de peurs qui paraissent aujourd'hui intemporelles avec le retour de la surveillance généralisée (mesures de traçage et de confinement en Chine par exemple).
- La violence exercée par l'État n'a rien de spécifique aujourd'hui, mais elle est délégitimée par l'incapacité de ce même État à faire vivre le contrat social original.
- L'insécurité actuelle résulte d'un déplacement du seuil d'acceptation de l'insécurité et de la violence, non à une réalité statistique.

III. L'intensité du ressenti de la peur renseigne sur les besoins de salut d'une société pour elle-même, car la peur questionne l'identité humaine au passé, au présent et au futur.

A. La peur fait partie de la condition humaine : elle est toujours actuelle.

- La peur est présente à tous les âges de la vie : l'enfant doit dépasser sa peur de l'abandon ; l'adulte celle de la mort, etc.

- La peur est liée à la névrose : se confronter à l'autre permet de mieux se mesurer et d'éprouver sa propre finitude.
- Les peurs archaïques ne sont pas seulement des peurs du passé : elles sont inscrites au plus profond de l'être biologique.

B. La peur permet la vigilance : elle doit permettre des actions au présent.

- La peur de la déshumanisation des relations économiques et sociales permet de penser de façon critique le management dans les entreprises (Johann Chapoutot, *Libres d'obéir*, Gallimard, 2020).
- La peur de la régression démocratique est un puissant moteur de mobilisation citoyenne (réactions à l'abrogation de Roe vs Wade aux États-Unis et en Occident à partir de fin juin 2022).
- La peur du retour de la guerre au nom de l'idéologie redonne de la vigueur à la notion d'engagement (brigades internationales dans l'Espagne de 1936, engagés volontaire en Ukraine en 2022).

C. La peur permet le dépassement de soi : elle est ce qui permet de vivre le présent.

- La peur est un moteur pour le progrès scientifique (recherche autour du VIH dans le contexte de panique des années 1980).
- La peur est un moteur pour le progrès social (actions de groupe contre les FTN).
- La peur est un moteur pour le progrès politique (mobilisation chilienne en faveur d'une nouvelle constitution depuis 2019).

Éléments de conclusion

Le vécu des peurs s'effectue sur un mode d'instantanéité toujours recommencée qui donne aujourd'hui l'impression que le monde fait plus peur qu'hier et probablement moins que demain. Ce ressenti correspond à une présence effective de la peur. Mais, pour être apaisée ou dépassée, la peur ne doit pas être seulement associée au présent. L'impression tenace d'une peur qui irriguerait toute la société aujourd'hui rend alors plutôt compte d'une incertitude actuelle sur l'état et le devenir de la société, qui peut être une chance comme une faille…

Sujet 3. La peur et les libertés

Conseils

- Une formulation brève et neutre d'un sujet dans laquelle les deux mots clés essentiels sont connectés par un « et » suppose une analyse attentive des relations forcément multiples.
- Il faut aussi faire attention à ne pas verser dans un propos abstrait. Le pluriel utilisé invite d'ailleurs à distinguer des formes précises dans « les libertés ».

Éléments d'introduction

[Accroche] Pour les stoïciens, la liberté intérieure est indépendante du monde extérieur. Dans cet idéal, la peur n'a pas de place puisque l'indépendance de l'esprit est totale. Mais cette définition de la liberté n'est pas satisfaisante, car elle n'envisage pas la liberté d'agir, qui établit des liens avec le même monde extérieur. Dans ce cas, les peurs sont potentiellement présentes. La question se pose alors de l'exercice de l'autonomie, telle que Kant la définit (c'est-à-dire le respect de la loi morale d'où procède celui de la loi politique), dans un monde parfois saturé de peurs.

[Problématique] Comment, dans les sociétés contemporaines, arriver à concilier la maîtrise des peurs individuelles et collectives et l'exercice des libertés, individuelles et publiques ?

I. La peur est nuisible aux libertés publiques.

A. La peur crée une demande de sécurité à outrance.

- Les campagnes municipales axées sur des thèmes précis (télésurveillance, armement de la police municipale).
- Les limitations au droit de manifester en lien avec la violence des casseurs (loi dite « Sécurité globale » de 2021).

B. La peur crée une crise du pacte politique et social.

- Les conflits entre les collectivités territoriales et les zadistes.
- Le refus de participer à la cohésion sociale (« antivax »).

C. La peur crée les conditions de la disparition des libertés.

- Le coup d'État en Turquie (2016) a donné lieu à une forte répression.
- La peur de l'occidentalisation entraîne une perte de droits pour les femmes et les LGBT+ en Pologne.

II. Mais la peur est constitutive de la liberté individuelle.

A. La peur permet de construire l'identité individuelle.

- Les peurs enfantines.
- Les peurs psychiques.

B. La peur permet d'échapper à des menaces pour l'individu.

- La peur du vertige.
- La peur d'échouer à un examen.

C. La peur permet à l'individu de s'inscrire dans la société.

- L'identité se fonde sur le partage d'angoisses dans la collectivité.
- La peur soude les humains et évite la guerre générale (René Girard).

III. L'ambivalence de la peur répond à l'ambivalence de la liberté.

A. L'incertitude freine les libertés.

- La crise économique entraîne une critique des acquis sociaux.
- La pandémie entraîne une diminution des libertés publiques.

B. La vigilance permet de sauvegarder les libertés.

- Les pressions de l'Union européenne sur la tentative d'instrumentalisation de la justice en Pologne.
- La saisine du Conseil Constitutionnel sur les lois controversées.

C. Le dépassement de la peur (re)fonde les libertés.

- La Révolution française.
- Les Printemps arabes (exemple de la Tunisie).

Éléments de conclusion

La question de la liberté permet de mesurer combien la peur est ambiguë et ambivalente : soit négative, soit positive. Il revient par conséquent aux individus et aux sociétés de se mobiliser pour faire en sorte que la peur ne paralyse pas, mais crée au contraire les conditions de la vigilance et de son dépassement pour assurer la continuité des libertés.

Sujet 4. La société du risque s'oppose-t-elle à la société de la peur ?

Conseils

- Dans un sujet mentionnant de manière explicite une opposition, on doit d'abord examiner les enjeux de l'opposition avant de réfléchir à son dépassement.
- De plus, les termes de « risque » et de « peur » doivent être analysés pour en faire ressortir les antagonismes et, surtout, les possibles complémentarités.

Éléments d'introduction

[Accroche] Pour Michel Maffesoli, sociologue habitué des polémiques et auteur de *L'Ère des soulèvements* (2021), « *la peur de la mort n'empêche pas de mourir, mais de vivre* ». Pour lui, la société actuelle est une société de la peur, à laquelle il faut opposer une société de révoltes populaires qui émerge peu à peu et qui remet le risque au centre du jeu social et politique dans le but de réhabiliter la solidarité et les expériences collectives.

[Problématique] Dans quelle mesure les sociétés contemporaines ont-elles à choisir entre une société dominée par la peur et une société qui accepte le risque ?

I. La société de la peur recherche la sécurité.

A. Une société de la peur est dominée par le sentiment d'insécurité…

- L'importance des faits divers dans les médias d'information.
- La généralisation du modèle des quartiers fermés dans les périphéries résidentielles.

B. … ce qui la porte à souhaiter un État sécuritaire.

- La loi Sécurité globale (2021).
- Le refus d'une immigration afghane de masse réaffirmé à l'été 2021.

C. Mais cette recherche n'est pas illégitime car la sécurité est l'un des droits essentiels.

- La Déclaration des droits de l'homme et du citoyen de 1789.
- La présence de la thématique de la sécurité dans les campagnes électorales, du local au national.

II. La société du risque refuse d'être paralysée par la peur.

A. Le risque est un moteur de cohésion politique et sociale…

- Le risque du sacré (René Girard).
- Le risque du souverain (Thomas Hobbes).

B. ... et de développement des libertés...

- En devenant acteur d'une révolution politique (Ukraine).
- En pratiquant la désobéissance civile (Cédric Herrou et l'aide aux migrants sans papiers).

C. ... à condition que le risque ne produise pas de nouvelles peurs.

- La Terreur sous la Révolution française.
- Le recours à l'irrationnel (le complotisme).

III. La peur et le risque sont deux états successifs d'une peur positive pour la société.

A. Une société peut être paralysée par la peur.

- La France face à la montée de la guerre (1938-1939).
- Le confinement du printemps 2020.

B. Mais elle peut aussi bien se transcender lorsque sa survie en dépend...

- L'œuvre de la Résistance et du CNR durant la Seconde Guerre mondiale.
- La manifestation consécutive à l'attentat contre *Charlie Hebdo* (2015).

C. ... et accepter de se transformer en une société du risque raisonné.

- Le principe de précaution.
- La vaccination et l'objectif de protection collective.

Éléments de conclusion

Choisir entre la peur et le risque pour une société est un non-sens : pour se projeter dans l'avenir et assurer la cohésion de ses membres, une société doit prendre conscience des peurs collectives qui la traversent, les accepter et les dépasser par un certain degré de risque assumé et mesuré.

Sujet 5. Commentez cette phrase de Victor Hugo : « Dans ce moment de panique, je n'ai peur que de ceux qui ont peur. »

Conseils

Connaître dans les grandes lignes la pensée de l'auteur d'une citation n'est pas forcément nécessaire, sauf dans le cas où celui-ci se rapporte à l'actualité du thème étudié ou est l'un des auteurs recommandés par le réseau Sciences-Po (ce qui n'est pas le cas ici).

Éléments d'introduction

[Accroche] Réagissant à la peur d'un afflux migratoire en provenance d'Afghanistan après la chute de Kaboul, le président allemand Frank-Walter Steinmeier a réagi, le 18 août 2021, en faisant porter le regard vers la responsabilité occidentale, à travers un propos percutant : *« Les images de désespoir à l'aéroport de Kaboul sont une honte pour l'Occident politique. »*

[Problématique] Pourquoi et comment faut-il exercer une responsabilité individuelle, collective et citoyenne face à la présence de la peur dans la société ?

I. La responsabilité devant la peur consiste à ne pas céder aux sirènes collectives de la peur.

A. La résistance aux politiques de la peur est le plus souvent légitime.

- S'opposer malgré la répression : le cas d'Alexeï Navalny en Russie.
- Résister à la mise en place d'un État sécuritaire : les manifestations contre la loi Sécurité globale (France, 2020-2021).

B. L'exercice de la raison permet de résister à des angoisses collectives portées par un sentiment irrationnel.

- La lutte contre la radicalisation.
- La lutte contre les théories du complot.

C. La construction de soi passe le dépassement des peurs individuelles et collectives.

- La résilience des déportés ayant survécu à la Seconde Guerre mondiale.
- Le parcours de la prix Nobel de la paix 2014 Malala Yousafzai.

II. Pourtant, l'exercice de la vigilance ne peut justifier l'exclusion de la peur de la cité.

A. La peur doit être conservée afin de mettre en œuvre des réflexes de survie.

- La peur est à l'origine du principe de précaution (sommet de Rio, 1992).
- La peur permet de développer des politiques de prévention (les « plans de préventions des risques », ou PPR, en France).

B. La peur permet de réagir face des tentatives de déstabilisation de la société.

- La résistance à un coup d'État (le putsch de Moscou, 1991).
- Les quotas de diffusion et « l'exception culturelle » en France.

C. La peur peut être transcendée par un pacte social et politique qui en délègue le traitement au pouvoir politique.

- Machiavel.
- Hobbes.

III. Surtout, la peur est un sentiment social : la partager ne relève pas de la faiblesse, mais de la socialisation.

A. La peur permet de se situer dans la société (âge, classe sociale, etc.).

- Les peurs de l'enfance.
- Les peurs liées à la position sociale.

B. La peur d'autrui nous porte à la socialisation.

- L'adolescent se modèle et se confronte à l'autre pour s'identifier.
- L'adulte doit aller vers l'autre pour se réaliser dans sa vie professionnelle et privée.

C. La peur permet de souder une société face à une crise.

- L'Union sacrée durant la Première Guerre mondiale.
- Le confinement du printemps 2020.

Éléments de conclusion

Le sentiment de peur est nécessaire au bon fonctionnement d'une société, car il incite ses membres à la responsabilité et à la vigilance, dans la mesure où la peur est vécue comme une émotion sociale qui peut être positivée pour le bien de l'individu comme pour celui de la société. Cela demande toutefois de ne pas céder aux forces irrationnelles qui se situent dans le champ de la peur.

Sujet 6. La peur est-elle l'indice d'une crise morale au sein de la société ?

Conseils

Une « crise morale » est toujours relative : elle découle d'une opinion nécessairement subjective sur l'état d'une société. Cette opinion peut être le résultat d'une peur déjà présente ou, au contraire, être au fondement d'une idéologie de la peur. Un tel sujet est donc politique, même si le terme n'apparaît pas de façon explicite dans le sujet.

Éléments d'introduction

[Accroche] Les injonctions morales sont devenues quotidiennes dans la société contemporaine : ne pas oublier de trier ses déchets, ne pas surconsommer l'énergie, ne pas oublier les gestes barrières, ne pas parler négativement de quoi que ce soit dans l'entreprise, etc. La morale semble ainsi se façonner à la lumière des peurs actuelles (du changement climatique, de la pandémie, de l'organisation sociale et économique, etc.).

[Problématique] Quel rôle joue la peur, individuelle ou collective, dans la fabrique, la crise et la recomposition des valeurs morales d'une société ?

I. L'histoire montre que les crises morales sont étroitement liées à la diffusion de peurs collectives.

A. Le millénarisme et la croyance en la fin des temps traduisent une crise des valeurs morales à la Renaissance.

- L'apport d'un historien : Jean Delumeau.
- L'apport d'un historien : Denis Crouzet.

B. La crise morale de l'Ancien Régime explique en partie la Révolution française.

- La peur d'un roi qui n'est plus nourricier (les journées révolutionnaires des 5 et 6 octobre 1789).
- La peur d'une noblesse réactionnaire (la « Grande Peur » de l'été 1789).

C. La question de l'Anthropocène relie la peur du changement climatique et la responsabilité morale de l'humanité.

- La peur d'une humanité destructrice à travers le nucléaire.
- La peur de la responsabilité humaine dans le changement climatique.

II. Les politiques de la peur aggravent le sentiment d'une perte des valeurs morales au sein de la société.

A. Les politiques de la peur contribuent à faire changer le regard sur autrui.

- La peur de l'étranger rompt avec l'universalisme républicain.
- La peur du terrorisme entraîne un désintérêt pour le respect de l'État de droit.

B. Les politiques de la peur entraînent une dislocation du contrat social.

- La désignation de victimes émissaires (les Kurdes en Turquie).
- L'entre-soi des élites et la peur du déclassement chez les classes moyennes.

C. Les politiques de la peur se rapportent à une vision cynique et amorale du monde.

- La politique étrangère de la Russie.
- La « politique du mur » sous la présidence de Donald Trump aux États-Unis.

III. Pourtant, la peur permet d'adapter les valeurs morales héritées à de nouveaux contextes : bien loin de signifier la crise morale, la peur refonde les valeurs morales d'une société.

A. La peur permet la survie et empêche la guerre de tous contre tous.

- René Girard.
- Thomas Hobbes.

B. La peur fonde la morale d'une société en définissant son éthique.

- Baruch Spinoza.
- Axel Kahn (spécialiste de bioéthique ayant traité des rapports entre la peur et sa propre fin de vie en 2021).

C. Mais la peur peut aussi produire des morales amorales :

- à l'image du capitalisme ;
- à l'image du totalitarisme.

Éléments de conclusion

Les valeurs morales reflètent l'état présent d'une société. Celles-ci sont donc par nature destinées à évoluer. Cependant, cette évolution se fait souvent sous l'effet de peurs collectives qui entraînent une crise morale de la société. Dans ce cas, les peurs jouent un rôle dynamique dans la refondation des valeurs, le plus souvent dans le sens d'une adaptation aux besoins actuels de « désangoissement » de la société, mais aussi parfois en dehors de toute morale réelle.

Sujet 7. Le pouvoir et la peur

Conseils

- Le sujet connecte deux éléments abstraits qui doivent être définis et argumentés à l'aide d'exemples précis pour ne pas tomber dans un propos vague et sans intérêt.
- Il faut également faire attention à l'inversion possible des termes : s'agit-il de la peur du pouvoir ou du pouvoir de la peur ?

Éléments d'introduction

[Accroche] La chute de l'Afghanistan aux mains des talibans le 15 août 2021 rappelle combien la peur et le pouvoir se nourrissent : peur des Afghans face à un pouvoir extrémiste, peur inspirée par les talibans qui leur a permis de mener une offensive éclair, peur des puissances occidentales face à leur incapacité à répondre à la situation politique et à la possibilité de migrations massives.

[Problématique] Pourquoi semble-t-il impossible de penser et de pratiquer le pouvoir sans les peurs qui traversent la société ?

I. Le pouvoir assume les peurs de la société…

A. L'État-Léviathan…

- … pour désangoisser la société (Hobbes).
- … pour créer un « Homme nouveau » (l'URSS stalinienne).

B. L'État-providence.

- Un nouveau paradigme en 1945.
- Le retour de l'État-providence avec la pandémie.

L'État sécuritaire.

- La loi Sécurité globale (2021).
- Le passe sanitaire (2021).

II. … et développe pour durer dans le temps des politiques de la peur…

A. Pour justifier la détention du pouvoir…

- … en désignant des ennemis de l'intérieur (Turquie).
- … en désignant des ennemis de l'extérieur (Venezuela).

B. Pour obtenir l'obéissance des gouvernés.

- La répression en Birmanie.
- La répression en Biélorussie.

C. Pour atteindre une plus grande efficacité.

- Les stérilisations contraintes à la Réunion dans les années 1960.
- L'appel à la peur pour obtenir le respect du confinement en 2020.

III. ... qui risquent de faire naître au sein de la société une peur des pouvoirs institués.

A. La peur paralyse la politisation citoyenne.

- La progression continue de l'abstention en France.
- Les succès des populistes (Trump, Orbán).

B. La peur mobilise les citoyens contre un pouvoir tyrannique...

- ... par la résistance passive (le refus du productivisme par les jeunes Chinois).
- ... par la résistance active (Révolution française).

C. La peur crée les conditions d'une vigilance dans un cadre démocratique.

- Les contre-pouvoirs (lanceurs d'alerte, syndicats).
- Les mouvements sociaux (Gilets jaunes, Nuit debout).

Éléments de conclusion

Le politique intègre désormais la peur au cœur de ses dispositifs de légitimation et de mise en œuvre de ses actions. Ce lien intrinsèque n'est pas du tout dépourvu de légitimité, mais il faut reconnaître que les effets pervers en sont de plus en plus visibles. Le risque est d'aboutir aujourd'hui à une saturation de la peur dans l'espace politique. Il faut toutefois rester optimiste, tant la présence de la peur permet des mouvements citoyens de vigilance, de résilience et de résistance.

Sujet 8. L'alimentation et les inégalités

Conseils

- Il s'agit d'un sujet large. L'objectif est ici de tenter de saisir le maximum d'arguments et de les synthétiser.
- Attention au mot « et » qui représente le cœur du sujet. Il s'agira de trouver tous les liens entre les deux termes.

Éléments d'introduction

[Accroche] L'alimentation peut constituer *a priori* l'un des premiers révélateurs des inégalités à différentes échelles. Pourtant, les progrès réalisés aujourd'hui en matière de production alimentaire devraient permettre de les combler.

[Problématique] Comment expliquer que, malgré les progrès de la production alimentaire, les inégalités ne soient pas en mesure d'être comblées et aient même tendance à s'accroître ?

I. L'alimentation, principal révélateur des inégalités à différentes échelles

A. Des inégalités alimentaires à l'échelle internationale

- La faim et les famines dans le monde.
- La malnutrition (notamment l'obésité).

B. Des inégalités alimentaires à l'échelle nationale

- Habitudes alimentaires différentes en fonction des classes sociales.
- Obésité plus prégnante chez les classes populaires (malbouffe), à mettre en lien avec la reproduction des habitudes alimentaires (phénomène de reproduction sociale).

C. D'autres inégalités se traduisent aussi au niveau de l'alimentation

- Inégalités en fonction de l'âge : pratiques alimentaires différentes.
- Inégalités entre les sexes : rapport au régime…

II. Des tentatives pour combler les inégalités alimentaires, mais qui semblent échouer aujourd'hui

A. Des réponses à l'échelle internationale

- Gouvernance internationale : ONU, FAO, PAM.
- Des interventions et des aides : aide alimentaire, interventions en cas de crise (Yémen).

B. Des réponses à l'échelle continentale et nationale

- Plan de l'UE : « De la ferme à la table ».
- Rôle des États : améliorer la traçabilité, l'éducation au goût et à l'alimentation via l'école, lutter contre les fraudes, informer le consommateur (Nutri Score)...

C. Pourtant, des réponses inefficaces : quels facteurs ?

- Envoi d'argent dans les pays pauvres inutile : instrumentalisé par les gouvernements qui reçoivent l'aide.
- Néocolonialisme des ONG et des OIG.

III. Face à l'accroissement des inégalités alimentaires, quelles nouvelles solutions envisager ?

A. La science et la technique en question

- Débat sur les OGM.
- Débat sur les industries agroalimentaires et la malbouffe.

B. Favoriser de nouvelles formes d'agriculture

- Bio et agriculture raisonnée.
- Permaculture et agroécologie.
- Retrouver les techniques traditionnelles.

C. Démocratisation, pacification et lutte contre les gaspillages

- Sylvie Brunel et Amartya Sen : les famines sont politiques.
- Lutter contre les gaspillages et favoriser une meilleure circulation des produits alimentaires.

Éléments de conclusion

L'alimentation est surtout un révélateur des inégalités qui existent déjà, économiques, sociales, culturelles, techniques. Cependant, les inégalités alimentaires sont aujourd'hui intolérables. Cela montre que le volontarisme n'est pas suffisant pour les résoudre, alors que nous en avons les moyens. Cela semble urgent à l'heure où toutes les prévisions démographiques insistent sur le fait que la population de la Terre va augmenter dans des proportions importantes d'ici à 2050-2100.

Sujet 9. L'État et l'alimentation

Conseils

- Le sujet est très large et il faut donc tenter d'en saisir toute l'ampleur.
- La notion d'État est complexe. Il faudra donc bien la définir dès l'introduction.
- Attention au mot « et » qui demande d'envisager tous les liens entre les deux termes.

Éléments d'introduction

[Accroche] L'État tend de plus en plus à prendre en charge les questions alimentaires au nom de l'intérêt général, notamment celles en lien avec la santé, alors qu'elles semblent plutôt relever du domaine du privé. Dès lors, se pose alors la question de sa légitimité et de son efficacité.

[Problématique] Dans quelle mesure l'intervention étatique en matière alimentaire est-elle à la fois légitime et efficace ?

I. Une intervention étatique récente et légitime car cherchant à répondre à de nombreux problèmes

A. Une intervention récente et légitime car luttant contre divers problèmes et abus

- Interventions relativement récentes : après la Révolution française surtout.
- Fraudes alimentaires (cf. scandales).
- Opacité en lien avec la mondialisation.

B. Une intervention légitime car représentant l'intérêt général en matière de consommation et de santé

- Informer le consommateur.
- Favoriser la santé publique.

C. Cependant, l'alimentation de l'État (son train de vie) est parfois remise en cause

Affaires et scandales : par exemple, affaire François de Rugy.

II. Une intervention étatique à l'efficacité limitée

A. Le poids des FTN de l'agroalimentaire : des États trop peu puissants ?

- Coca-Cola, Nestlé, Cargill : puissance économique.
- La permanence d'abus de leur part : excès d'utilisation de l'eau...
- Des États trop faibles face à ces multinationales (PIB/chiffre d'affaires).

B. Des tentatives pour limiter les inégalités alimentaires

- Exemple du projet de loi en France en faveur du pouvoir d'achat en 2022.
- Éducation à l'alimentation et au goût à l'école.

C. Des tentatives pour favoriser la transparence

- Labels et Nutri Scores.
- Traçabilité.

III. Une intervention étatique qui peut être améliorée de diverses façons

A. En changeant d'échelle

- Au niveau de la gouvernance mondiale : ONU, FAO, PAM.
- Au niveau européen : plan « De la ferme à l'assiette ».

B. En travaillant avec les ONG, les associations et la société civile

- Encourager la consommation locale, voire bio.
- Encourager l'agriculture urbaine.
- Interdire la publicité des produits liés à la malbouffe.

C. En sortant les produits alimentaires de la logique capitaliste

- Favoriser une juste rémunération des agriculteurs
- Ne plus considérer les produits alimentaires comme les autres.

Éléments de conclusion

L'État reste l'échelon qui pourrait être le plus efficace, mais il doit s'associer avec des entités à d'autres échelles pour pouvoir œuvrer efficacement en faveur d'une alimentation plus juste, plus équitable et plus équilibrée.

Sujet 10. Qu'est-ce que manger veut dire ?

Conseils

- Il s'agit d'un sujet relativement difficile parce qu'il est très large.
- Il fait référence à l'ouvrage de Bourdieu, *Ce que parler veut dire*, paru en 1982.
- Bien se poser les questions : qu'est-ce que manger veut dire pour qui ? à quelle époque ?

Éléments d'introduction

[Accroche] Manger, s'alimenter, est une nécessité vitale. Mais au-delà, grâce à diverses études plutôt récentes (les *food studies*), la signification de cet acte a pris d'autres dimensions.

[Problématique] Au-delà du simple fait de satisfaire un besoin vital, comment expliquer que le fait de s'alimenter puisse prendre une dimension bien plus large ?

I. Manger, c'est d'abord répondre à un besoin et se faire plaisir

A. Manger répond d'abord à un besoin vital et de santé

– Manger pour vivre : problèmes de carences en cas de sous-alimentation ou de mauvaise alimentation.
– Liens entre alimentation et santé.

B. Manger, c'est aussi un plaisir

– Plaisir des sens, gourmandise.
– Hédonisme culinaire.

C. Manger, c'est se socialiser

– Se retrouver et partager
– Communiquer.

II. Manger, c'est également se distinguer, marquer une différence et donc un pouvoir

A. Manger, c'est marquer une différence sociale

– Différences d'alimentation en fonction des classes sociales.
– Différences de codes, bienséance.

B. Manger, c'est montrer son pouvoir

– Banquets et tables des souverains.
– *Food power*.

C. Manger, c'est s'ouvrir aux autres et marquer sa culture

- Les plats nationaux ou régionaux.
- Le repas gastronomique à la française.

III. Mais manger, devrait surtout impliquer de devoir être conscient des conséquences que cela implique

A. Manger, c'est être conscient de l'empreinte écologique que cela implique

- Déforestation.
- Consommation d'eau.
- Pollution.
- Bien-être animal.

B. Manger, c'est être conscient des conséquences sociales

- Faible revenu de certains agriculteurs, faible rémunération pour certains produits.
- Rôle des FTN de l'industrie agroalimentaire.

C. Manger, c'est donc opérer des choix

- Manger moins de viande, par exemple.
- Manger local.

Éléments de conclusion

Manger représente donc bien plus que la satisfaction d'un besoin vital. C'est un acte éminemment culturel, mais dont on doit aussi être conscient des conséquences et des enjeux. En cela, manger est aussi éveil.

Sujet 11. La France : une exception alimentaire ?

Conseils

- Le sujet est plutôt précis mais appelle à des comparaisons avec le reste du monde.
- Il interroge indirectement la notion d'exception culturelle française.

Éléments d'introduction

[Accroche] On affirme souvent que la France est le pays de la gastronomie, à tel point que l'Unesco a reconnu en 2010 le repas gastronomique à la française comme patrimoine immatériel de l'humanité. Cependant, de nombreuses évolutions sont à l'œuvre, qui tendent, au gré de la mondialisation, à remettre en cause cette hégémonie.

[Problématique] Les pratiques alimentaires de la France et des Français demeurent-elles toujours une exception qui leur profite à différentes échelles ou, au contraire, sont-elles en train d'être rattrapées par une mondialisation et une uniformisation galopantes qui en font des apanages surannés ?

I. La France a longtemps fait figure d'exception du point de vue de l'alimentation

A. Le développement d'un art culinaire ancien

- Grands cuisiniers : Brillat-Savarin, Vatel, Escoffier…
- Les banquets royaux en France : une ancienne tradition.

B. Une gastronomie aujourd'hui reconnue à travers le monde

- Grands chefs d'aujourd'hui dont certains s'expatrient.
- Plus grand nombre de restaurants étoilés au monde.

C. Le maintien de pratiques alimentaires traditionnelles

- Trois repas par jour.
- Ordre des plats et rôle du vin.

II. Pourtant, cette exception alimentaire est aujourd'hui de plus en plus remise en cause

A. La mondialisation et l'uniformisation de l'alimentation

- Culture américaine et malbouffe.
- Uniformisation des gouts et poids des IAA.

B. Une tradition culinaire française désuète ?

- Poids des règles.
- Inégalités sociales liées à la grande cuisine.

C. Une concurrence de certaines autres pratiques culinaires

- Concurrence des autres cuisines : japonaise, chinoise, italienne...
- Concurrence des vins du nouveau monde sur les vins français.

III. Une exception culturelle qu'il faut pourtant cultiver car elle est un vecteur important de puissance

A. Un atout pour la diplomatie française et le rayonnement culturel

- La « Gastronodiplomatie ».
- Un élément du rayonnement français.

B. Une exception qui doit s'adapter et se renouveler

- Nouveaux chefs.
- Démocratisation de la cuisine.

C. Une exception qui doit se conformer à des valeurs

- Lutte contre le gaspillage
- Développement durable.

Éléments de conclusion

La France a donc longtemps fait figure d'exception. Elle est considérée comme étant l'une des nations ayant le plus mis en valeur la cuisine et la gastronomie, même s'il ne faut pas avoir une vision trop occidentalo-centrée. Pourtant, elle semble de plus en plus concurrencée sur ce terrain du *soft power*. Elle se doit donc de s'adapter pour ne plus simplement vivre sur ses acquis en la matière.

Sujet 12. Pourra-t-on nourrir 11 milliards d'êtres humains en 2050 ?

Conseils

- Le sujet est plutôt facile mais propose de la prospective.
- Bien s'attacher à définir le « on », qui peut représenter divers acteurs.
- « Nourrir » signifie en quantité, mais aussi en qualité.

Éléments d'introduction

[Accroche] Les perspectives démographiques semblent plutôt inquiétantes à moyen terme et il est donc légitime de se poser la question des ressources, notamment alimentaires. Pourtant, la technique et la science permettent de produire plus. Or, la faim et la malnutrition persistent.

[Problématique] Comment expliquer que les prévisions en termes de prospective alimentaire soient alarmistes alors que les progrès techniques sont censés permettre de nourrir plus que la population actuelle de la Terre aujourd'hui ?

I. *A priori*, la production de ressources est suffisante pour nourrir 11 milliards d'habitants en 2050

A. Des agricultures performantes et excédentaires dans de nombreux pays

- Intensification des productions.
- Révolution verte dans les pays émergents et en développement.

B. Des productions variées et diversifiées

- Diversité des productions.
- Un commerce mondial et des aides alimentaires qui font que les denrées circulent.

C. Des innovations techniques permanentes

- Agriculture et informatique aux États-Unis.
- Viande de culture.

II. Pourtant, la situation actuelle suscite des interrogations légitimes quant à la capacité de l'humanité à nourrir une population croissante

A. Faim et malnutrition dans le monde

- Famines politiques liées aux guerres.
- Les lieux de la malnutrition.

B. Des facteurs conjoncturels

- Crises alimentaires aux causes multiples.
- Guerre en Ukraine et augmentation du prix des matières premières.

C. Un facteur primordial à prendre en compte : le réchauffement climatique

Il va affecter les agricultures et réduire les productions

III. Il faut donc pouvoir anticiper les risques afin d'éviter de nouvelles crises mondiales liées à l'alimentation

A. Sur le plan théorique, Boserup s'oppose à Malthus

- Malthus : il faut réduire la population en fonction des ressources.
- Boserup : c'est dans les périodes les plus difficiles que l'humanité invente de nouvelles méthodes ou de nouvelles techniques pour accroître la production et les rendements.

B. Des solutions pour accroître la production et améliorer la distribution

- Faire des produits alimentaires des produits à part, non soumis aux mêmes règles que les autres produits.
- Limiter les gaspillages à différentes échelles.

C. Nourrir l'humanité avec des aliments de qualité

- Favoriser l'agriculture familiale et paysanne et les circuits courts.
- Permaculture et agroécologie : prendre modèle sur la nature et s'adapter aux différentes conditions physiques et géographiques.

Éléments de conclusion

L'humanité est incontestablement en mesure de nourrir une population croissante, d'autant que celle-ci devrait stagner puis diminuer. Il s'agit donc bien d'un problème de volonté politique à différentes échelles.

Sujet 13. L'alimentation est-elle légitimement vectrice de peurs ?

Conseils

- Nous avons ici un sujet croisé entre les deux thématiques.
- Attention au terme « légitimement » qu'il faudra analyser.
- Il faut bien remarquer que la notion de peurs est au pluriel.

Éléments d'introduction

[Accroche] Puisqu'elle est une nécessité vitale, l'alimentation suscite la suspicion et donc peut-être la peur. Pourtant, les sociétés actuelles tendent à vouloir réduire les risques au maximum, même si les faire complètement disparaître semble impossible.

[Problématique] Dans quelle mesure la volonté de tendre vers le risque zéro en matière d'alimentation favorise-t-il encore plus les peurs ?

I. Des peurs liées à l'alimentation très anciennes

A. La peur de manquer

- Histoire des famines.
- Malnutrition et famines aujourd'hui.

B. La peur d'une alimentation dangereuse

- Souverains et empoisonneurs (le rôle des goûteurs).
- Épidémies et nourritures avariées.

II. La volonté d'éradiquer les peurs alimentaires

A. Augmenter les rendements pour éviter les pénuries

- Agriculture intensive.
- Révolutions vertes.

B. Industrialisation et aseptisation : la volonté de faire respecter des normes

- Industrialisation de l'agriculture.
- Industrialisation de la production d'aliments standardisés.

III. La naissance de nouvelles peurs plus légitimes dont les conséquences sont majeures

A. De nouvelles peurs...

- Dissociation entre lieu de production et lieu de consommation alimentaire.
- Absence de traçabilité ; scandales : vache folle.
- La peur de trop manger et l'obsession des régimes.

B. ... qui alimentent une défiance générale.

Retour à la terre, survivalisme : la volonté d'être prêt et autonome face à une crise majeure.

Éléments de conclusion

Les peurs alimentaires ont muté, comme le montre Madeleine Ferrières dans son ouvrage *Histoire des peurs alimentaires*. Néanmoins, celles d'aujourd'hui sont issues de la volonté d'éradiquer les peurs anciennes. Cela aboutit aussi à une sorte de rupture du lien sociétal dont il faut se méfier.

Sujet 14. L'alimentation est-elle la principale source de tensions aujourd'hui ?

Conseils

- Attention au terme « aujourd'hui », qui englobe la période contemporaine mais qui permet de remonter au moins jusqu'au début du XXIe siècle.
- Le sujet mentionne l'adjectif « principale », ce qui suppose des comparaisons avec d'autres sources de tensions.

Éléments d'introduction

[Accroche] Les questions alimentaires sont au centre de préoccupations géopolitiques mais elles n'ont vraisemblablement pas encore déclenché de guerres directement. Pourtant, les enjeux sont de plus en plus cruciaux et débouchent sur des crises importantes.

[Problématique] Dans quelle mesure les risques de pénuries, à plus ou moins long terme, risquent-ils d'entraîner des tensions, voire des conflits à différentes échelles, au même titre que le pétrole récemment ?

I. L'alimentation n'a été qu'un élément de conflits parmi d'autres jusqu'à présent

A. Les tensions et conflits ont été essentiellement dominés par les matières premières non agricoles

- Rôle des hydrocarbures.
- Exemple des terres rares.

B. L'alimentation n'a entraîné que des tensions plutôt mineures qui n'ont pas débouché sur des conflits internationaux

- Guerres de l'anchois ou du turbot.
- *Land grabbing* et conflits d'usage.

C. Des tensions sont liées à des fraudes et des abus

- Vache folle.
- Rôle des FTN de l'IAA.

II. Cependant, l'alimentation, compte tenu des problématiques qui s'annoncent, risque de devenir la principale source de conflits

A. Population croissante et risque de pénuries de nourriture

- 10 à 11 milliards d'habitants sur Terre en 2050.
- Théories de Malthus.

B. La question de l'eau et des guerres de l'eau

- « Hydroconflictualité » qui se surajoute pour l'instant à des conflits existants.
- Exemple en Israël et Palestine.

C. Des tensions croissantes en lien avec les crises alimentaires à l'échelle des États

- Exemples : crises de 2008 et 2011.
- Risque de crise aujourd'hui avec la guerre en Ukraine.

III. Il faut donc mettre en place des solutions à différentes échelles pour anticiper ces tensions

A. Le rôle de la gouvernance internationale

- ONU, FAO, PAM.
- Tentatives pour réguler les tensions liées à l'eau à l'échelle régionale : initiative du bassin du Nil.

B. Parvenir à une agriculture qui puisse produire plus et mieux

- Sciences : OGM...
- Autres formes d'agriculture : bio, raisonnée.
- Produire plus localement.

C. Favoriser une coopération entre les pays

- Éviter les gaspillages.
- Être solidaires en cas de crise.

Éléments de conclusion

Il faut impérativement anticiper le fait que les questions alimentaires risquent de devenir les facteurs de tensions de demain, à défaut de l'être déjà aujourd'hui. Les solutions seront à trouver à toutes les échelles, afin de faire en sorte que des guerres liées à la nourriture ne puissent pas avoir lieu. Cela constituerait, pour l'humanité, un profond retour en arrière.